Weber/Köppert **Polizei- und Sicherheitsrecht Bayern**

JURIQ Erfolgstraining

Herausgegeben von JURIQ® Juristisches Repetitorium, Köln

Polizei- und Sicherheitsrecht Bayern

von

Tobias Weber
Richter am Bayerischen Verwaltungsgericht Augsburg
Lehrbeauftragter der Universität Augsburg

und

Rechtsanwalt Dr. Valentin Köppert

2., neu bearbeitete Auflage

C.F. Müller

Bibliografische Information der Deutschen Nationalbibliothek
Die Deutsche Nationalbibliothek verzeichnet diese Publikation in der Deutschen Nationalbibliografie; detaillierte bibliografische Daten sind im Internet über <http://dnb.d-nb.de> abrufbar.

Bei der Herstellung des Werkes haben wir uns zukunftsbewusst für umweltverträgliche und wiederverwertbare Materialien entschieden. Der Inhalt ist auf elementar chlorfreies Papier gedruckt.

ISBN 978-3-8114-7107-8

E-Mail: kundenservice@hjr-verlag.de
Telefon: +49 6221/489-555
Telefax: +49 6221/489-410

www.cfmueller-campus.de
www.hjr-verlag.de

Satz: TypoScript, München
Illustrationen: Mattfeldt & Sänger, München
Druck: Kessler Druck + Medien, Bobingen

Liebe Leserinnen und Leser,

die Reihe „JURIQ Erfolgstraining" zur Klausur- und Prüfungsvorbereitung verbindet sowohl für Studienanfänger als auch für höhere Semester die Vorzüge des klassischen Lehrbuchs mit meiner Unterrichtserfahrung zu einem umfassenden Lernkonzept aus Skript und Online-Training.

In einem ersten Schritt geht es um das **Erlernen** der nach Prüfungsrelevanz ausgewählten und gewichteten Inhalte und Themenstellungen. Einleitende Prüfungsschemata sorgen für eine klare Struktur und weisen auf die typischen Problemkreise hin, die Sie in einer Klausur kennen und beherrschen müssen. Neu ist die **visuelle Lernunterstützung** durch

- ein nach didaktischen Gesichtspunkten ausgewähltes Farblayout
- optische Verstärkung durch einprägsame Graphiken und
- wiederkehrende Symbole am Rand

= Definition zum Auswendiglernen und Wiederholen

= Problempunkt

= Online-Wissens-Check

Illustrationen als „Lernanker" für schwierige Beispiele und Fallkonstellationen steigern die Merk- und Erinnerungsleistung Ihres Langzeitgedächtnisses.

Auf die Phase des Lernens folgt das **Wiederholen und Überprüfen** des Erlernten im **Online-Wissens-Check**: Wenn Sie im Internet unter **www.juracademy.de/skripte/login** das speziell auf das Skript abgestimmte Wissens-, Definitions- und Aufbautraining absolvieren, erhalten Sie ein direktes Feedback zum eigenen Wissensstand und kontrollieren Ihren individuellen Lernfortschritt. Durch dieses aktive Lernen vertiefen Sie zudem nachhaltig und damit erfolgreich Ihre Kenntnisse im bayerischen Polizei- und Sicherheitsrecht!

Frage 1 (Punkte: 1)

Was müssen Sie bei der Weisung beachten?

Antwort

Aussagen	Antwort	Aussagerichtigkeit und Kommentar
a) Bei einer Weisung handelt die Polizei auf Grundlage eigener Befugnisse.	☑ ✓	Richtig.
b) Eine Weisung ist nur durch eine höherrangige Polizeibehörde möglich.	☐ ✓	Falsch, weisungsbefugt sind nach Art. 10 S. 2 LStVG die Sicherheitsbehörden.
c) Bei einer Weisung müssen niemals die Voraussetzungen des Subsidiaritätsprinzips geprüft werden.	☑ ✓	Richtig; Konkurrenzverhältnis stellt sich hier nicht.
d) Eine Weisung ist von der Polizei nicht zu beachten.	☐ ✓	Falsch, vgl. Art. 10 S. 2 LStVG und Art 9 Abs. 2 POG.
e) Eine Weisung führt dazu, dass die Polizei aufgrund fremder Befugnisse handelt.	☐ ✓	Falsch.

→ **Richtig**
Punkte für diese Antwort: 1/1.

Schließlich geht es um das **Anwenden und Einüben** des Lernstoffes anhand von Übungsfällen verschiedener Schwierigkeitsstufen, die im Gutachtenstil gelöst werden. Die JURIQ **Klausurtipps** zu gängigen Fallkonstellationen und häufigen Fehlerquellen weisen Ihnen dabei den Weg durch den Problemdschungel in der Prüfungssituation.

Das **Lerncoaching** jenseits der rein juristischen Inhalte ist als zusätzlicher Service zum Informieren und Sammeln gedacht: Ein erfahrener Psychologe stellt u.a. Themen wie Motivation, Leistungsfähigkeit und Zeitmanagement anschaulich dar, zeigt Wege zur Analyse und Verbesserung des eigenen Lernstils auf und gibt Tipps für eine optimale Nutzung der Lernzeit und zur Überwindung evtl. Lernblockaden.

Gegenstand des Skripts ist die Darstellung der klausurrelevanten Fragen aus dem Polizei- und Sicherheitsrecht in Bayern. Die notwendigen Bezüge zu den Grundrechten nach dem Grundgesetz und der bayerischen Verfassung werden ebenso mitbehandelt wie die speziellen bayerischen Rechtsbehelfe gegen Verordnungen als Vorschriften des bayerischen Landesrechts.

Aufgrund der zusätzlichen Hinweise für Referendare und den Verweisen auf die im zweiten Examen zugelassenen Kommentare ist das Skript auch zur Vorbereitung auf das Zweite Juristische Staatsexamen geeignet.

Besonders danken möchten wir Herrn *Prof. Dr. Ivo Appel* von der Universität Augsburg und seinem Lehrstuhlteam, die den Anstoß zur Erstellung dieses Werkes gaben.

Auf geht's – wir wünschen Ihnen viel Freude und Erfolg beim Erarbeiten des Stoffs!

Und noch etwas: Das Examen kann jeder schaffen, der sein juristisches Handwerkszeug beherrscht und kontinuierlich anwendet. Jura ist kein „Hexenwerk". Setzen Sie nie ausschließlich auf auswendig gelerntes Wissen, sondern auf Ihr Systemverständnis und ein solides methodisches Handwerk. Wenn Sie Hilfe brauchen, Anregungen haben oder sonst etwas loswerden möchten, sind wir für Sie da. Wenden Sie sich gerne an C.F. Müller, Verlagsgruppe Hüthig Jehle Rehm GmbH, Im Weiher 10, 69121 Heidelberg, E-Mail: kundenservice@hjr-verlag.de. Dort werden auch Hinweise auf Druckfehler sehr dankbar entgegen genommen, die sich leider nie ganz ausschließen lassen.

Augsburg im Januar 2013

Dr. Valentin Köppert
Tobias Weber

Inhaltsverzeichnis

	Rn.	Seite
Vorwort		V
Literaturverzeichnis		XII
1. Teil		
Einführung in das allgemeine Polizei- und Sicherheitsrecht	1	1
A. Begriff des Polizei- und Sicherheitsrecht/Gesetzessystematik	1	1
B. Gefahrenabwehr als Ländersache	6	2
C. Duales System der Gefahrenabwehr	7	3
D. Organisation der Polizei- und Sicherheitsbehörden	8	3
2. Teil		
Polizeirecht	10	5
A. Einführung in das Polizeirecht	10	5
I. Polizei als doppelfunktionale Behörde	10	5
II. Begrifflichkeiten der verschiedenen polizeilichen Maßnahmen	12	5
B. Die polizeiliche Primärmaßnahme	13	6
I. Rechtsnatur von Primärmaßnahmen	13	6
II. Der „herrschende" sogenannte deutsche Aufbau	15	7
III. Der sogenannte „bayerische" Aufbau	16	7
IV. Formelle Rechtmäßigkeit einer polizeilichen Primärmaßnahme	17	8
1. Sachliche Zuständigkeit	17	8
a) Begriff der Polizei	18	8
b) Spezialgesetzliche Aufgabenzuweisung nach Art. 2 Abs. 4 PAG	19	9
c) Allgemeine Aufgabenzuweisung nach Art. 2 Abs. 1 PAG	21	10
d) Der Schutz privater Rechte nach Art. 2 Abs. 2 PAG	60	26
e) Die Vollzugshilfe für andere Behörden und Gerichte nach Art. 2 Abs. 3 PAG	64	27
2. Örtliche Zuständigkeit	71	30
3. Verfahren	72	30
4. Form	73	30
V. Materielle Rechtmäßigkeit einer polizeilichen Primärmaßnahme	74	30
1. Rechtsgrundlage bei belastenden Maßnahmen	74	30
a) Begriff von Aufgabe und Befugnis	75	31
b) Spezialgesetzliche Befugnisse	80	34
c) Standardbefugnisse nach Art. 12–48 PAG	82	34
d) Generalbefugnis nach Art. 11 Abs. 1 Hs. 1, Abs. 2 PAG	83	34
2. Ausweispflicht nach Art. 6 PAG	84	34
3. Adressaten der polizeilichen Primärmaßnahme	85	35
a) Verhaltensverantwortlicher/Handlungsstörer nach Art. 7 PAG	86	35
b) Zustandsverantwortlichkeit/Zustandsstörer nach Art. 8 PAG	93	38
c) Nicht verantwortliche Person nach Art. 10 PAG	100	40

	Rn.	Seite
d) Polizeipflichtigkeit von Hoheitsträgern	101	41
e) Rechtsnachfolge im Polizeirecht	103	42
f) Ordnungsgemäße Auswahl zwischen mehreren Störern	105	43
4. Polizeiliche Handlungsgrundsätze	107	43
a) Grundsatz der Verhältnismäßigkeit nach Art. 4 PAG	108	43
b) Tatsächliche oder rechtliche Unmöglichkeit der polizeilichen Primärmaßnahme	109	44
c) Bestimmtheit der polizeilichen Primärmaßnahme	110	45
d) Ordnungsgemäße Ermessensausübung der Polizei nach Art. 5 PAG	111	45
VI. Rechtsschutz gegen polizeiliche Primärmaßnahmen	116	47
1. Rechtsschutzmöglichkeiten in der Polizeirechtsklausur	116	47
a) Denkbare Klagearten	116	47
b) Vorläufiger Rechtsschutz	117	47
c) Rechtsschutz bei Erledigung des Verwaltungsakts	118	48
2. Die Fortsetzungsfeststellungsklage	123	49
a) Entscheidungskompetenz des Gerichts	124	50
b) Zulässigkeit der Fortsetzungsfeststellungsklage	129	51
c) Begründetheit der Klage	135	54
C. Die einzelnen Standardmaßnahmen der Art. 12–48 PAG	136	54
I. Prüfungsrelevanz der einzelnen Standardmaßnahmen	137	54
II. Auskunftspflicht nach Art. 12 PAG	138	55
III. Identitätsfeststellung nach Art. 13 PAG	141	56
1. Übersicht über die Tatbestände des Art. 13 Abs. 1 Nr. 1–4, 6 PAG	142	56
2. Die Mittel zur Ermöglichung der Identitätsfeststellung nach Art. 13 Abs. 2 PAG	144	57
3. Die Verantwortlichkeit bei Art. 13 PAG	146	58
IV. Erkennungsdienstliche Maßnahmen nach Art. 14 PAG	147	58
V. Vorladung nach Art. 15 PAG	150	58
VI. Platzverweis nach Art. 16 PAG	152	59
1. „Vorübergehende" Verweisung	153	59
2. Konflikte mit Grundrechten	155	60
3. Verhältnis zum Gewaltschutzgesetz	159	62
4. Verhältnis zum Versammlungsrecht	160	62
VII. Gewahrsam nach Art. 17 PAG	161	62
1. Ingewahrsamnahme vom Personen nach Art. 17 PAG	161	62
2. Verfahrensregelungen der Art. 18–20 PAG	163	63
3. Der sogenannte Verbringungsgewahrsam	165	64
VIII. Durchsuchung von Personen und Sachen nach Art. 21 und Art. 22 PAG	169	66
IX. Betreten und Durchsuchen von Wohnungen nach Art. 23 PAG	173	67
X. Sicherstellung nach Art. 25 PAG	174	68
1. Die einzelnen Tatbestände des Art. 25 PAG	175	69
2. Verfahrensvorschriften nach Art. 26–28 PAG	178	70
3. Übungsfall Nr. 1	180	71

	Rn.	Seite
D. Die polizeiliche Sekundärmaßnahme (Vollstreckung durch die Polizei)	182	76
I. Begriff und Arten der Vollstreckung	182	76
II. Systematischer Überblick über die Art. 53–69 PAG	183	76
III. Rechtsnatur der polizeilichen Vollstreckungsmaßnahmen (oder Sekundärmaßnahmen)	184	77
IV. Die zweistufige Vollstreckung nach Art. 53 Abs. 1 PAG	186	77
1. Prüfung der Rechtmäßigkeit der zweistufigen Vollstreckung in der Klausur	186	77
2. Formelle Rechtmäßigkeit der Vollstreckungsmaßnahme	187	78
3. Materielle Rechtmäßigkeit der Vollstreckungsmaßnahme	188	79
a) Allgemeine Vollstreckungsvoraussetzungen	189	79
b) Besondere Vollstreckungsvoraussetzungen	195	81
V. Die einstufige Vollstreckung nach Art. 53 Abs. 2 PAG („Sofortvollzug")	205	84
1. Abgrenzung zur unmittelbaren Ausführung nach Art. 9 PAG	206	84
a) Vorgehensweise bei der Abgrenzung von unmittelbarer Ausführung und Sofortvollzug	208	84
b) Rechtsnatur und Prüfung der unmittelbaren Ausführung	211	85
2. Prüfung der Rechtmäßigkeit der einstufigen Vollstreckung in der Klausur	212	86
VI. Rechtsschutzmöglichkeiten gegen Vollstreckungsmaßnahmen	217	87
VII. Übungsfall Nr. 2	219	89
E. Die polizeiliche Tertiärebene	221	91
I. Kostenerhebung durch den Polizeiträger für polizeiliche Maßnahmen	222	91
1. Überblick über die verschiedenen Rechtsgrundlagen für Ersatzansprüche des Polizeiträgers	222	91
2. Prüfung der Rechtmäßigkeit eines Kostenbescheids	223	91
3. Die Rechtmäßigkeit der Amtshandlung als Voraussetzung der Kostenerhebung	224	92
a) Grundsatz nach Art. 16 Abs. 5 KG	225	92
b) Ausnahme bei Unanfechtbarkeit	226	93
4. Die Höhe der Kosten	227	93
5. Die Person des Kostenschuldners	228	94
a) Verantwortlicher im Sinne des Kostenrechts: Korrektur des Begriffs der Verantwortlichkeit gegenüber der Primärebene	229	94
b) Mehrheit von Kostenschuldnern	231	94
6. Das Absehen von der Kostenerhebung aus Billigkeitsgründen	232	95
II. Entschädigungsansprüche des Bürgers bei polizeilichem Handeln	233	96
1. Überblick über die Entschädigungsansprüche und Konkurrenz der Ansprüche	234	96
2. Entschädigungsanspruch nach Art. 70 PAG	235	96
a) Ansprüche nach Art. 70 Abs. 1 und Abs. 2 PAG	235	96
b) Ausschluss des Anspruchs nach Art. 70 Abs. 4 PAG	237	97
c) Erweiterung des Anwendungsbereichs des Art. 70 PAG	238	97
d) Inhalt des Anspruchs	241	98

	Rn.	Seite
e) Anspruchsgegner	242	98
f) Verhältnis zu Spezialregelungen	243	98
g) Rechtsweg	244	99
3. Staatshaftungsanspruch nach § 839 BGB i.V.m. Art. 34 S. 1 GG	245	99
4. Schadensersatzansprüche bei öffentlich-rechtlicher Verwahrung-analog § 280 BGB	247	100
III. Kostenerhebung beim polizeilichen Abschleppen von Kraftfahrzeugen	248	100
1. Varianten in der Abschleppfall-Klausur	250	101
a) Fahrer oder Halter sind anwesend	251	101
b) Fahrer oder Halter sind abwesend	252	101
2. Weitere Schwerpunkte bei den Abschleppfällen	254	102
3. Übungsfall Nr. 3	256	104
3. Teil		
Allgemeines Sicherheitsrecht	258	109
A. Einführung in das Sicherheitsrecht	258	109
B. Unterscheidung zwischen Einzelfallmaßnahmen und Rechtsverordnungen	259	109
C. Erlass von Einzelmaßnahmen	260	110
I. Prüfung der Rechtmäßigkeit einer sicherheitsrechtlichen Einzelmaßnahme	263	110
II. Formelle Rechtmäßigkeit der sicherheitsrechtlichen Einzelmaßnahme	264	111
1. Zuständigkeit für den Erlass von Einzelmaßnahmen	264	111
2. Exkurs: Funktion der Gemeinde	266	112
3. Verhältnis zwischen den Sicherheitsbehörden – Subsidiaritätsprinzip nach Art. 44 Abs. 1 LStVG analog	270	114
III. Materielle Rechtmäßigkeit der sicherheitsrechtlichen Einzelmaßnahme	271	114
1. Befugnisse bei sicherheitsrechtlichem Handeln	271	114
a) Spezialbefugnisse nach speziellen sicherheitsrechtlichen Gesetzen oder nach einer sicherheitsrechtlichen Verordnung	272	115
b) Spezielle Befugnisse nach den Art. 12 ff. LStVG	273	115
c) Beschränkte sicherheitsrechtliche Generalklausel	274	116
2. Verantwortlichkeit nach Art. 9 LStVG	275	116
3. „Tatmaßnahme" nach Art. 7 Abs. 3 LStVG	276	117
4. Übungsfall Nr. 4	277	119
D. Erlass von Rechtsverordnungen	279	123
I. Prüfung der Rechtmäßigkeit einer sicherheitsrechtlichen Verordnung	281	124
II. Formelle Rechtmäßigkeit	282	124
1. Zuständigkeit	282	124
a) Sachliche Zuständigkeit	282	124
b) Exkurs: Wirkungskreise bei Erlass	285	125
c) Örtliche Zuständigkeit	286	125
2. Verfahren	287	125
3. Form	291	126
4. Exkurs: Spezialregelung der Aufsicht in Art. 46 und 49 LStVG	292	127

	Rn.	Seite
III. Materielle Rechtmäßigkeit	294	128
1. Tatbestand der Ermächtigungsgrundlage	294	128
2. Vereinbarkeit der Verordnung mit höherrangigem Recht	295	129
IV. Übungsfall Nr. 5	296	130
V. Rechtsschutz gegen Rechtsverordnungen	298	134
1. Prinzipale Normenkontrolle nach § 47 VwGO	299	134
2. Popularklage, Art. 98 S. 4 BV, Art. 2 Nr. 7, 55 BayVerfGHG	301	135
3. Gerichtliche Inzidentkontrolle	302	135
4. Bundesverfassungsbeschwerde	303	135
5. Bayerische Verfassungsbeschwerde, Art. 120, 66 BV, Art. 2 Nr. 6, 51 ff. VerfGHG	304	136
4. Teil Versammlungsrecht als besonderes Sicherheitsrecht	305	137
A. Einführung	306	137
B. Rechtliche Grundlagen und Begrifflichkeiten	308	137
I. Begriff der Versammlung	310	138
II. Öffentliche und nicht öffentliche Versammlung	312	139
III. Versammlung in geschlossenen Räumen und unter freiem Himmel	313	139
IV. Spontan- und Eilversammlung	314	140
C. Befugnisse nach dem Versammlungsrecht	316	141
I. Überblick	316	141
II. Zuständigkeit	317	141
III. Polizeifestigkeit der Versammlung	318	142
IV. Befugnisse nach dem BayVersG	320	144
1. Befugnisse bei Versammlungen in geschlossenen Räumen	320	144
2. Befugnisse bei Versammlungen unter freiem Himmel	322	145
3. Befriedeter Bezirk	332	148
D. Rechtsschutz	333	148
E. Kosten	334	149
Sachverzeichnis		151

Literaturverzeichnis

Becker/Heckmann/Kempen/ Manssen	Öffentliches Recht in Bayern, 5. Aufl. 2011
Berner/Köhler/Käß	Polizeiaufgabengesetz, 20. Aufl. 2010
Fischer	Strafgesetzbuch und Nebengesetze, 60. Aufl. 2013
Kopp/Schenke	Verwaltungsgerichtsordnung, 17. Aufl. 2011
Kopp/Ramsauer	Verwaltungsverfahrensgesetz, 13. Aufl. 2012
Meyer-Goßner	Strafprozessordnung, 52. Aufl. 2009
Palandt	Bürgerliches Gesetzbuch, 72. Aufl. 2013
Schenke	Polizei- und Ordnungsrecht, 7. Aufl., 2011
Seiler	Examens-Repetitorium Verwaltungsrecht: Allgemeines Verwaltungsrecht, Polizei-, Bau-, Kommunalrecht, Staatshaftungsrecht, 4. Aufl. 2012
VollzB	Vollzugsbekanntmachung des Bayerischen Staatsministerium des Inneren zum Polizeiaufgabengesetz (abgedruckt in Berner/Köhler bei den jeweiligen Artikeln)
Weber/Köppert	Kommunalrecht Bayern, 1. Aufl. 2010
Wehr	Examens-Repetitorium Polizeirecht, Allgemeines Gefahrenabwehrrecht, 2. Aufl. 2012
Wienbracke	Allgemeines Verwaltungsrecht, 3. Aufl. 2012
Wienbracke	Verwaltungsprozessrecht, 2009

Tipps vom Lerncoach

Warum Lerntipps in einem Jura-Skript?

Es gibt in Deutschland ca. 1,6 Millionen Studierende, deren tägliche Beschäftigung das Lernen ist. Lernende, die stets ohne Anstrengung erfolgreich sind, die nie kleinere oder größere Lernprobleme hatten, sind eher selten. Besonders juristische Lerninhalte sind komplex und anspruchsvoll. Unsere Skripte sind deshalb fachlich und didaktisch sinnvoll aufgebaut, um das Lernen zu erleichtern.

Über fundierte Lerntipps wollen wir darüber hinaus all diejenigen ansprechen, die ihr Lern- und Arbeitsverhalten verbessern und unangenehme Lernphasen schneller überwinden wollen.

Diese Tipps stammen von *Frank Wenderoth,* der als Diplom-Psychologe seit vielen Jahren in der Personal- und Organisationsentwicklung als Berater und Personal Coach tätig ist und außerdem Jurastudierende in der Prüfungsvorbereitung und bei beruflichen Weichenstellungen berät.

Wie lernen Menschen?

Die Wunschvorstellung ist häufig, ohne Anstrengung oder ohne eigene Aktivität „à la Nürnberger Trichter" lernen zu können. Die modernen Neurowissenschaften und auch die Psychologie zeigen jedoch, dass Lernen ein aktiver Aufnahme- und Verarbeitungsprozess ist, der auch nur durch aktive Methoden verbessert werden kann. Sie müssen sich also für sich selbst einsetzen, um Ihre Lernprozesse zu fördern. Sie verbuchen die Erfolge dann auch stets für sich.

Gibt es wichtigere und weniger wichtige Lerntipps?

Auch das bestimmen Sie selbst. Die Lerntipps sind als Anregungen zu verstehen, die Sie aktiv einsetzen, erproben und ganz individuell auf Ihre Lernsituation anpassen können. Die Tipps sind pro Rechtsgebiet thematisch aufeinander abgestimmt und ergänzen sich von Skript zu Skript, können aber auch unabhängig voneinander genutzt werden.

Verstehen Sie die Lerntipps „à la carte"! Sie wählen das aus, was Ihnen nützlich erscheint, um Ihre Lernprozesse noch effektiver und ökonomischer gestalten zu können!

Lernthema 4
Grundlagen: Lernen, Behalten und Erinnern

Die Lern- und Gedächtnispsychologie hat einige praktische Ideen, die Ihr Lernen erleichtern werden. Sie können damit effektiver lernen, mehr behalten und später den Lernstoff wieder gut abrufen. Sie können diese Methoden und Techniken sofort in die Praxis umsetzen und deren Erfolg unmittelbar feststellen. Lerntipps gibt es zu den Themen Arbeitsplanung, Techniken zum Warmlaufen, Einteilung des Lernpensums, Pausenmanagement und positive Abschlussgestaltung. Übrigens: Sie brauchen nicht alle Tipps auf einmal anzuwenden. Testen Sie ruhig einen nach dem anderen!

Lerntipps

Fangen Sie nicht einfach an!

Viele wollen das große Arbeitspaket möglichst schnell hinter sich bringen und fangen einfach an. Verschaffen Sie sich besser zu Beginn eine Übersicht über folgende Punkte:

- Inhalte, die erarbeitet werden müssen
- Tätigkeiten, die erbracht werden müssen (Lesen, Schreiben, Sammeln, Gliedern, Auswendiglernen)
- Benötigte Arbeitszeiten
- Dringlichkeit und Priorisierung einzelner Inhalte und Tätigkeiten

Schreiben Sie auf Arbeitskarten (Karteikartengröße), welche Arbeiten im folgenden Zeitabschnitt von ca. 2 bis 4 Stunden zu erledigen sind. Sie können das Ganze in eine optimale Reihenfolge bringen und an eine Pin-Wand heften. Damit bekommen Sie eine sinnvolle Ordnung, die Ihr Lernleben erleichtert. Und immer, wenn eine Tätigkeit beendet ist, vernichten Sie die Zettel als positiven Abschluss. Die Planungstechnik eignet sich auch für langwierige schriftliche Ausarbeitungen sehr gut.

Machen Sie Ihren Denkapparat warm!

Ein Sportler macht sich vor Beginn des Wettkampfes warm, um körperlich, aber auch mental auf „Betriebstemperatur" zu kommen. Ein Musiker spielt sich vor seinem Konzert ein. Auch der Denkapparat braucht eine Warmlaufphase, da zu Beginn einer Lerneinheit die Aufnahmefähigkeit noch relativ gering ist. Starten Sie also mit möglichst einfachen Tätigkeiten, Dingen, die Ihnen persönlich eher leicht von der Hand gehen.

Startarbeiten können sein:

- Definitionen erst einmal nur durchlesen
- Begriffe aus einem Buch zu einem Thema heraussuchen, kennzeichnen, mit Seitenzahlen versehen
- Einfache Texte lesen
- Karteikarten schreiben und ordnen
- Material abheften

Bei umfassenderen Arbeiten das wiederholte Warmlaufen nicht vergessen!

Wenn Sie an einer Hausarbeit oder an einem umfangreicheren Lernstoff sitzen, starten Sie nach Pausen immer wieder neu. Sie können sich das Denken für einen Neustart erleichtern, wenn Sie sich am Ende einer Arbeitsphase kurze Merksätze notieren, was Sie nach der Pause konkret lesen, erarbeiten, vergleichen oder welche Fragen Sie beantworten wollen. Mit diesen Notizen können Sie sehr schnell wieder Gedankengänge aktivieren und in Ihr Gesamtkonzept einsteigen. Sie können aber auch die Feingliederung für den geplanten Teil noch einmal durchgehen oder zwei Seiten zurückzublättern, um sich wieder einzulesen.

Den Lernstoff in 5 bis 7 Lernportionen einteilen!

Es gibt auch beim Lernen eine optimale Menge der „akuten Lernbelastbarkeit". Ein Lernumfang von 5 bis 7 Elementen („Chunks") kann leicht auf einmal gespeichert werden. Wird diese Menge überschritten, ist Ihr Arbeitsspeicher (Speicherdauer 15 bis 30 Sekunden) überfordert, und es wird weniger ins Langzeitgedächtnis („Festplatte") befördert, also behalten. „Chunks" sind sinnvolle Gruppierungen von Informationen, – z. B. 7 Aufbauschemata, 7 Definitionen etc. Der mögliche Umfang Ihrer „Chunks" hängt von Ihrem Vorwissen zu einem Lerngebiet ab.

Fazit für die Praxis:

- Bereiten Sie Ihr Lernmaterial so auf, dass die Zahl von 5 bis 7 Fachbegriffen, Definitionen, Merksätzen, Kategorien nicht überschritten wird.
- Teilen Sie umfangreicheres Material in Einheiten mit Untereinheiten (ebenfalls max. 7), die sinnvoll miteinander in Beziehung stehen.
- Denn: Sinnvoll gruppiertes Material wird besser behalten als beziehungslos nebeneinanderstehendes.
- Stabilisieren Sie das Wissen durch regelmäßiges Wiederholen in kleineren Portionen.

Testen Sie den Positionseffekt beim Lernen!

Es gibt nicht nur bevorzugte Plätze im Stadion oder Konzertsaal, sondern auch in einer Reihe von Lernelementen. Der Anfang und das Ende werden besser behalten und erinnert (Erfahrung des Autors als Coach: auch die ersten und letzten Stellenbewerber werden besser erinnert als die in der Mitte eines Bewerbungsprozesses). Stellen Sie sich vor, Sie müssen 20 Aufbauschemata oder Definitionen lernen. Die erste und die letzte Definition machen 10% des Lernmaterials aus, das Sie sich ohne besonderes Zutun besser einprägen können. Bei 2 Lernpaketen wären das 20%, bei 4 Paketen à 5 Definitionen schon 40% erleichterte Aufnahme.

Fazit für die Praxis:

- Nutzen Sie den Vorteil, dass Anfang und Ende einer Reihe leichter behalten werden!
- Teilen Sie Ihre Gesamtmenge in Portionen von 5 bis 7 Elementen auf, dann haben Sie entsprechend mehr Randelemente!
- Lernen Sie die Einheiten stets mehrfach in einer jeweils anderen Reihenfolge, dadurch wird der Positionseffekt mehrfach genutzt und sie werden damit flexibler bereitgestellt!

Beseitigen Sie die „Ähnlichkeitshemmung"!

Sind Lernelemente einander sehr ähnlich, so hemmen sie sich gegenseitig beim Lernen (= Ähnlichkeitshemmung). Man kann z. B. 5 unterschiedliche Begriffe besser abspeichern als 5 ähnliche. Lernen Sie ähnliche Inhalte stets zeitlich voneinander getrennt. Sie können diese dann „verwechslungssicherer" abrufen. Machen Sie sich also keine Sorgen, wenn Sie inhaltlich unterschiedliche Dinge lernen. Das ist sogar eher förderlich.

Lernen, Behalten, Erinnern

Mit verteiltem Lernen behalten Sie auf die Dauer mehr!

Unsere Aufnahmefähigkeit ist begrenzt. Das haben Sie und ich schon mehrfach festgestellt. Selbst nach einem Warmstart dürfen wir nicht mit einer gleichmäßig ansteigenden Zunahme unseres Wissens rechnen. Es mag Sie zwar enttäuschen, aber wir behalten nach längerer Lernzeit immer weniger. Wir erreichen dann ein Lernplateau, wenn wir zu lange oder zu häufig denselben Stoff wiederholen. Es wird dann oft ohne Gewinn unnötiger Energieaufwand betrieben. Es kann sogar zu einer Abnahme schon erworbenen Wissens führen. Mehrarbeit kann also auch schaden. Das Gehirn braucht zum effektiven Lernen Zeit, um neue neuronale Verknüpfungen zu bilden, damit das Lernen auch „Spuren" hinterlässt.

Die Konsequenz heißt „verteiltes statt massiertes Lernen", den Lernstoff also mit Zwischenpausen bearbeiten.

- Zuerst langsam und aufmerksam lesen und nicht direkt einprägen wollen.
- Pause: Etwas ganz anderes tun.
- Wesentliche einzelne Begriffe und Zusammenhänge aufschreiben.
- Pause: Wieder ganz andere Dinge tun, auch Geistiges, jedoch möglichst unähnlich zu dem bisherigen Lernstoff.
- Wieder Begriffe und Zusammenhänge einprägen.
- usw.

Für Definitionen und Aufbauschemata zu einem Thema sind Abstände von 20 bis 40 Minuten zu empfehlen, bei größeren Textabschnitten wie Buchkapiteln können das auch mehrere Stunden sein.

Den Lernmotor und Ihre Motivation vor Überbelastung schützen!

Die maximale Leistungsfähigkeit kann nur in einem begrenzten Zeitraum erreicht werden. Bei Überschreitung passieren Fehler, die Leistung wird gemindert und die Motivation möglicherweise dauerhafter geschädigt. Vor Eintritt in eine solche Negativphase sollten Sie ein für Sie passendes Pausenmanagement einrichten.

Generell gilt:

- Häufige Pausen von weniger als 20 Minuten sind besonders effektiv und besser als wenige lange Pausen.
- Pausen sollten nicht mit lernnahen Tätigkeiten oder speicherbelastenden Aktivitäten (PC-Spiele) ausgefüllt werden.

Beispiele für unterschiedliche Pausenarten, die in den Tages- und Lernablauf integriert werden sollten:

- Abspeicherpausen (Augen zu): 10 bis 20 Sekunden nach Definitionen, Begriffen und komplexen Lerninhalten zum sicheren Abspeichern und zur Konzentration.
- Umschaltpausen: 3 bis 5 Minuten nach ca. 20 bis 40 Minuten Arbeit, um Abstand zum vorher Gelernten zu bekommen und dadurch besser Neues aufzunehmen.
- Zwischenpausen: 15 bis 20 Minuten nach 90 Minuten intensiver Arbeit, also nach zwei Arbeitsphasen, dient dem Erholen und Abschalten.

Und nicht vergessen:

- Die lange Erholungspause von 1 bis 3 Stunden, z. B. mittags oder zum Feierabend nach 3 Stunden Arbeit sollten Sie ebenfalls zum richtigen Abschalten, Regenerieren, Sich-Belohnen nutzen!

Die Lernarbeit positiv abschließen!

Unsere Erinnerung behält vor allem die letzten Erlebnisse. Endet ein an und für sich schöner Abend mit einem Streit, so wird der Abend rückwirkend als unangenehm empfunden. Ein Kellner bietet uns nach dem Essen auf Rechnung des Hauses einen Espresso oder Schnaps an. Wenn wir uns erinnern, werden wir geneigt sein, das gute Essen noch besser zu erinnern. D. h. wenn eine Tätigkeit positiv beendet wird, wird sie insgesamt als positiver erlebt.

Nach einer längeren Arbeitsphase von 1 bis 3 Stunden können Sie Folgendes tun:

- Bewusst feststellen, was Sie alles geschafft haben, beachten Sie dabei weniger die unbearbeitete Menge.
- Vergleichen Sie, was Sie zu Beginn einer Lernphase konnten oder wussten – und was Sie nun beherrschen.
- Legen Sie eventuell ein Karteikartensystem an, mit dem Sie sehr leicht feststellen können, was Sie können (z. B. eine Kartei mit Aufbauschemata, Definitionskartei; siehe dazu auch die Arbeitskarten aus dem ersten Lerntipp)

Lernen, Behalten, Erinnern

Jeden Tag das gleiche Ritual!

Der Abschluss eines Lerntages sollte auch symbolisch eine Zäsur setzen, analog dem Wechsel von Arbeit zu Freizeit mit der Schulklingel oder dem Kleidungswechsel nach der Arbeit.

Abschlussrituale am Ende eines Tages können sein:

- Denken Sie bereits 10 Minuten vor dem Arbeitsende eines Tages an das Ende der Arbeit.
- Denken Sie kurz aber bewusst darüber nach, an welcher Stelle Sie die Arbeit für heute beenden.
- Sagen Sie sich bewusst: Für heute ist die Arbeit für mich beendet.
- Verschaffen Sie sich einen Überblick über das Geleistete.
- Machen Sie sich kurze Notizen, welche Aspekte in der nächsten Arbeitsphase zu berücksichtigen sind. Das erleichtert den Einstieg am Folgetag.
- Klappen Sie den Ordner bewusst zu, fahren Sie den PC bewusst herunter und sagen Sie sich „Ich habe jetzt Freizeit!"
- Verlassen Sie den Arbeitsplatz und den Arbeitsbereich. Wenn möglich, ziehen Sie sich um.
- Gestalten Sie dieses Abschlussritual jeden Tag!

1. Teil
Einführung in das allgemeine Polizei- und Sicherheitsrecht

A. Begriff des Polizei- und Sicherheitsrecht/ Gesetzessystematik

Sowohl die Polizei- als auch die Sicherheitsbehörden sind in Bayern zur Abwehr von Gefahren für die öffentliche Sicherheit und Ordnung berufen.[1] Mit der Abwehr von Gefahren ist gemeint, dass es nicht um die Sanktionierung von gesetzeswidrigen Handlungen geht, sondern vielmehr zunächst einmal der gesetzeswidrige Zustand an sich beseitigt werden soll. Rechtstechnisch formuliert dient die Gefahrenabwehr der Aufrechterhaltung der öffentlichen Sicherheit und Ordnung. Die Gefahrenabwehr wird in Bayern von den Polizei- und Sicherheitsbehörden wahrgenommen. 1

Die dem Bürger klassischerweise gegenübertretende und in der Klausur als „Polizei“ auftauchende Behörde der Polizei i.S.d. der Streifenbeamten und/oder der Kriminalbeamten bezeichnet man als Polizei im institutionellen Sinne.[2] Maßgebliche Rechtsvorschriften für diese sind primär das bayerische Polizeiaufgabengesetz (PAG) und das bayerische Polizeiorganisationsgesetz (POG). Das PAG enthält dabei grundsätzlich diejenigen Regelungen, die für das Handeln der Polizei „nach außen“, also gegenüber dem Bürger maßgeblich sind; das bayerische POG regelt dagegen grundsätzlich das „Innenverhältnis“ der Polizei als Behörde.

Infolge dieser grundsätzlichen Aufteilung zwischen dem PAG und dem POG unterscheidet man zwischen den Begriffen der Polizei im uneingeschränkt institutionellen Sinn und der Polizei im eingeschränkt institutionellen Sinn. 2

Art. 1 Abs. 1 POG stellt auf den uneingeschränkt institutionellen Polizeibegriff ab und bringt das mit seiner Formulierung „gesamte Polizei“ zum Ausdruck. Erfasst sind dabei insbesondere auch Mitarbeiter im Innendienst und das Verwaltungspersonal.

> Polizei i.S.d. PAG (insbesondere als Adressat der Befugnisse) sind nach Art. 1 PAG dagegen die im Vollzugsdienst tätigen Dienstkräfte.

Mit diesem eingeschränkt institutionellen Polizeibegriff werden nur die Vollzugsbeamten der Polizei erfasst. Nicht unter diesen Begriff fallen die soeben bereits erwähnten Mitarbeiter im Innendienst und das Verwaltungspersonal. 3

Daneben gelten noch eine Reihe weiterer spezieller Gesetze für die Polizei im institutionellen Sinn. Beispielsweise enthalten das bayerische Versammlungsgesetz (BayVersG) und das bayerische Unterbringungsgesetz (UnterbrG) Vorschriften, die sich an die Polizei richten.

---

1 Vgl. *Schenke* Rn. 9.
2 Vgl. *Schenke* Rn. 14.

4 § 163 StPO bzw. § 53 OWiG weisen der Polizei zudem (neben der Aufgabe der gerade erläuterten Gefahrenabwehr) Aufgaben im Bereich der Verfolgung von (bereits begangenen) Straftaten bzw. der Verfolgung von (bereits begangenen) Ordnungswidrigkeiten zu. Insoweit handelt die Polizei nicht zu Zwecken der Gefahrenabwehr, sondern zu sogenannten repressiven Zwecken der Strafverfolgung.

Hinweis

Der Schwerpunkt in der polizei- und sicherheitsrechtlichen Klausur liegt aber eindeutig im Bereich der Gefahrenabwehr. Die Kenntnis der Tätigkeit zu repressiven Zwecken soll hier nur zum Zwecke der Vollständigkeit und zur Förderung des Verständnisses erläutert werden.

» Die Vorschriften des bayerischen Versammlungsrechts und die Zuständigkeit der Polizei- und Sicherheitsbehörden werden im Kapitel Versammlungsrecht (Rn. 305 ff.) ausführlich dargestellt. «

5 Neben der Behörde der Polizei im institutionellen Sinne existieren in Bayern nach dem sogenannten Trennprinzip[3] noch die sogenannten Sicherheitsbehörden (teilweise auch als „Verwaltungspolizei" bezeichnet). Die allgemeinen Sicherheitsbehörden werden in Art. 6 des bayerischen Landesstraf- und Verordnungsgesetzes (LStVG) bestimmt (Gemeinden, Landratsämter, Regierungen und das Staatsministerium des Inneren). Das LStVG regelt die Möglichkeit der Sicherheitsbehörden, Maßnahmen mit Wirkung gegenüber dem Bürger zu erlassen und entspricht insoweit von seiner Zielsetzung und seinem Inhalt her im Vergleich mit der Polizei den Regelungen des PAG.

Dabei unterscheidet man zwischen allgemeinem und besonderem Sicherheitsrecht. Die im LStVG enthaltenen Regelungen stellen das allgemeine Sicherheitsrecht dar; daneben werden in vielen Spezialgesetzen auch den Sicherheitsbehörden bestimmte Aufgaben zugewiesen. Insoweit spricht man vom besonderen Sicherheitsrecht, wie z.B. im Bereich des bayerischen Versammlungsrechts, das nicht nur der Polizei im institutionellen Sinne, sondern auch den Sicherheitsbehörden Aufgaben zuweist.

Zu diesem besonderen Sicherheitsrecht zählt dabei auch der Begriff der örtlichen Polizei in Art. 83 Abs. 1 BV. Davon erfasst werden alle (sicherheitsrechtlichen) Maßnahmen einer Gemeinde zur Gefahrenabwehr im eigenen Wirkungskreis.

B. Gefahrenabwehr als Ländersache

6 Die Gefahrenabwehr fällt in die Kompetenz der Länder nach Art. 30, 70 GG.[4] Soweit teilweise einzelne Bundesvorschriften wie z.B. die GewO mit § 35 GewO einzelne spezielle Gefahrenabwehrbefugnisse enthalten, beruhen diese auf speziellen Kompetenzzuweisungen der entsprechenden Sachmaterie, welche dann jeweils als Annexkompetenz auch zu gefahrenabwehrrechtlichen Regelungen ermächtigen.

Die repressive Tätigkeit zur Verfolgung von Straftaten und Ordnungswidrigkeiten fällt dagegen in die Kompetenz des Bundes nach Art. 74 Nr. 1 GG, weshalb insoweit auch die Regelung innerhalb der Bundesgesetze StPO und OWiG erfolgt ist.

3 Vgl. auch *Wehr* Rn. 18.

4 Vgl. *Schenke* Rn. 23 f.

C. Duales System der Gefahrenabwehr

Das System der Gefahrenabwehr ist in Bayern nach dem oben bereits erwähnten Trennprin- 7
zip dual organisiert. Zur Gefahrenabwehr sind nach Art. 2 PAG im Grundsatz die Polizei und nach Art. 6 LStVG auch die Sicherheitsbehörden berufen.

Nach Art. 10 S. 2 LStVG i.V.m. Art. 9 Abs. 2 POG steht den Sicherheitsbehörden das Recht zu, der Polizei Weisungen zu erteilen. Dies führt dazu, dass im Verhältnis zwischen Polizei und Sicherheitsbehörde nach Art. 4 Abs. 2 Nr. 1 BayVwVfG niemals Amtshilfe gegeben ist. Dabei reicht das abstrakte Bestehen des Weisungsverhältnisses aus; das bedeutet, dass auch bei einer Hilfeleistung der Sicherheitsbehörden für die Polizei keine Amtshilfe vorliegt.[5]

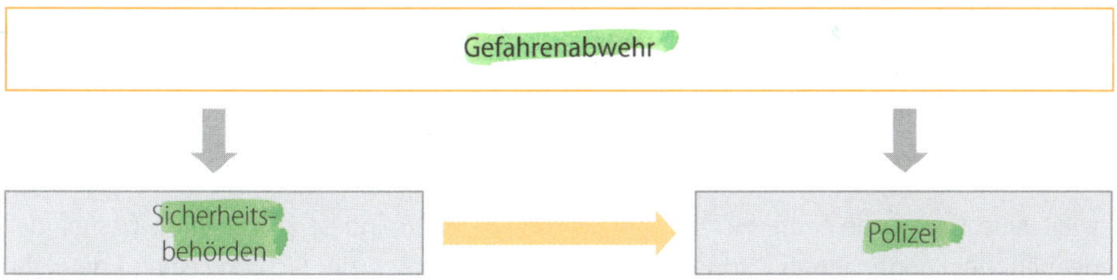

D. Organisation der Polizei- und Sicherheitsbehörden

Die Polizei ist in Bayern eigenständig gegliedert und folgt nicht dem klassischen dreistufigen 8
Behördenaufbau von Kreisverwaltungsbehörde, Regierung und Ministerium. Die Organisation und der Aufbau ist eigenständig in den Art. 4 ff. POG geregelt.

> **Hinweis**
>
> In der polizeirechtlichen Klausur spielen diese Fragen keine Rolle. Dennoch soll ganz kurz einiges Grundlegendes dargestellt werden, denn im mündlichen Examen ist es durchaus denkbar, dass Sie einmal mit einer entsprechenden Frage konfrontiert werden.

Nach Art. 4 Abs. 1 POG wird dabei grundsätzlich die bayerische Landespolizei im gesamten Staatsgebiet für alle der Polizei obliegenden Aufgaben eingesetzt. Wie sich aus Art. 4 Abs. 3 POG ergibt, wurde dabei auch die früher bestehende bayerische Grenzpolizei in den Bereich der bayerischen Landespolizei eingegliedert. Daneben besteht nach Art. 6 POG die bayerische Bereitschaftspolizei mit besonderen Aufgabenbereichen.

Das ebenfalls daneben stehende bayerische Landeskriminalamt ist nach Art. 7 POG zentrale Stelle für kriminalpolizeiliche Aufgaben.

Das bayerische Polizeiverwaltungsamt nach Art. 8 PAG nimmt dagegen die zentralen Verwaltungsaufgaben der Polizei wahr (insbesondere Beschaffung).

Die bayerische Landespolizei ist in einem dreistufigen Aufbau organisiert: Oberste Behörde ist das Staatsministerium des Innern, diesem folgen zehn Polizeipräsidien, welchen jeweils in

5 Vgl. *Schenke* Rn. 409.

ihrem Zuständigkeitsbereich die Polizeiinspektionen als unmittelbare Ansprechpartner für den Bürger unterstehen. Bis vor kurzem existierte in Bayern noch ein vierstufiger Aufbau der Landespolizei mit der weiteren Behörde der Polizeidirektionen, die im Rahmen der Organisationsreform der bayerischen Polizei in die Polizeipräsidien eingegliedert wurden.

9 Bei den Sicherheitsbehörden lassen sich keine besonderen Regeln über die Organisation aufstellen. Entscheidend ist immer die jeweilige gesetzliche Vorschrift, welche die maßgebliche Sicherheitsbehörde bestimmt.

Dabei handelt es sich entweder um eine der Behörden im Rahmen des dreistufigen Verwaltungsaufbaus in Bayern (Landratsämter, Regierungen, Staatsministerium des Inneren, wobei die Sicherheitsbehörde insoweit aus einem besonderem Referat oder einer besonderen Abteilung besteht) oder um eine der Gebietskörperschaften Gemeinde, Landkreis oder Bezirk. Bei den Gebietskörperschaften erfolgt die Wahrnehmung der sicherheitsrechtlichen Aufgaben durch die entsprechenden Organe nach den kommunalrechtlichen Grundsätzen der Zuständigkeit.

Soweit eine Gemeinde Sicherheitsbehörde ist, existiert zumindest in größeren Gemeinden regelmäßig ein sogenanntes Ordnungsamt, das die Aufgaben der Sicherheitsbehörde wahrnimmt.

Hinweis

Besondere Bedeutung für die Klausur haben diese internen Zuständigkeiten kaum: Es handelt sich insoweit nur um die sogenannte funktionelle Zuständigkeit, deren Verletzung als reines Behördeninternum für unbeachtlich gehalten wird, also nicht zu einer Rechtswidrigkeit der ergangenen Maßnahme führt.

2. Teil
Polizeirecht

A. Einführung in das Polizeirecht

I. Polizei als doppelfunktionale Behörde

10 Die Polizei kann man als doppelfunktionale Behörde bezeichnen. Damit ist entsprechend den obigen Ausführungen gemeint, dass sie zum einen Behörde der Gefahrenabwehr im präventiven Bereich und zum anderen auch Ermittlungsbehörde im repressiven Bereich zur Verfolgung von begangenen Straftaten und Ordnungswidrigkeiten ist.[1]

» Unterscheidung relevant bei Rechtswegprüfung, Aufgabeneröffnung sowie den Befugnisnormen «

11 Diese Unterscheidung wirkt sich im Bereich der Aufgabeneröffnung und der Befugnisse aus (vgl. Rn. 75), die sich sowohl auf den präventiven als auch den repressiven Bereich beziehen können sowie bei der Frage des Rechtswegs zu den Verwaltungsgerichten nach § 40 Abs. 1 S. 1 VwGO hinsichtlich der Frage der Einschlägigkeit der abdrängenden Sonderzuweisung nach § 23 EGGVG.

Polizei = doppelfunktionale Behörde

Präventive Tätigkeit zur Gefahrenabwehr ↓	Repressive Tätigkeit zur Straftatverfolgung ↓
Verwaltungsrechtsweg nach § 40 Abs. 1 S. 1 VwGO	Rechtsweg zu den ordentlichen Gerichten nach §§ 23 ff. EGGVG

II. Begrifflichkeiten der verschiedenen polizeilichen Maßnahmen

12 Nach dem normalen zeitlichen Ablauf der polizeilichen Maßnahmen haben sich spezielle Begrifflichkeiten für die Maßnahmen eingebürgert.

Primärmaßnahme bezeichnet die Grundmaßnahme der Polizei aufgrund der Befugnisse nach Art. 11 PAG.

Sekundärmaßnahmen bezeichnen Maßnahmen der Polizei auf Vollzugsebene nach Art. 53 ff. PAG.

Tertiärmaßnahmen betreffen Maßnahmen der Kostenanforderung/-erstattung durch die Polizei nach Art. 76 PAG.

1 Vgl. dazu auch *Wehr* Rn. 6 ff.

B. Die polizeiliche Primärmaßnahme

I. Rechtsnatur von Primärmaßnahmen

13 Fast ausschließlich alle polizeilichen Maßnahmen, die für die Klausur relevant sind, stellen Verwaltungsakte i.S.d. Art. 35 S. 1 BayVwVfG dar.

Lediglich im Bereich der verdeckten Datenerhebung durch die Polizei bestehen einige Ausnahmen, wobei Maßnahmen als Realakte einzustufen sind;[2] dies soll bei der Behandlung der einzelnen Standardbefugnisse ausgeführt werden.

In dogmatischer Feinheit wird bei den polizeilichen Maßnahmen zwischen regelnden und vollziehenden Maßnahmen unterschieden.

Regelnde Maßnahmen sollen dabei alle Maßnahmen darstellen, die polizeiliche Gebote (Platzverweis nach Art. 16 PAG) oder Verbote an den Betroffenen beinhalten und ohne weiteres Verwaltungsakte i.S.d. Art. 35 S. 1 BayVwVfG darstellen.

Unter den vollziehenden Maßnahmen werden solche verstanden, die unmittelbar durch die Polizei vollzogen werden und den Bürger letztlich zur Duldung verpflichten[3] (z.B. die Durchsuchung durch die Polizei nach Art. 21 f. PAG).

14 Nach Ansicht des BayVGH beinhalten jedoch diese vollziehenden Maßnahmen (ähnlich wie auf der Ebene der Sekundärmaßnahme, vgl. Rn. 184) eine immanente Duldungsverfügung, die als Verwaltungsakt i.S.d. Art. 35 S. 1 BayVwVfG zu qualifizieren ist.[4]

JURIQ-Klausurtipp

In der Klausur ergeben sich für den Rechtsschutz daher keine Unterschiede zwischen der Qualifizierung als regelnde oder vollziehende Maßnahme. Die Erfahrung der Verfasser zeigt zudem, dass sich die meisten amtlichen Lösungshinweise der Examensklausuren nicht mit diesem Problem beschäftigen. Ausführungen dazu sollte man also nur dann vornehmen, wenn einem auch die entsprechende Zeit in der Klausur bleibt. Es lohnt aber nicht, sich dadurch in zeitliche Bedrängnis bezüglich wichtigerer Probleme auf der Ebene der Begründetheit zu bringen.

2 *Kopp/Ramsauer* Art. 35 Rn. 67b.

3 *Kopp/Ramsauer* Art. 35 Rn. 67a.

4 *Kopp/Ramsauer* Art. 35 Rn. 67b; in der Fußnote Nr. 202 wird die Rechtsprechung des BayVGH zitiert; Vorsicht: *Becker/Heckmann/Kempen/Manssen* Teil 3 vertritt dabei in Rn. 82 die entgegengesetzte Meinung, ebenfalls zitiert bei Fußnote Nr. 202 unter a.A.

II. Der „herrschende" sogenannte deutsche Aufbau[5]

Rechtmäßigkeit der Primärmaßnahme 15

I. Formelle Rechtmäßigkeit

1. Zuständigkeit:
   a) Sachliche Zuständigkeit nach Art. 1, 2, 3 PAG
   b) Örtliche Zuständigkeit nach Art. 3 Abs. 1 POG
2. Verfahren: insb. Anhörung nach Art. 28 Abs. 1 BayVwVfG, die regelmäßig nach Art. 28 Abs. 2 Nr. 1 BayVwVfG entbehrlich ist
3. Form: formfrei nach Art. 37 Abs. 2 BayVwVfG

II. Materielle Rechtmäßigkeit

1. Rechtsgrundlage bei belastenden Maßnahmen = Befugnis
2. Tatbestand der Befugnisnorm
3. Verantwortlichkeit (richtiger Maßnahmeadressat nach Art. 7 ff. PAG)
   - Zustandsstörerschaft bei Naturgewalten Rn. 95 ff.
   - Polizeipflichtigkeit von Hoheitsträgern Rn. 98 ff.
4. Grundsatz der Verhältnismäßigkeit nach Art. 4 PAG
5. Keine tatsächliche oder rechtliche Unmöglichkeit der polizeilichen Maßnahme
6. Bestimmtheit nach Art. 37 Abs. 1 BayVwVfG
7. Rechtsfolge des erfüllten Tatbestands: ordnungsgemäße Ermessensausübung nach Art. 5 PAG i.V.m. § 114 VwGO

PRÜFUNGSSCHEMA

III. Der sogenannte „bayerische" Aufbau

Der soeben dargestellte Aufbau der Prüfung der Rechtmäßigkeit einer polizeilichen Maßnahme entspricht dem allgemeinen Aufbau im Verwaltungsrecht. Auch außerhalb Bayerns entsprach dieser schon immer geltender Praxis. 16

Der von Knemeyer begründete bayerische Aufbau als spezielles, auf die Bedürfnisse des Polizeirechts angepasstes Prüfungsschema hat sich dagegen nicht durchgesetzt.

JURIQ-Klausurtipp

Zwar ist es theoretisch denkbar, dass in Bayern noch Klausuren mit dem bayerischen Aufbau von einem Ersteller eingereicht werden. Für die Klausur empfehlen die Verfasser dennoch den deutschen Aufbau. Zum einen sind die Vertreter des bayerischen Aufbaus nicht mehr allzu häufig. Zum anderen muss man bedenken, dass der („deutsche") allgemeine Aufbau keineswegs falsch ist und von jedem Verwaltungsrechtler auch beherrscht wird; Verwirrungen bei den Korrektoren muss man also keinesfalls befürchten, auch wenn eine Klausur mit dem bayerischen Aufbau eingereicht werden sollte.

Der „bayerische" Aufbau soll deshalb lediglich als Exkurs dargestellt werden.

5 So z.B. auch *Wehr* Rn. 203.

PRÜFUNGSSCHEMA

„Bayerischer“ Aufbau für die Prüfung der Rechtmäßigkeit einer Primärmaßnahme

I. Formelle Rechtmäßigkeit
1. Handeln der Polizei im eingeschränkt institutionellen Sinne nach Art. 1 PAG
2. Örtliche Zuständigkeit nach Art. 3 Abs. 1 POG

II. Materielle Rechtmäßigkeit
1. Aufgabeneröffnung nach Art. 2, 3 PAG
2. Befugnis bei belastenden Maßnahmen
3. Maßnahmerichtung (Art. 7 ff. PAG)
4. Grundsatz der Verhältnismäßigkeit (Art. 4 PAG)
5. Ermessen (Art. 5 PAG)

IV. Formelle Rechtmäßigkeit einer polizeilichen Primärmaßnahme

1. Sachliche Zuständigkeit

PRÜFUNGSSCHEMA

17 **Prüfungsreihenfolge der Aufgabenzuweisung und sachlichen Zuständigkeit**

I. Spezialgesetzliche Zuweisungen nach Art. 2 Abs. 4 PAG

II. Allgemeine Aufgabenzuweisung nach Art. 2 Abs. 1 PAG

III. Handeln zum Schutz privater Rechte nach Art. 2 Abs. 2 PAG

IV. Vollzugshilfe für andere Behörden und Gerichte nach Art. 2 Abs. 3 PAG
Abgrenzung zwischen Vollzugshilfe und Vollstreckungshilfe Rn. 67 ff.

Die sachliche Zuständigkeit der Polizei beurteilt sich nach Art. 2 PAG. Dabei ist vorrangig auf die spezialgesetzlichen Zuweisungen nach Art. 2 Abs. 4 PAG abzustellen; sofern sich danach keine sachliche Zuständigkeit der Polizei ergibt, ist die Zuständigkeit unter Berücksichtigung der allgemeinen Aufgabeneröffnung nach Art. 2 Abs. 1 PAG und des Subsidiaritätsprinzips nach Art. 3 PAG zu prüfen.

Subsidiär kommt darüber hinaus eine sachliche Zuständigkeit der Polizei zum Schutz privater Rechte nach Art. 2 Abs. 2 PAG in Betracht.

In einem letzten Schritt kann sich die sachliche Zuständigkeit nach Art. 2 Abs. 3 PAG über die Vollzugshilfe für andere Behörden und Gerichte ergeben.

a) Begriff der Polizei

18 Mit dem Begriff der Polizei im Rahmen der Aufgabenzuweisung ist die Polizei i.S.d. Art. 1 PAG gemeint, also die Polizei im eingeschränkt institutionellen Sinn. Mit diesem eingeschränkt

institutionellen Polizeibegriff werden nur die Vollzugsbeamten der Polizei erfasst.[6] Nicht unter diesen Begriff fallen die oben bereits erwähnten Mitarbeiter im Innendienst und das Verwaltungspersonal.

Hinweis

An dieser Stelle wird in der Klausur auch die Problematik des sogenannten Münchener Modells und das damit verbundene Handeln von kommunalen Parküberwachern relevant. Dies wird ausführlich im Rahmen der Darstellung der Behandlung der Abschleppfälle (Rn. 222 ff.) erläutert.

b) Spezialgesetzliche Aufgabenzuweisung nach Art. 2 Abs. 4 PAG

Nach Art. 2 Abs. 4 PAG hat die Polizei die Aufgaben zu erfüllen, die ihr durch andere Rechtsvorschriften zugewiesen sind. Trotz der Formulierung „ferner" handelt es sich dabei um die vorrangig zu prüfende Aufgabenzuweisung für die Polizei, aus der sich eine sachliche Zuständigkeit zum Handeln der Polizei ergibt. 19

Hinweis

Im Rahmen des Art. 2 Abs. 4 PAG handelt es sich bei den Begriffen der Aufgabe und der sachlichen Zuständigkeit nur um nicht weiter relevante Begrifflichkeiten. Die spezialgesetzlichen Aufgabenzuweisungen führen automatisch auch zu einer sachlichen Zuständigkeit der Polizei.

Darunter fallen insbesondere § 163 StPO für den Fall der repressiven Tätigkeit der Polizei (also der Fall der Verfolgung von bereits begangenen Straftaten) und § 53 OWiG im repressiven Bereich zur Verfolgung bereits begangener Ordnungswidrigkeiten.

Aber auch folgende **Spezialzuweisungen** sollten Sie kennen:[7] 20

» **Sofern eine spezialgesetzliche Aufgabenzuweisung vorliegt, dürfen Sie diese auf keinen Fall übersehen.** «

- **Art. 3 Abs. 1 AGVereinsG** für Maßnahmen nach dem VereinsG
- **Art. 37 Abs. 2 BayVwZVG** für den Fall der Vollstreckungshilfe (dazu und der Abgrenzung zur Vollzugshilfe siehe Rn. 67 ff.)
- **Art. 15 Abs. 2 BayPresseG** für die Beschlagnahme von Druckwerken (also Presseerzeugnissen) (dazu mehr bei den Ausführungen zur Befugnis der Beschlagnahme)
- Im bayerischen Versammlungsgesetz (BayVersG) kann mit **Art. 24 BayVersG** oder einem Schluss von der Befugnis auf die Aufgabe gearbeitet werden (dazu mehr im versammlungsrechtlichen Teil Rn. 305 ff.)

Die Voraussetzungen für die Aufgabeneröffnung und damit auch für die sachliche Zuständigkeit ergeben sich in diesen Fällen direkt aus den entsprechenden Spezialgesetzen.

6 Vgl. *Wehr* Rn. 339.
7 Vgl. dazu und auch darüber hinaus gehend VollzB Nr. 2.5. und *Berner/Köhler/Käß* Art. 2 Rn. 68 // Vertiefender Exkurs: für die bundesrechtlichen Regelungen (jedoch nur für diese!) kann man auch die VO über die Wahrnehmung von Aufgaben und Befugnissen der „Polizeibehörden" durch die Polizei (*Ziegler/Tremel* 575) heranziehen.

c) Allgemeine Aufgabenzuweisung nach Art. 2 Abs. 1 PAG

aa) Ausgangspunkt des Art. 2 Abs. 1 PAG

21 Nach Art. 2 Abs. 1 PAG hat die Polizei zudem die „Aufgabe", die allgemein oder im Einzelfall bestehenden Gefahren für die öffentliche Sicherheit oder Ordnung abzuwehren:

- **allgemein oder im Einzelfall bestehende Gefahr:**[8] Ausreichend ist auf der Ebene der Aufgabeneröffnung das Vorliegen einer abstrakten Gefahr,
- **für die öffentliche Sicherheit und Ordnung.**[9]

22 Sofern diese Voraussetzungen vorliegen, fällt die entsprechende Situation dem Grunde nach in den „Aufgabenbereich" der Polizei. Diese sogenannte „Aufgabeneröffnung" ist dabei aber im Rahmen des Art. 2 Abs. 1 PAG noch nicht mit der Frage der Zuständigkeit gleichzusetzen.

> **Hinweis**
>
> Insoweit besteht ein erheblicher Unterschied zur Aufgabenzuweisung nach Art. 2 Abs. 4 PAG, aus der automatisch auch in jedem Fall eine sachliche Zuständigkeit der Polizei folgt, sofern diese in dem jeweiligen Spezialgesetz zum Handeln berufen ist.

23 Aufgrund des oben beschriebenen Dualismus im Sicherheitsrecht von Sicherheitsbehörden und Polizeibehörden ist im Regelfall eine Aufgabeneröffnung dem Grunde nach sowohl für die Sicherheitsbehörden (für diese nach Art. 6 LStVG) und die Polizei gegeben,[10] da beide Behörden zur Abwehr von Gefahren für die öffentliche Sicherheit und Ordnung berufen sind.

Ob die Polizei im Rahmen des Art. 2 Abs. 1 PAG im Verhältnis zur Sicherheitsbehörde im konkreten Fall dann auch sachlich zuständig ist, beurteilt sich nach dem sogenannten Subsidiaritätsprinzip des Art. 3 PAG.

bb) Subsidiaritätsprinzip nach Art. 3 PAG

24 Erst über die Regelung des Subsidiaritätsprinzips[11] nach Art. 3 PAG ergibt sich im Einzelfall eine sachliche Zuständigkeit der Polizei. Danach ist die Polizei sachlich zuständig, wenn die Gefahrenabwehr durch eine andere Behörde nicht oder nicht rechtzeitig möglich ist (insbesondere mangels Erreichbarkeit).

25 Im Regelfall ist also nach der Gesetzessystematik eigentlich die Sicherheitsbehörde zum Handeln berufen. Lediglich in den sogenannten Eilfällen, wenn die Gefahrenabwehr durch die Sicherheitsbehörde nicht rechtzeitig möglich ist, ist eine sachliche Zuständigkeit der Polizei gegeben. Nun muss man sich aber klar machen, dass es sich bei diesen Eilfällen um sehr häufige Fälle handelt. Die Sicherheitsbehörde müsste zunächst kontaktiert werden (was in vielen Fällen bereits in zeitlicher Hinsicht gar nicht möglich ist, z.B. in den Abendstunden) und zudem auch noch so schnell handeln können, dass eine Gefahrenabwehr rechtzeitig möglich ist. In den meisten Fällen polizeilichen Handelns ist aber aufgrund der gegebenen Gefahrenlage und der daraus resultierenden potentiellen Gefährdung dritter Personen ein sofortiges Handeln der Polizei geboten.

---

8 Vgl. Rn. 30 ff.

9 Vgl. Rn. 46 ff.

10 *Becker/Heckmann/Kempen/Manssen* Teil 3 Rn. 62.

11 Dazu auch *Wehr* Rn. 340 ff.

Beispiel Auf der Autobahn ereignet sich am Nachmittag ein Unfall. Ein von einem LKW erfasster PKW ist stark beschädigt und bleibt mitten auf der Autobahn liegen. Natürlich könnte in diesem Fall die anwesende Polizei theoretisch auch die Sicherheitsbehörde verständigen und die Gefahrenabwehr vornehmen lassen. Zum einen verfügen aber die Sicherheitsbehörden gar nicht (wie in vielen Fällen) über die erforderlichen Einsatzkräfte und Gerätschaften, um eine Sperrung der Autobahn vorzunehmen. Zum anderen würde eine Verständigung der Sicherheitsbehörde einen Zeitverlust mit sich bringen, der aufgrund der erheblichen Gefährdung der anderen Verkehrsteilnehmer auf der Autobahn nicht hinnehmbar ist.

Eine Gefahrenabwehr durch die Sicherheitsbehörde ist daher in diesem Fall jedenfalls nicht rechtzeitig möglich, weshalb nach Art. 3 PAG die Polizei sachlich zuständig ist. ■

Hinweis

In den meisten Fällen ergibt sich eine sachliche Zuständigkeit der Polizei im Hinblick auf das Subsidiaritätsprinzip aus der besonderen Eilbedürftigkeit der Beseitigung der Gefahrenlage.

Die Frage der Subsidiarität nach Art. 3 PAG ist nur im Falle der Aufgabeneröffnung nach Art. 2 Abs. 1 PAG zu prüfen. 26

Im Falle des Art. 2 Abs. 4 PAG liegt eine spezialgesetzliche Aufgabenzuweisung vor, mit welcher der Gesetzgeber im Spezialgesetz jeweils bereits das Konkurrenzverhältnis zwischen Sicherheitsbehörde und Polizei „zugunsten" der Polizei entschieden hat.

In den verbleibenden Fällen stellt sich die Frage der Konkurrenz zu den Sicherheitsbehörden nicht. Art. 2 Abs. 2 PAG regelt letztlich die Frage der Konkurrenz zwischen der Polizei und den Gerichten und deren Vollstreckungsorganen (und eben gerade nicht die zu den Sicherheitsbehörden).

Dasselbe gilt im Falle des Art. 2 Abs. 3 PAG; die Aufgaben der Vollzugshilfe hat der Gesetzgeber allein der Polizei zugewiesen.

cc) Weisung nach Art. 10 S. 2 LStVG i.V.m. Art. 9 Abs. 2 POG

Unabhängig von den Voraussetzungen des Subsidiaritätsprinzips ergibt sich daneben in jedem Fall eine sachliche Zuständigkeit der Polizei im Falle einer Weisung der Sicherheitsbehörde nach Art. 10 S. 2 LStVG i.V.m. Art. 9 Abs. 2 POG, da die Sicherheitsbehörden in diesem Falle quasi ihre mögliche Zuständigkeit (nicht aber ihre Befugnisse[12]) auf die Polizei übertragen. 27

Eine **Weisung** stellt eine Bitte um die Veranlassung von Maßnahmen nach eigenen Befugnissen (also Befugnissen nach dem PAG) dar.

12 *Berner/Köhler/Käß* Art. 3 Rn. 13.

28 Mit der Weisung geht die gesamte Sachbehandlung ihres Inhalts nach auf die Polizei über. Eine Weisung kommt damit also dann nicht in Betracht, wenn die Sicherheitsbehörde bereits einen Verwaltungsakt gegenüber dem Bürger erlassen hat; das wäre dann vielmehr ein Fall des Vollzugshilfeersuchens (vgl. Rn. 64).

Die Weisung stellt keinen Fall der Amtshilfe dar, da diese nach Art. 4 Abs. 2 Nr. 1 BayVwVfG nicht gegeben ist, wenn sich Behörden innerhalb eines bestehenden Weisungsverhältnisses Hilfe leisten.

29 Eine bestimmte **Form** der Weisung ist nicht vorgeschrieben.[13] Die Weisung stellt ihrem Wesen nach keinen Verwaltungsakt i.S.d. Art. 35 S. 1 BayVwVfG dar, sondern lediglich ein Verwaltungsinternum. Das hat zur Konsequenz, dass der angewiesenen Polizei im Verhältnis zur anweisenden Sicherheitsbehörde keine Rechtsmittel zustehen. Der letztlich von der, aufgrund der Weisung ergangenen, Maßnahme betroffene Bürger kann sich nicht isoliert gegen die Weisung wenden (dabei kann man auch den Rechtsgedanken des § 44a VwGO anführen), sondern lediglich gegen die polizeiliche Maßnahme.[14] Dabei hat der Bürger nach § 78 Abs. 1 Nr. 1 VwGO gegen den Freistaat Bayern als Rechtsträger der Polizei nach Art. 1 Abs. 2 POG vorzugehen. Maßgebliches Argument für den Rechtsträger der Polizei als richtigen Beklagten ist dabei der Gedanke des effektiven Rechtsschutzes nach Art. 19 Abs. 4 GG; dem Bürger gegenüber handelt schließlich lediglich die Polizei.[15]

Eine Weisung befreit die Polizei demnach beim Erlass von eigenen Maßnahmen von der Prüfung der Subsidiaritätsklausel nach Art. 3 PAG. Zudem ist auch davon auszugehen, dass der Polizei kein Entschließungsermessen (vgl. Rn. 113) zum polizeilichen Einschreiten mehr zusteht, sondern lediglich noch ein Auswahlermessen. Die Frage nach dem Einschreiten an sich hat bereits die Sicherheitsbehörde entschieden.

dd) Begriff der Gefahr als zentraler Begriff des Polizeirechts

30 Zentraler Begriff bei der Aufgabeneröffnung nach Art. 2 Abs. 1 PAG und auch sonst im Polizei- und Sicherheitsrecht nach den jeweiligen speziellen Vorschriften ist die Gefahr.

Hinweis

Der Begriff der Gefahr wird zum Zwecke eines klausurorientierten Aufbaus des Skripts an dieser Stelle der allgemeinen Aufgabenzuweisung nach Art. 2 Abs. 1 PAG erläutert, da er in der Klausur an dieser Stelle das erste Mal relevant wird. Machen Sie sich aber klar, dass es sich um den zentralen Begriff des Polizeirechts handelt, den sie nach dem entsprechenden Gesetzeswortlaut auch im Rahmen der jeweiligen spezialgesetzlichen Aufgabenzuweisungen benötigen. Daneben wird der Begriff der Gefahr auch im gesamten Bereich des Sicherheitsrechts relevant.

13 *Berner/Köhler/Käß* Art. 3 Rn. 4.
14 *Berner/Köhler/Käß* Art. 3 Rn. 5.
15 Vorsicht bei *Berner/Köhler/Käß* Art. 3 Rn. 4, der hier die a.A. vertritt.

Unter einer **Gefahr** im Sinne des Polizeirechts versteht man einen Zustand, der nach verständigem Ermessen in näherer Zeit den Eintritt einer Störung der öffentlichen Sicherheit und Ordnung (insbesondere eines Schadens) mit hinreichender Wahrscheinlichkeit erwarten lässt.[16]

(1) Bestimmung des Vorliegens einer Gefahr

Da die Zukunft nicht bekannt ist und die Polizei deshalb nicht mit letzter Sicherheit beurteilen kann, ob der gegebene Zustand zum Eintritt einer Störung führen wird oder nicht, ist die Polizei bei ihrem Handeln stets auf eine Prognose des zukünftigen Geschehensablaufs angewiesen. Dabei wird aus Entwicklungen und Tatsachen in der Vergangenheit und Gegenwart auf zukünftige Geschehensabläufe geschlossen. 31

Das Element der mit hinreichender Wahrscheinlichkeit zu erwartenden Störung macht den Charakter der Gefahrenbeurteilung als Prognoseentscheidung der Polizei klar. Diese Prognose zur Beurteilung der Frage, ob eine zum polizeilichen Einschreiten berechtigende Gefahr vorliegt oder nicht, hat die Polizei ex ante und ex situatione aus Sicht des handelnden Polizeibeamten zu treffen.[17] Gemeint ist damit, dass für die Gefahrenprognose die Umstände und Tatsachen relevant sind, welche der Polizei bei der Entscheidung zur Verfügung stehen und nicht auf alle (theoretisch) objektiv vorhandenen Tatsachen und Umstände aus der Sicht eines allwissenden Dritten abzustellen ist.

Unproblematisch ist nach diesen Grundsätzen die Beurteilung des Vorliegens einer Gefahr dann, wenn die entsprechende Störung der öffentlichen Sicherheit und/oder Ordnung bereits eingetreten ist.

In den übrigen (und in der Klausur üblichen) Fällen muss die Polizei im Rahmen dieser Prognose zu dem Ergebnis der hinreichenden Wahrscheinlichkeit eines Schadenseintritts bei ungehindertem Fortgang des Geschehens kommen. Mit dem Element der hinreichenden Wahrscheinlichkeit des Schadenseintritts ist zum einen gemeint, dass der Eintritt eines Schadens nicht als sicher feststehen muss; zum anderen reicht aber auch die bloß entfernte Möglichkeit eines Schadenseintritts nicht aus.[18]

Dabei stellt sich aber die Frage, welche Anforderungen im Einzelfall an das Merkmal der hinreichenden Wahrscheinlichkeit zu stellen sind. Maßgebliche Faktoren zur Bestimmung der Anforderungen an die erforderliche Wahrscheinlichkeit des Schadeneintritts sind dabei die Bedeutung des bedrohten Rechtsguts und der Grad des Eingriffs:[19] 32

- Je höherwertiger das bedrohte Rechtsgut ist, **desto** geringer sind die Anforderungen an die Wahrscheinlichkeit des Eintritts einer Störung/eines Schadens (Leben und Gesundheit als besonders hochwertiges Rechtsgut).
- Je weniger die Maßnahme in Rechte des Bürgers eingreift, **desto** geringer sind die Anforderungen an die Wahrscheinlichkeit des Eintritts einer Störung/eines Schadens.

16 *Berner/Köhler/Käß* Art. 2 Rn. 20 sowie *Schenke* Rn. 69 und *Wehr* Rn. 72.

17 *Berner/Köhler/Käß* Art. 2 Rn. 20 spricht davon, dass die Prognose auf der Grundlage der im Zeitpunkt der polizeilichen Entscheidung zur Verfügung stehenden Erkenntnismöglichkeiten zu treffen ist.

18 Vgl. zu allem *Wehr* Rn. 74 ff.

19 Vgl. dazu *Berner/Köhler/Käß* Art. 2 Rn. 24 sowie *Wehr* Rn. 76.

Bei der Beurteilung des Vorliegens einer Gefahr steht der Polizei im Übrigen kein Beurteilungsspielraum zu; die Voraussetzungen sind also im vollen Umfang in einem gerichtlichen Verfahren sowie in einem in der Klausur zu erstellenden Gutachten nachprüfbar.[20]

(2) Abstrakte und konkrete Gefahr

33 Zu unterscheiden sind dabei die Begriffe der abstrakten und der konkreten Gefahr, deren Unterscheidung von hoher Relevanz im Polizeirecht ist.

Zum besseren Verständnis der nachfolgenden Ausführungen soll hier bereits vorweg folgende **Grundregel** dargestellt werden:

- Eine *Aufgabeneröffnung der Polizei*, welche zu einer sachlichen Zuständigkeit führen kann, ist bereits beim Vorliegen einer *abstrakten Gefahr* gegeben. Eine Aufgabeneröffnung allein berechtigt die Polizei aber lediglich zu solchen Maßnahmen, welche nicht in die Rechte des Bürgers eingreifen (also keine belastenden Maßnahmen).
- Um *Maßnahmen* zu ergreifen, welche in die *Rechte des Bürgers eingreifen*, also für den Bürger belastend sind, benötigt die Polizei eine entsprechende *Befugnisnorm (=Rechtsgrundlage)*. Diese Befugnisnormen, die in den Art. 11 ff. PAG und einigen Spezialgesetzen enthalten sind, erfordern grundsätzlich das Vorliegen einer *konkreten Gefahr*.

> **Hinweis**
>
> Klassisch wirkt sich die Unterscheidung zwischen einer abstrakten und konkreten Gefahr auch im Sicherheitsrecht aus. Hier wird traditionell für den Erlass von Verordnungen das Vorliegen einer abstrakten Gefahr gefordert, während eine Einzelmaßnahme nur beim Vorliegen einer konkreten Gefahr erlassen werden kann (vgl. Rn. 255).

34 Dabei stellt die **abstrakte Gefahr** auf eine typisierende Betrachtung eines Lebenssachverhaltes ab. Die **konkrete Gefahr** dagegen beurteilt einen konkreten Einzelfall.[21]

Das bedeutet, dass bei der Beurteilung des Vorliegens einer abstrakten Gefahr ein typisierter – real nicht existenter – und gedachter Lebenssachverhalt zugrunde gelegt wird und die Frage aufzuwerfen ist, ob es bei diesem typisierten Lebenssachverhalt typischerweise im Einzelfall durch das Hinzutreten weiterer Umstände zum Auftreten von konkreten Gefahren kommt.[22]

Dagegen stellt die konkrete Gefahr auf einen tatsächlich real existierenden Lebenssachverhalt ab, den die Polizei bei ihrer Arbeit vorfindet und unter Berücksichtigung aller Umstände des Einzelfalles beurteilen kann.

Beispiel Eine abstrakte Gefahr liegt z.B. bei einer Diskothek vor, die typischerweise von Autofahrern aufgesucht wird, weil sie mit öffentlichen Verkehrsmitteln nur schwer erreichbar ist. Hier kann es nach typisierter Betrachtung dazu kommen, dass alkoholisierte Autofahrer die Heimfahrt antreten. Nach diesem gedachten, real nicht existierenden Lebenssachverhalt kann es also im Einzelfall zu konkreten Gefahren kommen, wenn Autofahrer dann tatsäch-

---

20 Vgl. *Schenke* Rn. 77 sowie *Kopp/Schenke* § 114 Rn. 27 und *Berner/Köhler/Käß* Art. 5 Rn. 4.
21 VollzB Nr. 2.2 Abs. 3.
22 Vgl. *Wehr* Rn. 92; schön auch bei *Schenke* Rn. 70.

lich alkoholisiert fahren und infolgedessen eine Ordnungswidrigkeit oder Straftat vorliegt. Das ist aber wiederum eine Frage des konkreten Einzelfalls und insbesondere eines real existierenden Lebenssachverhalts, dessen Betrachtung bei der Beurteilung einer konkreten Gefahr zugrunde gelegt wird. Z. B. läge ein solcher real existierender Lebenssachverhalt, der eine konkrete Gefahr begründet, dann vor, wenn die Polizei einen Autofahrer beobachten würde, der wankend zu seinem Auto auf dem Parkplatz vor der Diskothek geht und einsteigt oder einen Autofahrer, der in Schlangenlinien vom Parkplatz fährt. ■

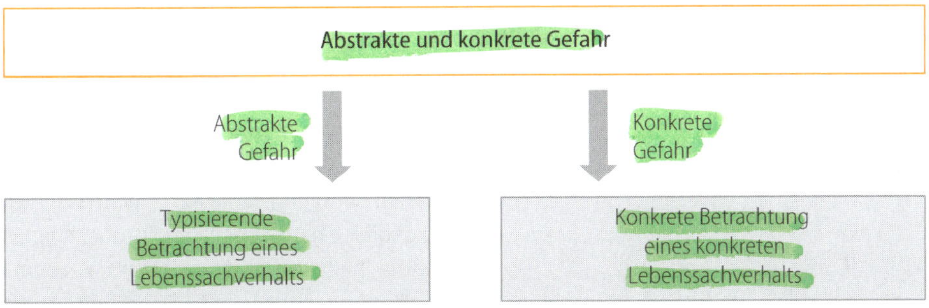

Wichtig ist, dass Sie sich klar machen, dass sich die abstrakte und die konkrete Gefahr *nicht* durch unterschiedliche Anforderung an den Grad der Wahrscheinlichkeit des Eintritts einer Störung unterscheiden. Sowohl die abstrakte als auch die konkrete Gefahr fordern die hinreichende Wahrscheinlichkeit des Schadenseintritts; der Unterschied liegt lediglich in der anzustellenden Betrachtungsweise: Bei der abstrakten Gefahr wird auf einen typisierten, gedachten, real nicht existierenden Lebenssachverhalt abgestellt, bei der konkreten Gefahr dagegen wird auf einen real existierenden in der Lebenswirklichkeit vorhandenen Lebenssachverhalt abgestellt. 35

»Prüfen Sie sich an dieser Stelle noch einmal selbst, ob Sie die Unterscheidung zwischen der abstrakten und der konkreten Gefahr verstanden haben, indem Sie sich selbst einige Beispiele überlegen!«

(3) Fehler bei der Gefahrenprognose durch die Polizei: Anscheinsgefahr und Putativgefahr

Aus dem oben dargestellten Charakter der Entscheidung über das Vorliegen einer Gefahr als Prognoseentscheidung der handelnden Beamten resultiert die Möglichkeit, dass die von der Polizei angestellte Prognose fehlerhaft ist; mit anderen Worten kann es zu der Situation kommen, dass der konkret handelnde Polizeibeamte der Ansicht ist, eine Gefahr läge vor, nach den objektiv gegebenen Umständen liegt aber eine solche tatsächlich nicht vor. 36

Sofern also nach der angestellten Gefahrenprognose durch die Polizei das Vorliegen einer Gefahr angenommen wird, objektiv (aus einer nachträglichen ex-post-Sicht) aber keine Gefahr vorliegt, spricht man von einer fehlerhaften Prognose. In dieser Situation stellt sich die Frage, ob die von der Polizei ergriffenen Maßnahmen rechtmäßig waren oder nicht.

Dabei ist zunächst wie folgt zu unterscheiden: 37

> Unter einer **Anscheinsgefahr** versteht man den Fall einer unverschuldeten Fehleinschätzung durch die Polizei, d.h. es bestand der Anschein einer Gefahr.[23]
>
> Unter einer **Putativgefahr** versteht man den Fall der verschuldeten Fehleinschätzung, d.h. es bestand nicht der Anschein einer Gefahr.[23]

23 Vgl. *Schenke* Rn. 82.

38 Maßgeblich ist dabei jeweils die Sichtweise eines idealtypisch handelnden Beamten. Abgestellt wird auf einen gewissenhaft, besonnen und sachkundig handelnden Beamten.[24] Für die Beurteilung der Frage, ob eine verschuldete oder eine unverschuldete Fehleinschätzung vorliegt, ist danach insbesondere erforderlich, ob der handelnde Beamte nach dem Maßstab des idealtypischen Beamten alle kurzfristig verfügbaren Tatsachen und Umstände berücksichtigt hat: Sofern sich der konkret handelnde Polizeibeamte also wie ein idealtypischer Polizeibeamter verhalten hat, ist ihm die Fehleinschätzung nicht vorwerfbar und damit unverschuldet.

Beispiel Durch die verschlossene Wohnungstür dringt Rauch in den Hausflur. Die verständigte Polizei klingelt und klopft vergeblich an der Tür der Wohnung. Auch Nachbarn sind im Haus trotz Klingelns und Klopfens nicht anzutreffen. Deshalb entschließt sich die Polizei zum Aufbrechen der Türe, da sie von einem Brand in der Wohnung und dementsprechend Personengefahren ausgeht. In Wirklichkeit hatte die Bewohnerin nur etwas auf dem Herd anbrennen lassen, weshalb sich Rauch gebildet hatte. Das Klingeln und Klopfen der Polizei hatte sie nicht gehört, da sie mit einem Kopfhörer laute Musik gehört hatte. Objektiv lag also keine Gefahr vor; aufgrund der der Polizei erkennbaren Umstände konnte diese aber unverschuldet zu der Einschätzung gelangen, dass eine Gefahr vorlag. Dabei entsprach das Vorgehen des handelnden Polizeibeamten auch den Maßstäben des idealtypischen Beamten. Somit lag eine Anscheinsgefahr vor, welche die Polizei zum Einschreiten berechtigte.

Anders wäre die Situation dagegen zu beurteilen, wenn der handelnde Polizeibeamte z.B. zunächst nicht vergeblich versucht hätte, an der Tür zu klopfen, sondern sofort die Türe eingetreten hätte. Dann entspräche sein Vorgehen nicht dem Maßstab des idealtypischen Beamten, der zunächst geklopft hätte. In der Folge wäre von einer verschuldeten Fehleinschätzung auszugehen; es läge eine sogenannte Putativgefahr vor. ■

Beispiel Der Polizei als radikal bekannte Sympathisanten einer terroristischen Vereinigung finden sich in einem Gasthaus zusammen, nachdem Sie zuvor in der Innenstadt für die Freilassung von in Gefangenschaft befindlichen Mitgliedern der terroristischen Vereinigung demonstriert hatten. Dieses Gasthaus ist der Polizei ebenfalls als sogenannter „Szenetreff" bekannt. In der Vergangenheit haben hier bereits wiederholt entsprechende Treffen der terroristischen Vereinigung stattgefunden. Die Polizei sieht sich deshalb zum Einschreiten veranlasst. Zwar befinden sich die Sympathisanten in dem Gasthaus; diese haben sich dort aber tatsächlich nur zum gemeinsamen Mittagessen eingefunden.

In diesem Originalfall aus dem Examen liegt objektiv keine konkrete Gefahr für die öffentliche Sicherheit und Ordnung vor; aufgrund der der Polizei erkennbaren Umstände konnte diese aber unverschuldet zu der Einschätzung gelangen, dass eine Gefahr vorlag. Somit lag eine Anscheinsgefahr vor. ■

24 Sogenannter „subjektiver" Gefahrenbegriff, vgl. dazu *Wehr* Rn. 97 ff und *Schenke* Rn. 82.

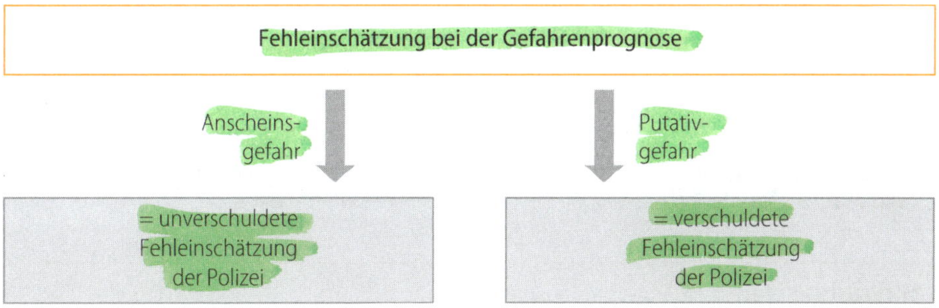

Die Anscheinsgefahr wird auf Ebene der Primärmaßnahmen einer echten Gefahr im Sinne **39**
des Polizeirechts gleichgestellt[25] (anders dagegen auf der Tertiärebene, siehe dazu Rn. 225); in der Folge kann die Polizei tätig werden und Maßnahmen erlassen. Auf der Grundlage einer Anscheinsgefahr von der Polizei getroffene Maßnahmen sind rechtmäßig, auch wenn sich bei einer nachträglichen Betrachtung des Sachverhalts herausstellt, dass tatsächlich gar keine zum Einschreiten erforderliche Gefahr vorlag.

Anders ist die Situation dagegen bei der Putativgefahr zu beurteilen. Diese stellt keine Gefahr **40**
i.S.d. PAG dar, berechtigt die Polizei also nicht zum Tätigwerden.[26] Sofern die Polizei (wie es in der Klausur natürlich die Regel sein wird) trotzdem Maßnahmen erlassen hat, erweisen sich diese als rechtswidrig.

JURIQ-Klausurtipp

Aufbau der Prüfung

Zum besseren Verständnis werden die Begriffe der Anscheins- und Putativgefahr innerhalb des Begriffs der Gefahr als zentrale Begriffe des Polizeirechts schon im Zusammenhang mit der Aufgabeneröffnung vollständig dargestellt. Gleichwohl hat es sich eingebürgert, dass in der Klausur die Fragen nach der Anscheins- und Putativgefahr erst auf der Ebene der Befugnisse bei der Prüfung einer konkreten Gefahr erörtert werden. Dies ist letztlich auch dogmatisch konsequent, weil es sich eher um die Frage handelt, ob die Polizei belastende Maßnahmen erlassen darf oder nicht, obwohl objektiv aus einer nachträglichen Sicht gar keine Gefahr vorlag.

(4) Bewusstes Prognosedefizit der Polizei: Der Gefahrenverdacht

Daneben kann bei der von der Polizei anzustellenden Prognose die Situation auftreten, dass **41**
für die Polizei erkennbar noch nicht alle zur Entscheidung erforderlichen Tatsachen und Umstände bekannt sind. Sofern für die Polizei bei ihrer Prognose ein derartiges bewusstes Prognosedefizit besteht, die Polizei sich also bewusst ist, dass sie derzeit noch nicht über alle zur Entscheidung erforderlichen Erkenntnisse verfügt, stellt sich die Problematik des sogenannten **Gefahrenverdachts**.

25 Vgl. *Wehr* Rn. 103.
26 Vgl. zu allem *Berner/Köhler/Käß* Art. 2 Rn. 40.

Hierbei handelt es sich um die Situation, dass nach der von der Polizei bewusst unvollständig angestellten Prognose nicht sicher beurteilt werden kann, ob eine Gefahr vorliegt, sondern nur der Verdacht hinsichtlich des Vorliegens einer Gefahr besteht.[27] Insoweit gilt:

Ein Gefahrenverdacht liegt vor, sofern die polizeiliche Vermutung einer Gefahr durch objektive Tatsachen (also erste Anhaltspunkte und Indizien) erhärtet ist.[28]

Hinweis

In der Tatsache, dass sich die Polizei bewusst ist, dass sie gerade noch nicht über alle zur Beurteilung der Gefahrenprognose erforderlichen Kenntnisse verfügt, liegt der entscheidende Unterschied zur Figur der Anscheinsgefahr. Dort geht die Polizei gerade davon aus, dass sie bereits über alle erforderlichen Kenntnisse als Grundlage der Gefahrenprognose verfügt und nach Beurteilung derselben eine Gefahr vorliegt.[29]

42 In dieser Konstellation stellt sich dann die Frage, ob die Polizei bereits aufgrund des bestehenden Verdachts einer Gefahr Maßnahmen ergreifen kann oder aber darauf verwiesen ist, bis zur Kenntnis aller für die Gefahrenprognose erforderlichen Tatsachen und Umstände tatenlos zu bleiben.

Der sogenannte Gefahrenverdacht führt zur Aufgabeneröffnung der Polizei, berechtigt jedoch auf der Ebene der Befugnisse zum polizeilichen Handeln nur zur Vornahme sogenannter **Gefahrerforschungsmaßnahmen** und zu **vorläufigen Sicherungsmaßnahmen**.[30] Die Polizei kann also keine endgültigen Maßnahmen nach den allgemeinen Regeln treffen. Denkbar sind insoweit zum einen vorläufige Sicherungsmaßnahmen (z.B. Absperrung eines Gebietes) und zum anderen Maßnahmen zur Sachverhaltsaufklärung: Dabei sind insoweit alle Maßnahmen erfasst, die der Aufklärung der Frage dienen, ob eine Gefahr tatsächlich vorliegt oder nicht (insbesondere Erstellung eines Gutachtens und/oder Einholung weiterer Informationen). Grundlage dieser Gefahrerforschungseingriffe ist mittels eines Erst-Recht-Schluss (a maiore ad minus) nach herrschender Meinung die polizeiliche Generalklausel nach Art. 11 Abs. 1 Hs. 1 PAG.[31]

Beispiel: Der Polizeibeamte S ist unterwegs auf seiner regelmäßigen Runde im städtischen Park. Er trifft auf den Passanten P, der ihm erzählt, dass auf einer Parkbank bereits seit mehreren Stunden ein Koffer liege, der niemand zu gehören scheint.

Hier ist dem Polizeibeamten S klar, dass er noch nicht über alle zur Entscheidung erforderlichen Erkenntnisse verfügt (Ist der Eigentümer oder Besitzer des Koffers in der Nähe? Wurde dieser lediglich vergessen oder bewusst auf der Parkbank zurückgelassen? Hat dieser lediglich einen ungefährlichen oder eventuell sogar einen gefährlichen Inhalt?). Durch die Mitteilung des P, der Koffer liege dort schon länger und scheine niemanden zu gehö-

27 Vgl. *Wehr* Rn. 106.

28 *Berner/Köhler/Käß* Art. 2 Rn. 38.

29 Vgl. *Wehr* Rn. 110 ff.

30 Vgl. *Schenke* Rn. 87 sowie *Becker/Heckmann/Kempen/Manssen* Teil 3 Rn. 131 ff./Achtung insoweit bei *Berner/Köhler/Käß* Art. 2 Rn. 38, der sich einer Literaturmeinung anschließt und den durch Tatsachen erhärteten Gefahrenverdacht einer echten Gefahr gleichstellt.

31 Nachweise zur herrschenden Meinung und Kritik bei *Schenke* Rn. 88.

ren, liegen die erforderlichen erhärtenden objektiven Tatsachen vor; es besteht ein Gefahrenverdacht.

Der Polizeibeamte S kann also insbesondere sogenannte Gefahrerforschungseingriffe vornehmen, also z.B. den Koffer näher untersuchen oder den Bereich um den Koffer vorläufig absperren. ■

In der Literatur wird teilweise argumentiert, eine Inanspruchnahme durch die Polizei bei 43
einem Gefahrenverdacht sei in keinem Fall aufgrund der Amtsermittlungspflicht der Polizei nach Art. 24 BayVwVfG möglich, weil die Polizei die Pflicht zur amtswegigen Ermittlung nicht auf den Bürger abwälzen dürfe. Diese Ansicht widerspricht allerdings dem das polizeiliche Handeln bestimmenden Zweck der Gefahrenabwehr: Denn die Inanspruchnahme kann als erster Schritt der Gefahrenabwehr verstanden werden, weshalb insoweit bereits gefahrenabwehrrechtliche Grundsätze anzuwenden sind.[32]

» Hierbei handelt es sich um eine eher „exotische" Ansicht, die mehr zum Zwecke der Vollständigkeit erwähnt werden sollte! **«**

(5) Spezielle Gefahrenbegriffe

Im PAG werden weiterhin einige spezielle Gefahrenbegriffe verwendet.[33] 44

- **Dringende und erhebliche Gefahr:** diese Gefahrenbegriffe stellen beide auf die Gefährdung eines wichtigen Rechtsgutes ab (unterscheiden sich also bei den Anforderungen hinsichtlich der Wertigkeit des gefährdeten Rechtsguts).
- **Gegenwärtige Gefahr oder unmittelbar bevorstehende Gefahr:** diese Gefahrenbegriffe stellen maßgeblich auf den zeitlichen Faktor ab und fordern eine bereits eingetretene oder unmittelbar bevorstehende Gefahr.
- Der Begriff der **Gefahr im Verzug** definiert letztlich ebenfalls eine rein zeitliche Komponente und stellt darauf ab, dass die gesetzlich vorgeschriebene Entscheidung eines Richters oder einer anderen Behörde zu spät käme.
- **Erhöhte abstrakte Gefahr:** Sonderrechtsprechung für Maßnahmen im Zusammenhang mit der Schleierfahndung (siehe dazu Rn. 172).

(6) Sonderfall der latenten Gefahr

Die **latente Gefahr** bezeichnet einen Zustand, der sich erst durch das Hinzutreten weiterer 45
künftiger Umstände zu einer abstrakten oder konkreten Gefahr verdichtet.

Beispiel Heranrückende Wohnbebauung an einen Schweinemastbetrieb oder heranrückende Wohnbebauung mit Feuerstellen (Kamin) an Scheune mit leicht entzündlichem Strohdach. In beiden Fällen ist die Errichtung des Schweinemastbetriebes und der Scheune mit dem leicht entzündlichen Strohdach noch keine echte Gefahr im polizeilichen Sinne, sondern nur ein Gefahrenpotential. Erst durch die heranrückende Wohnbebauung kommt es zu einer Gefahr, da dadurch aufgrund der Immissionen des Schweinemästers bzw. aufgrund der leichten Entzündlichkeit des Strohdaches eine Gefahr für die Gesundheit der anliegenden Bewohner entsteht. ■

32 Vgl. dazu *Schenke* Rn. 704.
33 Vgl. auch *Wehr* Rn. 89 ff.

JURIQ-Klausurtipp

Maßgeblich als Eselsbrücke ist hierbei, dass man die latente Gefahr nicht sieht, weil sie sich erst durch weitere Umstände zu einer konkreten oder abstrakten Gefahr verdichten kann.[34] Wichtig ist, dass es sich dabei lediglich um eine Begrifflichkeit handelt, für das Polizeirecht ist die latente Gefahr irrelevant.[35] Relevanz ergibt sich erst nach der Verdichtung zur abstrakten und/oder konkreten Gefahr.[36] Im Hinblick auf diese erforderliche Verdichtung werden regelmäßig die Voraussetzungen nach Art. 3 PAG nicht gegeben sein.

ee) Schutzgüter der öffentlichen Sicherheit und Ordnung

46 Maßgeblicher Anknüpfungspunkt der Gefahr ist – insbesondere im Rahmen des Art. 2 Abs. 1 PAG – die öffentliche Sicherheit und Ordnung. Diese fasst man traditionell unter dem Begriff der polizeilichen Schutzgüter zusammen, weil das Handeln der Polizei mit der Zielsetzung des Schutzes der öffentlichen Sicherheit und Ordnung erfolgen muss.

Hinweis

Wiederum gilt das bereits zu dem Begriff der Gefahr Gesagte. Bei den polizeilichen Schutzgütern handelt es sich um zentrale Grundbegriffe, die im gesamten Polizeirecht (und auch im gesamten Sicherheitsrecht) von Bedeutung sind.

(1) Begriff der öffentlichen Sicherheit

47 Das bedeutsamere polizeiliche Schutzgut ist das der öffentlichen Sicherheit. Die Definition der öffentlichen Sicherheit umfasst drei Teilrechtsgüter, wobei Sie in der Klausur in jedem Fall genau herausarbeiten müssen, unter welchem Gesichtspunkt die öffentliche Sicherheit betroffen ist.

Unter den Begriff der **öffentlichen Sicherheit** fallen[37]
- die **objektive Rechtsordnung** (alle rechtmäßigen Rechtsnormen und deren durch vollziehbaren Verwaltungsakt konkretisierten Verpflichtungen zu Tun/Dulden und Unterlassen),
- der **Schutz der grundlegenden Einrichtungen und Veranstaltungen des Staates** und sonstiger Träger von Hoheitsgewalt (hinsichtlich Bestand und Funktionsfähigkeit) einschließlich der ungehinderten Ausübung der Hoheitsgewalt,
- sowie letztlich die **Individualrechtsgüter** Menschenwürde, Leben, Gesundheit, Ehre, Freiheit, Eigentum und Vermögen[38] (zur Abgrenzung zu Art. 2 Abs. 2 PAG vgl. Rn. 61).

---

34 Angedeutet bei *Berner/Köhler/Käß* Art. 8 Rn. 2, wobei das Beispiel des Eiszapfens bei Tauwetter nach m.E. bereits eine abstrakte Gefahr darstellt. Eine latente Gefahr wäre m.E. dann anzunehmen, solange noch kein Tauwetter und damit eine konkrete Schmelzgefahr besteht.

35 So auch *Wehr* Rn. 91.

36 *Becker/Heckmann/Kempen/Manssen* Teil 3 Rn. 124.

37 Vgl. *Schenke* Rn. 53 sowie *Wehr* Rn. 28.

38 Vgl. zu allem *Berner/Köhler/Käß* Art. 2 Rn. 4 ff.

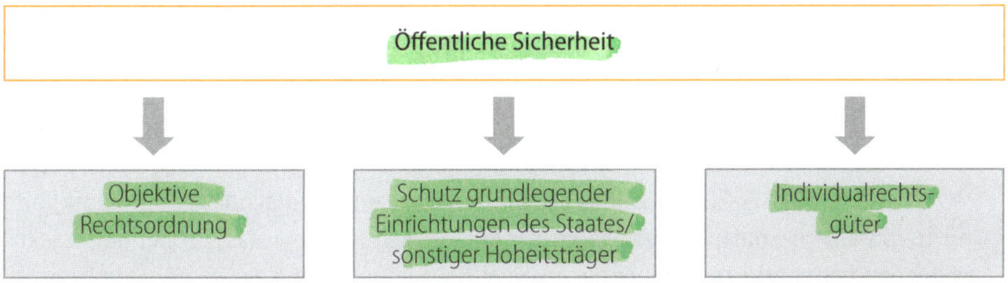

Wichtigstes Schutzgut im Rahmen der öffentlichen Sicherheit ist die **Unversehrtheit der objektiven Rechtsordnung**. Dieses umfasst die Gesamtheit der hoheitlich gesetzten Verhaltensnormen und sollte von Ihnen in der Klausur immer an erster Stelle geprüft werden. 48

Insoweit spielen die Rechtsnormen die größte Rolle. Rechtsnormen im Sinne der objektiven Rechtsordnung können dabei Normen jeden Ranges sein;[39] sowohl echte Gesetze im formellen Sinne (also durch den nach der Verfassung primär berufenen Gesetzgeber erlassen) als auch Gesetze im materiellen Sinn (also Rechtsverordnungen und Satzungen) sind erfasst.

Eine Gefährdung der öffentlichen Sicherheit unter dem Gesichtspunkt der objektiven Rechtsordnung kommt dabei bei einem vorhandenen oder drohenden Verstoß gegen Rechtsnormen, die ein bestimmtes Tun/Dulden oder Unterlassen vorschreiben, in Betracht.[40]

Besonders von Bedeutung sind in den Klausuren dabei regelmäßig Straf- und Ordnungswidrigkeitenvorschriften, da jede dieser Vorschriften explizit oder implizit eine Verhaltensnorm beinhaltet, deren Verletzung mit einer Strafe oder einem Bußgeld geahndet werden kann.[41] 49

» Merken Sie sich, dass deshalb **jeder Gesetzesverstoß eine Störung der öffentlichen Sicherheit darstellt!** «

Wichtig ist dabei, dass insoweit immer der Zweck der präventiven polizeilichen Tätigkeit (also der Straftatenverhinderung) beachtet wird. Ausreichend ist deshalb ein allein objektiv tatbestandsmäßiges Verhalten; weder ist der subjektive Tatbestand noch besondere Verfolgungsvoraussetzungen wie ein Strafantrag erforderlich. 50

Beispiel Die Polizei beobachtet, wie der ersichtlich minderjährige 10-jährige D in einem Kaufhaus ein Videospiel in die Jackentasche steckt und ohne Bezahlung an der Kasse den Ausgang des Kaufhauses passiert. Hier liegt der objektive Tatbestand des Diebstahls nach § 242 StGB vor, da der D durch das Verlassen des Kaufhauses mit dem Videospiel eine fremde bewegliche Sache weggenommen hat. § 242 StGB zählt als Strafvorschrift zum Teil der objektiven Rechtsordnung, weshalb eine Gefahr für die öffentliche Sicherheit vorliegt. Die Polizei kann deshalb einschreiten.

Unerheblich ist dabei, dass der D als 10-jähriger strafunmündig nach § 19 StGB ist und daher für einen begangenen Diebstahl strafrechtlich gar nicht zur Verantwortung gezogen werden kann. ■

Beispiel Die Polizei beobachtet, wie sich zwei Betrunkene lautstark beschimpfen. Die Situation droht zu Handgreiflichkeiten zu eskalieren, weshalb die Polizei eingreift und einem der Betrunkenen einen Platzverweis erteilt.[42]

39 Vgl. *Wehr* Rn. 31.
40 Vgl. *Wehr* Rn. 34.
41 Vgl. *Wehr* Rn. 39.
42 Beispiel nach *Wehr* Rn. 27, 40.

Aufgrund der fortdauernden Streitigkeit drohen weitere Beleidigungen und auch Körperverletzungen, welche jeweils nach § 185 StGB und §§ 223 ff. StGB strafrechtlich untersagt sind. Damit liegt eine konkrete Gefahr für die öffentliche Sicherheit in Form der objektiven Rechtsordnung vor; die Polizei kann einschreiten. Unerheblich ist dabei, dass es sich bei der Beleidigung nach § 194 StGB und bei der einfachen und fahrlässigen Körperverletzung nach § 230 StGB um Antragsdelikte handelt, eine strafrechtliche Verfolgung also noch von einem Strafantrag abhängig ist. Maßgeblich ist allein das (drohende) objektiv gegebene tatbestandsmäßige Verhalten einer Beleidigung und einer Körperverletzung. ■

51 Auch internationales Recht, vornehmlich Völkerrecht und Europarecht, fällt in diesen Anwendungsbereich, soweit es Geltung innerhalb der BRD beansprucht.

JURIQ-Klausurtipp

In der polizeirechtlichen Klausur wird in aller Regel der Bürger gegen eine Rechtsnorm oder gegen eine Verhaltenspflicht aus einem Verwaltungsakt verstoßen und demnach die objektive Rechtsordnung als Teil der öffentlichen Sicherheit betroffen sein!

52 Ein Verstoß gegen die objektive Rechtsordnung als Teil der öffentlichen Sicherheit kann sich auch bei einer Zuwiderhandlung des Bürgers gegen eine Anordnung aus einem Verwaltungsakt ergeben.[43] Unter den Begriff des vollziehbaren Verwaltungsaktes fallen zunächst alle bestandskräftigen Verwaltungsakte, also solche gegenüber dem Bürger erlassenen hoheitlichen Anordnungen zu einem Tun, Dulden, Unterlassen, die mit den Rechtsbehelfen nicht mehr angegriffen werden können, weil die Klagefrist nach § 74 VwGO verstrichen ist.

Vollziehbar sind daneben auch diejenigen Verwaltungsakte, die sofort vollziehbar sind.[44] Dabei kann die erlassende Behörde unter bestimmten Voraussetzungen einen Verwaltungsakt nach § 80 Abs. 2 Nr. 4 VwGO für sofort vollziehbar erklären.[45] Kraft Gesetzes sofort vollziehbar sind dagegen nach § 80 Abs. 2 Nr. 2 VwGO die unaufschiebbaren Anordnungen (= Primärmaßnahmen) von Polizeivollzugsbeamten. Mit „Polizeivollzugsbeamten" ist dabei der Begriff der eingeschränkt institutionellen Polizei i.S.d. Art. 1 PAG gemeint; erfasst sind also alle Vollzugsbeamten der Polizei.[46]

Beispiel Der betrunkene Obdachlose O hat im öffentlichen Stadtpark randaliert und Passanten angepöbelt. Die verständigte Polizei erlässt daraufhin gegen den O einen Platzverweis mit dem Inhalt, dass er sich bis zum darauffolgenden Tag, 8.00 Uhr früh, nicht mehr im Stadtpark aufhalten darf. Als die Polizei kurze Zeit später einen Kontrollgang im Stadtpark durchführt, trifft sie wiederum den O an.

Hier liegt ein Verstoß gegen die öffentliche Sicherheit in Form der objektiven Rechtsordnung vor, da der O dem vollziehbaren Verwaltungsakt des Platzverweises zuwidergehandelt hat. Der Platzverweis ist vollziehbar, da Maßnahmen von Polizeivollzugsbeamten i.S.d. PAG nach § 80 Abs. 2 Nr. 2 VwGO sofort vollziehbar sind. ■

43 Vgl. *Schenke* Rn. 58, der von einem „vollstreckungsfähigen Verwaltungsakt" spricht, in der Sache aber dasselbe meint.
44 Vgl. dazu auch im Skript „Allgemeines Verwaltungsrecht" Rn. 342 ff.
45 Vgl. zu dieser Frage des allgemeinen Verwaltungsrechts im Skript „Verwaltungsprozessrecht" Rn. 286 ff.
46 Vgl. im Skript „Verwaltungsprozessrecht" Rn. 284.

§ 80 Abs. 2 Nr. 2 VwGO findet analoge Anwendung auf Verkehrszeichen, die nach allgemeiner Meinung einen Verwaltungsakt als Allgemeinverfügung i.S.d. Art. 35 S. 2 BayVwVfG darstellen.[47] Argumentiert wird dabei zutreffend mit der Funktionsgleichheit von einem Verkehrszeichen und verkehrsregelnden Anordnungen von Polizeibeamten: Schließlich macht es keinen Unterschied, ob die Aufforderung, an der Kreuzung stehen zu bleiben, durch ein STOPP-Schild ergeht oder durch einen Polizeibeamten, der den Verkehr regelt. 53

Beispiel In der Innenstadt der Gemeinde G ist die elektronische Ampelsteuerung ausgefallen. Der Polizeibeamte P regelt deswegen händisch den Verkehr an einer Kreuzung. Er signalisiert dem Autofahrer A, anzuhalten und zu warten.

Sollte A dieser Anweisung zuwiderhandeln, läge eine Gefahr für die öffentliche Sicherheit in Form der objektiven Rechtsordnung vor. Die Anweisung an A, anzuhalten, stellt einen Verwaltungsakt i.S.d. Art. 35 S. 1 BayVwVfG dar, dieser ist als unaufschiebbare Anordnung eines Polizeivollzugsbeamten nach § 80 Abs. 2 Nr. 2 VwGO sofort vollziehbar. ■

Bei den angeführten **Individualrechtsgütern** handelt es sich nicht um eine abschließende Aufzählung. Erfasst werden dabei vielmehr alle aus den Grundrechten nach Art. 1 ff. GG den Einzelnen zustehenden Gewährleistungen. Da die Individualrechtsgüter des Einzelnen in der Regel durch Vorschriften der Rechtsordnung gewährt und geschützt werden, entfalten die Individualrechtsgüter selbst keine große Bedeutung im Polizeirecht. 54

Hinweis

Bei polizeilichem Handeln zum Schutz von Individualrechtsgütern stellen sich Abgrenzungsschwierigkeiten gegenüber polizeilichem Einschreiten zum Schutz privater Rechte nach Art. 2 Abs. 2 PAG (vgl. Rn. 61).

Relevant können diese aber in solchen Gefährdungsfällen werden, in denen gar kein normwidriges Verhalten eines Einzelnen vorliegt, das den Tatbestand einer entsprechenden Rechtsnorm erfüllen könnte.[48] 55

Beispiel Das ist denkbar bei Naturkatastrophen wie Überschwemmungen, Blitzeinschlägen, Erdbeben, Felsstürzen oder erheblichen Unwettern: Von einem Berg droht ein Felsen auf ein Wohnhaus herabzustürzen; es haben sich bereits einige Gesteinsteile gelöst und sind heruntergefallen. Selbstverständlich kann die Polizei hier zum Schutz des Individualrechtsgutes der Gesundheit der Bewohner des Hauses einschreiten. ■

Hinweis

Relevant werden die Individualrechtsgüter als Teil des Schutzgutes der öffentlichen Sicherheit insbesondere auch bei der Frage, ob dem Bürger ein Anspruch auf polizeiliches Einschreiten zusteht oder zustehen kann (vgl. Rn. 114).

47 Vgl. *Wehr* Rn. 358.
48 Vgl. *Wehr* Rn. 51.

» Beliebtes Klausurproblem bei Verbotstatbeständen: Grundrecht auf Selbstgefährdung. «

56 In das Spannungsfeld des polizeilichen Schutzes von Individualrechtsgütern gehört auch die Frage des polizeilichen Handelns bei **Selbstgefährdung**[49]. Grundsätzlich steht jedem Bürger als Ausfluss der allgemeinen Handlungsfreiheit nach Art. 2 Abs. 1 GG ein *Recht auf Selbstgefährdung* zu.

Beispiel Bei einem Boxkampf möchte die Polizei einschreiten, um Verletzungen vorzubeugen. Zwar drohen in diesem Fall durchaus Verletzungen und damit auch Körperverletzungen i.S.d. §§ 223 ff. StGB; dabei handelt es sich aber um ein freiwilliges Risiko, welches jeder Sportler mit der Teilnahme an einem Boxkampf eingeht. Insoweit greift das grundrechtlich verbürgte Recht der Selbstgefährdung ein, weshalb der Polizei ein Einschreiten verwehrt ist. ■

57 Dieses Recht auf Selbstgefährdung findet aber in folgenden Fällen seine Grenze;[50] insoweit ist die Polizei wiederum zum Einschreiten berechtigt:

- Der Handelnde kann die Folgen seines Handelns nicht abschließend eigenständig beurteilen (insbesondere Kinder) oder es werden auch Rechtsgüter dritter Personen bedroht (z.B. beim Baden in einem See trotz Badeverbots wegen Lebensgefahr besteht die Gefahr, dass „Retter" ebenfalls zu Schaden kommen).
- Im Falle des drohenden Suizids ist man sich einig, dass allgemein eine Grenze des freiverantwortlichen Handelns erreicht ist. Denn man kann nie sicher sein, dass es sich um eine wirklich vollumfänglich freiverantwortliche Entscheidung handelt (Appellsuizid!);[51] die Polizei kann insoweit also einschreiten, obwohl nach allgemeiner Meinung ein vollkommen freiverantwortlicher sogenannter Bilanzsuizid in den Bereich der grundrechtlich geschützten Selbstgefährdung fallen würde.

58 Der **Schutz der grundlegenden Einrichtungen und Veranstaltungen des Staates und sonstiger Hoheitsträger einschließlich der ungehinderten Ausübung von Hoheitsgewalt** entfaltet in Klausuren kaum Bedeutung. Dies liegt insbesondere daran, dass die meisten möglichen Beeinträchtigungen der Ausübung der Hoheitsgewalt durch spezielle Vorschriften untersagt sind und damit eine Einschlägigkeit (bereits) der objektiven Rechtsordnung vorliegt: Beispielsweise sei hier auf die Strafvorschrift des § 113 StGB als Widerstand gegen Vollstreckungsbeamte verwiesen.

Unter den Begriff der ungehinderten Ausübung von Hoheitsgewalt fällt dabei z.B. der reibungslose Ablauf von offiziellen Staatsempfängen, bei deren Störung das Ansehen der BRD gefährdet ist.[52]

Beispiel In der Rechtsprechung[53] würde die Einschlägigkeit der öffentlichen Sicherheit unter diesem Gesichtspunkt angenommen bei der Warnung vor Radar- und Abstandmessungen der Polizei durch Bürger gegenüber anderen Bürgern.

Denkbar ist eine Einschlägigkeit auch in Fällen der Behinderung von polizeilichen und/oder staatsanwaltschaftlichen Ermittlungen unterhalb der strafrechtlichen Grenze. ■

49 Vgl. *Schenke* Rn. 57 sowie *Wehr* Rn. 52.

50 Vgl. auch *Becker/Heckmann/Kempen/Manssen* Teil 3 Rn. 103 ff. und die unten stehenden Ausführung im Übungsfall 4 (Rn. 277 ff.).

51 Nach Ansicht des BayVerfGH handelt es sich zudem um einen Ausfluss der Wertentscheidung des Art. 1 Abs. 1 GG i.V.m. Art. 2 Abs. 2 GG, wonach der Schutz des Lebens staatliche Aufgabe ist.

52 Das BVerfG hat diese Frage dagegen zum Begriff der öffentlichen Ordnung zugeordnet und deren Einschlägigkeit aber offengelassen, vgl. dazu *Berner/Köhler/Käß* Art. 2 Rn. 13.

53 Vgl. *OVG Münster* NJW 1997, 1596.

(2) Begriff der öffentlichen Ordnung

Unter den Begriff der **öffentlichen Ordnung** fällt die Gesamtheit der ungeschriebenen Regeln für das Verhalten des Einzelnen in der Öffentlichkeit, soweit die Beachtung dieser Regeln nach den herrschenden Auffassungen als unerlässliche Voraussetzung eines geordneten Gemeinschaftslebens betrachtet wird.[54] 59

» Letztlich kommt der öffentlichen Ordnung nur noch eine geringe Bedeutung zu, da eine umfangreiche Kodifizierung der Verhaltenspflichten erfolgt ist. «

Diese Auffassungen müssen dabei mit den Wertvorgaben des Grundgesetzes übereinstimmen; allein eine Mehrheitsanschauung ist nicht ausreichend.[55] Der Begriff der öffentlichen Ordnung war dabei in der Vergangenheit insbesondere im Bereich des Versammlungsrechts von großer Bedeutung (siehe dazu mehr im versammlungsrechtlichen Teil, vgl. Rn. 305 ff.).

Beispiel Folgende Fragen sollten Ihnen bekannt sein:[56]

- Bei der Untersagung von sogenannten Tötungsspielen wurde es als mit dem objektiven (!) Gehalt der Menschenwürde als unvereinbar angesehen, die Tötung anderer Menschen zu spielen und dadurch den Vorgang der Tötung eines anderen Menschen zu verharmlosen.
- Auch das nackte Umherlaufen in der Öffentlichkeit soll einen Verstoß darstellen: Passanten würden unvermutet mit dem Anblick des nackten Körpers konfrontiert, ohne entscheiden zu können, ob sie dies wollen oder nicht: Dadurch werde das natürliche Schamgefühl der Betroffenen verletzt.
- Die Verharmlosung der Verbrechen des nationalsozialistischen Regimes stellt (soweit noch keine Straftat vorliegt und damit die objektive Rechtsordnung betroffen ist) einen Verstoß gegen die öffentliche Ordnung dar.
- Das Urinieren und Koten in der Öffentlichkeit stellt einen Verstoß gegen die öffentliche Ordnung dar. Oft wird in diesen Fällen aber bereits ein Verstoß gegen die öffentliche Sicherheit in Form der objektiven Rechtsordnung vorliegen, da diese Verhaltensweisen regelmäßig durch kommunale Satzungen untersagt sind und damit bereits gegen ein Unterlassensgebot aus einer Rechtsnorm verstoßen wird.
- Das normale Betteln auf der öffentlichen Straße ist zwar geeignet, bei einigen Passanten Unbehagen zu wecken: Das geordnete Gemeinschaftsleben wird aber durch die Konfrontation mit der realen vorhandenen Armut und dem mit dem Betteln verbundenen Appell an die Hilfsbereitschaft nicht beeinträchtigt[57].
- Ob das Konsumieren von Alkohol in der Öffentlichkeit einen Verstoß gegen die öffentliche Ordnung begründen kann, ist noch nicht abschließend geklärt: Im Ausgangspunkt ist allerdings klar, dass das Konsumieren von Alkohol in der Öffentlichkeit als sozialadäquat anzusehen ist (insbesondere in Gaststätten, Weinfesten und Bierzelten wird dies praktiziert). Die Grenze dürfte aber bei einigen Begleit- und Ausfallerscheinungen erreicht sein (insbesondere das völlig betrunkene Schlafen oder Herumliegen in der Öffentlichkeit). ■

---

54 Vgl. *Schenke* Rn. 63 sowie VollzB Nr. 2.2 Abs. 2.

55 *Berner/Köhler/Käß* Art. 2 Rn. 11.

56 Vgl. dazu auch *Wehr* Rn. 60 ff. und *Schenke* Rn. 62 ff.

57 Anders kann dies im Einzelfall in extremen Fällen bei sehr aggressiven Formen des Bettelns sein.

Hinweis

Die dargestellten Ausführungen zur Gefahr und zu den polizeilichen Schutzgütern müssen Sie zwingend beherrschen, da Sie diese für jede polizeirechtliche (und auch sicherheitsrechtliche) Klausur benötigen werden. Sofern insoweit bei Ihnen also noch Unklarheiten bestehen, arbeiten Sie die entsprechenden Ausführungen noch einmal durch.

d) Der Schutz privater Rechte nach Art. 2 Abs. 2 PAG

60 Nach Art. 2 Abs. 2 PAG obliegt der Polizei der Schutz privater Rechte nach dem PAG nur dann, wenn gerichtlicher Schutz nicht rechtzeitig zu erlangen ist und wenn ohne polizeiliche Hilfe die Verwirklichung des Rechts vereitelt oder wesentlich erschwert werden würde. Bereits der Wortlaut drückt den Ausnahmecharakter des Art. 2 Abs. 2 PAG aus und stellt klar, dass es grundsätzlich nicht die Pflicht der Polizei ist, privatrechtliche Ansprüche durchzusetzen. Hintergrund ist dabei die Privatautonomie: Ob der Bürger seinen privatrechtlichen Anspruch durchsetzt oder nicht, bleibt ihm selbst überlassen. Zudem fällt die Durchsetzung privatrechtlicher Ansprüche, wie bereits auch der Wortlaut deutlich zeigt,[58] grundsätzlich in den Zuständigkeitsbereich der ordentlichen Gerichte. Insoweit handelt es sich nur um eine subsidiäre Zuständigkeit der Polizei.

Häufig geht es dabei um die Sicherung von Ersatz- und Schadensersatzansprüchen, sofern insoweit nicht bereits die öffentliche Sicherheit nach Art. 2 Abs. 1 PAG betroffen ist.[59]

61 Da aber auch die öffentliche Sicherheit die Individualrechtsgüter erfasst, stellt sich die Frage der Abgrenzung zwischen Art. 2 Abs. 1 PAG und Art. 2 Abs. 2 PAG. Dabei muss man sich fragen, ob ein öffentliches Interesse an der Sicherung der Individualrechtsgüter besteht.

Das ist insbesondere dann der Fall, wenn die Verletzung der Individualrechtsgüter mit Strafe bewehrt ist. Ein klassischer Anwendungsfall des Art. 2 Abs. 2 PAG wäre also z.B. die fahrlässige Sachbeschädigung, da diese strafrechtlich nicht sanktioniert ist.

62 Weiterhin besteht ein öffentliches Interesse am Schutz der wichtigsten Rechtsgüter wie z.B. der Menschenwürde sowie der Sachgüter, die im Interesse der Allgemeinheit erhaltens- und schutzwürdig sind sowie der kollektiven Rechtsgüter der Allgemeinheit (wie die öffentliche Daseinsvorsorge).[60]

Hinweis

Insoweit ist quasi die Grenze der oben dargestellten Privatautonomie erreicht. In diesen Fällen soll es gerade nicht mehr allein dem Willen des Bürgers überlassen werden, ob er seine privatrechtlichen Ansprüche durchsetzt oder nicht.

58 Zu allem auch *Wehr* Rn. 42 f.

59 Zu allem *Berner/Köhler/Käß* Art. 2 Rn. 32 ff.

60 Vgl. zu allem *Berner/Köhler/Käß* Art. 2 Rn. 51 ff.

Die Aufgabeneröffnung nach Art. 2 Abs. 2 PAG eröffnet der Polizei grundsätzlich den Zugriff auf alle Befugnisnormen nach dem PAG, aus Gründen der Verhältnismäßigkeit ist die Polizei aber regelmäßig nur zu vorläufigen Maßnahmen oder Sicherungsmaßnahmen berechtigt (insbesondere zur Identitätsfeststellung oder Beweissicherung).[61] 63

e) Die Vollzugshilfe für andere Behörden und Gerichte nach Art. 2 Abs. 3 PAG

Nach Art. 2 Abs. 3 PAG leistet die Polizei anderen Behörden und den Gerichten Vollzugshilfe nach Art. 50 ff. PAG. Sie wird auch als selbstständige Vollstreckungshilfe bezeichnet (im Gegensatz zur unselbstständigen Vollstreckungshilfe nach Art. 37 Abs. 2 BayVwZVG). 64

Dabei handelt es sich um eine speziell zugewiesene Aufgabe des polizeilichen Zwangs.

Eine spezielle Regelung ist dabei erforderlich, da sich die Art. 53 ff. PAG nur auf den Vollzug polizeilicher Verwaltungsakte beziehen.

Die Vollzugshilfe erfasst dagegen nach dem relevanteren Fall des Art. 50 Abs. 1 PAG die Konstellation, dass eine andere Behörde bereits einen Grundverwaltungsakt erlassen hat und bei dessen Vollzug unmittelbarer Zwang anzuwenden ist.

Dies unterscheidet die Vollzugshilfe auch von der Weisung, die nach den obigen Ausführungen ein Ersuchen zum Erlass eigener Grundmaßnahmen darstellt.

Eine Amtshilfe liegt nach Art. 4 Abs. 2 Nr. 2 BayVwVfG gerade nicht vor, da der Polizei die Vollzugshilfe nach Art. 2 Abs. 3 PAG als eigene Aufgabe obliegt.

Voraussetzungen für die Vollzugshilfe für andere Behörden sind nach Art. 50 Abs. 1 PAG: 65
- ein Ersuchen,
- unmittelbarer Zwang ist anzuwenden und
- die anderen Behörden verfügen nicht über die erforderlichen Dienstkräfte oder können ihre Maßnahmen nicht auf andere Weise selbst durchsetzen.

aa) Vorrang der Vollstreckungshilfe nach Art. 2 Abs. 4 PAG i.V.m. Art. 37 Abs. 2 BayVwZVG

Das letzte Merkmal der fehlenden Möglichkeit, die Maßnahmen auf andere Weise selbst durchzusetzen, kann zum einen bei Bestehen von Vollstreckungshindernissen gegeben sein. 66

Zum anderen fällt hierunter auch der Fall der sogenannten Vollstreckungshilfe nach Art. 2 Abs. 4 PAG i.V.m. Art. 37 Abs. 2 BayVwZVG.

Hinweis

Die Abgrenzung zwischen diesen Rechtsinstituten ist sehr schwierig und letztlich noch nicht abschließend geklärt. Die Verfasser haben sich für eine dogmatisch saubere Lösung entschieden, die auch den in den Lösungshinweisen in den Examensklausuren verwendeten Lösungen entspricht.

61 *Becker/Heckmann/Kempen/Manssen* Teil 3, Rn. 51; dasselbe meint wohl *Berner/Köhler/Käß* Art. 2 Rn. 56, wenn er zu Beginn des vierten Absatzes davon spricht, dass die Polizei nicht dazu berufen ist, strittige Rechtsverhältnisse zu klären.

bb) Abgrenzung zwischen Vollzugshilfe und Vollstreckungshilfe

67 Art. 2 Abs. 3 i.V.m. Art. 50 Abs. 1 PAG stellt darauf ab, dass die andere Behörde ihre Maßnahmen nicht auf andere Weise selbst durchsetzen kann.

Da die Aufgabenzuweisung nach Art. 2 Abs. 4 PAG – wie oben dargelegt – vorrangig zu prüfen ist, muss bei der Einschlägigkeit der Spezialzuständigkeit der Vollstreckungshilfe nach Art. 2 Abs. 4 PAG i.V.m. Art. 37 Abs. 2 BayVwZVG von einer Möglichkeit zur anderweitigen Durchsetzung ihrer Maßnahmen ausgegangen werden.[62]

Nach Art. 37 Abs. 2 BayVwZVG hat die örtlich zuständige Polizeidiensstelle auf Ersuchen der Vollstreckungsbehörde Hilfe zu leisten, soweit zur Anwendung unmittelbaren Zwangs die Heranziehung von Polizeibeamten erforderlich ist. Vollstreckungsbehörde ist nach Art. 20 Nr. 2 i.V.m. Art. 30 Abs. 1 S. 1 BayVwZVG im Grundsatz die Erlassbehörde als Anordnungsbehörde (Art. 20 Nr. 1 BayVwZVG).

68 Das **entscheidende Merkmal „soweit“** im Wortlaut des Art. 37 Abs. 2 BayVwZVG erfasst dann letztlich zwei verschiedene Konstellationen:

- die Vollstreckungsbehörde hat eigenständig mit der Vollstreckung begonnen, benötigt aber zur endgültigen Durchsetzung die Hilfe der Polizei (z.B. weil sie auf erhöhten Widerstand getroffen ist),[63]
- die Vollstreckungsbehörde könnte im Grundsatz vollstrecken, es bestehen auch keine Vollstreckungshindernisse; sie hält aber die Polizei für geeigneter, die Vollstreckung vorzunehmen und bittet diese dementsprechend darum.

Im Hinblick auf die zweite Alternative muss man sich die Regelungen des BayVwZVG bewusst machen. Wie eben ausgeführt, vollstreckt nach Art. 30 Abs. 1 S. 1 BayVwZVG grundsätzlich die Erlassbehörde als Anordnungsbehörde (Art. 20 Nr. 1 BayVwZVG) selbstständig ihre Verwaltungsakte mit den Befugnissen nach dem BayVwZVG. Soweit z.B. das Landratsamt als Sicherheitsbehörde gegen einen illegalen Waffenbesitzer ein Waffenbesitzverbot und eine entsprechende Sicherstellung der Waffen anordnet, handelt es sich um einen Verwaltungsakt, den das Landratsamt als Sicherheitsbehörde mit den Befugnissen nach dem BayVwZVG grundsätzlich selbst zu vollstrecken hat. Der Sachbearbeiter oder auch der Jurist als Abteilungsleiter hat also selbst die Vollstreckung vorzunehmen. Mangels entsprechender Ausstattung (insb. Waffen, Fahrzeuge, Verwahrstelle usw.) werden diese aber bei der Anwendung unmittelbaren Zwangs stets auf die Polizei zurückgreifen; dabei handelt es sich um Vollstreckungshilfe nach Art. 2 Abs. 4 PAG i.V.m. Art. 37 Abs. 2 BayVwZVG, da diese eine der Polizei vorrangig zugewiesene spezialgesetzliche Aufgabe darstellt.

Für die Vollstreckung mittels Ersatzvornahme und Zwangsgeld stellt sich dieses Bedürfnis nicht, da diese Vollstreckung ja allein vom Schreibtisch aus erfolgt (durch Erlass einer Androhung des Zwangsgeldes bzw. einer Veranlassung der Durchführung der geforderten Handlung durch einen Dritten).

Art. 50 Abs. 2 PAG regelt letztlich die Unterstützung der Gerichte und Staatsanwaltschaften als speziellen Fall der Vollzugshilfe (sogenannte Justizhilfe).

---

62 Das kommt letztlich auch in der VollzB in Nr. 50.2. erster Spiegelstrich zum Ausdruck, der im Falle des Art. 37 Abs. 2 BayVwZVG von einem speziellen Fall der Vollzugshilfe ausgeht.

63 *Becker/Heckmann/Kempen/Manssen* Teil 3 fasst in Rn. 57 ff. allein diesen Fall unter die Vollstreckungshilfe.

cc) Rechtliche Behandlung der Vollzugshilfe

Soweit nach der dargestellten Abgrenzung Vollzugshilfe anzunehmen ist, sind bei der Frage nach der Behandlung der Vollzugshilfe drei verschiedene Ebenen zu unterscheiden: 69

» Halten Sie die drei verschiedenen Ebenen stets sauber auseinander «

- **die Grundmaßnahme der ersuchenden Behörde (Maßnahme i.S.d. Art. 50 Abs. 1 PAG).**
  Diese ist allein der ersuchenden Behörde zuzurechnen, da diese dieselbe erlassen hat.
- **die Vollstreckungsanordnung der ersuchenden Behörde, mit welcher diese über das „Ob" der Vollstreckung entschieden hat**
  Sie ist ebenfalls der ersuchenden Behörde zuzurechnen und deshalb auch in materieller Hinsicht nach dem für diese zu beachtendem Recht, dem BayVwZVG, zu überprüfen (erfordert letztlich die allgemeinen Vollstreckungsvoraussetzungen nach BayVwZVG).
- **die Zwangsmaßnahme der Polizei als Anwendung unmittelbaren Zwangs als „Wie" der Vollstreckung**
  Im Gegensatz zu den anderen Maßnahmen ist diese der Polizei als insoweit handelnde Behörde zuzurechnen und muss sich deshalb in materieller Hinsicht auch an den Vorschriften des PAG messen lassen (die besonderen Vollstreckungsvoraussetzungen sind also nach den Art. 53 ff. PAG zu beurteilen).

Diese Unterscheidung zwischen den verschiedenen Ebenen und deren Zurechnung richtet sich nach Art. 50 Abs. 3 PAG, der die Grundsätze der Amtshilfe und damit auch Art. 7 Abs. 1 BayVwVfG, der diese Aufteilung anordnet, für entsprechend anwendbar erklärt.[64]

Diese Aufteilung setzt sich auch bei der Frage nach dem richtigen Beklagten nach § 78 Abs. 1 Nr. 1 VwGO fort. Soweit die Grundmaßnahme und/oder das „Ob" der Zwangsanwendung angegriffen wird, ist der Rechtsträger der ersuchenden Behörde zu verklagen.

Für den Fall des Vorgehens gegen das „Wie" der Zwangsanwendung ist dagegen der Rechtsträger der Polizei, also nach Art. 1 Abs. 2 POG der Freistaat Bayern, zu verklagen.[65]

dd) Rechtliche Behandlung der Vollstreckungshilfe

Im Rahmen der Vollstreckungshilfe nach Art. 2 Abs. 4 PAG i.V.m. Art. 37 Abs. 2 BayVwZVG ist 70
zwar dem Grundsatz nach auch die oben erwähnte Dreiteilung vorzunehmen. Man geht aber davon aus, dass entsprechend der Bezeichnung „unselbstständige Vollstreckungshilfe" die Polizei in diesem Fall nur als verlängerter Arm (letztlich als menschliches Hilfsmittel des unmittelbaren Zwangs) der Vollstreckungsbehörde handelt und dieser demgemäß das Handeln der Polizei vollumfänglich zuzurechnen ist.

Dies hat zum einen zur Konsequenz, dass sich das Handeln der Polizei in materieller Hinsicht (besondere Vollstreckungsvoraussetzungen) nach den Vorschriften des BayVwZVG zu richten hat und der Rechtsträger der Vollstreckungsbehörde auch für das „Wie" der Zwangsanwendung richtiger Beklagter nach § 78 Abs. 1 Nr. 1 VwGO ist.[66]

64 Vgl. zum ganzen *Berner/Köhler/Käß* Art. 50 Rn. 25 ff.
65 Vgl. dazu *Berner/Köhler/Käß* Art. 50 Rn. 36.
66 Vgl. dazu insgesamt *Becker/Heckmann/Kempen/Manssen* Teil 3, Rn. 58.

2. Örtliche Zuständigkeit

71 Die Frage der örtlichen Zuständigkeit ergibt sich nach Art. 3 Abs. 1 POG, wonach jeder Vollzugsbeamte (also Polizei im eingeschränkt institutionellen Sinne) im gesamten Gebiet des Freistaates Bayern zuständig ist[67] (Prinzip der örtlichen Allzuständigkeit).

3. Verfahren

72 Vorschriften über das Verfahren als Voraussetzung der formellen Rechtmäßigkeit spielen in polizeirechtlichen Klausuren regelmäßig keine besondere Rolle. Zwar ist nach Art. 28 Abs. 1 BayVwVfG vor Erlass eines belastenden Verwaltungsaktes grundsätzlich eine Anhörung des Betroffenen erforderlich. Nach Art. 28 Abs. 2 Nr. 1 BayVwVfG ist diese aber bei Gefahr im Verzug entbehrlich.[68]

Diese Gefahr im Verzug liegt aufgrund der Eilbedürftigkeit in polizeirechtlichen Fällen im Rahmen des Erlasses einer polizeirechtlichen Primärmaßnahme regelmäßig vor.

4. Form

73 Das polizeiliche Handeln ist formfrei nach Art. 37 Abs. 2 BayVwVfG.[69] Möglich ist also insbesondere das in der Praxis übliche mündliche Handeln der Polizei.[70]

Online-Wissens-Check

Wonach richtet sich die Zuständigkeit der bayerischen Vollzugspolizei?

Überprüfen Sie jetzt online ihr Wissen zu den in diesem Abschnitt erarbeiteten Themen. Unter **www.juracademy.de/skripte/login** steht Ihnen ein Online-Wissens-Check speziell zu diesem Skript zur Verfügung, den Sie mit dem Zugangscode auf der letzten Seite kostenlos nutzen können.

V. Materielle Rechtmäßigkeit einer polizeilichen Primärmaßnahme

1. Rechtsgrundlage bei belastenden Maßnahmen

74 Damit die Polizei eine für den Bürger belastende Maßnahme erlassen kann, benötigt sie in jedem Fall eine sogenannte Befugnis. Dabei handelt es sich lediglich um eine spezielle polizeirechtliche (und auch sicherheitsrechtliche) Terminologie für den Begriff der Rechtsgrundlage.

67 Vgl. *Wehr* Rn. 363.
68 Vgl. *Schenke* Rn. 493 f.; zur Anhörung und deren Entbehrlichkeit auch im Skript „Allgemeines Verwaltungsrecht" Rn. 182 ff.
69 Vgl. *Schenke* Rn. 494.
70 Vgl. zur Form auch im Skript „Allgemeines Verwaltungsrecht" Rn. 203 ff.

a) Begriff von Aufgabe und Befugnis

Die oben verwendeten Begriffe der Aufgabe und der Befugnis im Polizeirecht sind strikt zu trennen. Die Aufgabe stellt die Grundlage des polizeilichen Handelns dar (vgl. Rn. 21 ff.). **75**

Sofern die Polizei bei ihrem Handeln allerdings in die Rechte von Bürgern eingreift, benötigt sie nach dem Grundsatz vom Vorbehalt des Gesetzes (eine Ausprägung des Rechtsstaatsprinzips nach Art. 20 Abs. 3 GG) eine ausdrückliche Rechtsgrundlage. Solche ausdrücklichen Rechtsgrundlagen bezeichnet man im Polizeirecht als Befugnisse. Allein die Aufgabenzuweisung an die Polizei stellt aber keine derartige Befugnis dar. Diese sind sämtlich im PAG oder spezialgesetzlich geregelt.[71]

Zum Verständnis soll an dieser Stelle nochmals darauf hingewiesen werden, dass zur Annahme einer Aufgabeneröffnung der Polizei bereits eine abstrakte Gefahr ausreichend ist. Die Befugnisnormen, welche die Polizei zum Erlass von den Bürger belastbaren Maßnahmen ermächtigen, fordern dagegen grundsätzlich zwingend das Vorliegen einer konkreten Gefahr.

Hinweis

Es existieren wenige Spezialfälle im Rahmen der Standardbefugnisse, bei denen bereits eine abstrakte Gefahr (ausnahmsweise!) für den Erlass von belastenden Maßnahmen ausreichend ist. Diese Spezialfälle werden im Rahmen der Standardbefugnisse dargestellt (Rn. 136 ff.).

Soweit keine geregelte Befugnis für polizeiliches Handeln einschlägig ist, welche in Rechte des Bürgers eingreift, stellt sich die Maßnahme als materiell rechtswidrig dar. Wichtig ist dabei, dass niemals ein Schluss von der Aufgabe auf die Befugnis möglich ist.

Umgekehrt ist aber immer ein Schluss von der Befugnis auf die Aufgabe möglich, soweit eine Aufgabeneröffnung nicht explizit geregelt ist.[72]

Hinweis

Diese Grundsätze des Polizeirechts müssen Sie zwingend verstanden haben, da Spezialgesetze, welche die Polizei zum Handeln ermächtigen, oft nur eine entsprechende Befugnis enthalten und Sie dann in dieser Situation den Rückschluss auf die Aufgabeneröffnung vornehmen können.

Nach diesen Grundsätzen ist eine Befugnis für polizeiliches Handeln dann nicht erforderlich, wenn dieses nicht in Rechte des Bürgers eingreift. Das kann zum einen der Fall sein, wenn der Betroffene ausdrücklich in die entsprechende Maßnahme einwilligt[73] oder schlicht kein Eingriff in die Rechte der Bürger vorliegt. **76**

---

71 Zur Unterscheidung zwischen Aufgabe und Befugnis vgl. *Schenke* Rn. 36 f. sowie *Wehr* Rn. 211 f.

72 Vgl. *Wehr* Rn. 213.

73 Nach *Berner/Köhler/Käß* Art. 11 Rn. 3 liegt in den Fällen der Einwilligung schon gar keine polizeiliche Maßnahme i.S.d. Art. 2 PAG vor.

Beispiel Die allgemeine polizeiliche Tätigkeit wie die Streifenfahrt ohne Verfolgung bestimmter Personen greift nicht in Rechte des Bürgers ein und benötigt deshalb keine Befugnis. Auch das bloße Beobachten durch Polizeibeamte stellt im Grundsatz kein Eingriff in Rechte des Bürgers dar.[74] ■

Beispiel In dem oben dargestellten Beispiel (vgl. Rn. 34) der Diskothek, die mit öffentlichen Verkehrsmitteln schwer erreichbar ist, weshalb typischerweise damit gerechnet werden kann, dass Besucher alkoholisiert die Heimfahrt antreten, liegt eine abstrakte Gefahr vor. Diese ist für die Aufgabeneröffnung der Polizei ausreichend; diese kann also Maßnahmen ergreifen, welche nicht in die Rechte des Bürgers eingreifen, sich also z.B. in einem Streifenwagen in der Nähe der Diskothek postieren und den Geschehensablauf beobachten. ■

Beispiel Im Fall des sogenannten „Gefährderanschreiben", in welchem dem Adressaten mit Hinweis auf seine Bekanntheit bei der Polizei „nahegelegt" oder „empfohlen" wird, sich nicht an einer Demonstration zu beteiligen oder ein bestimmtes Ereignis – wie beispielsweise ein Fußballspiel – nicht zu besuchen, liegt regelmäßig ein Eingriff in die Rechte des Betroffenen vor, da mit dem Anschreiben letztlich bezweckt wird, den Betroffenen von einer Teilnahme an einer Demonstration oder sonstigen Veranstaltung abzuhalten. Demzufolge erfordert ein entsprechendes Anschreiben eine polizeiliche Befugnis.[75] ■

77 **Hinweis**

Vorsicht ist aber bei einer Beobachtung durch technische Hilfsmittel zur Fertigung von Bild- und Tonaufnahmen angezeigt. Da diese Hilfsmittel eine weiterreichende Beobachtungsmöglichkeit (Speicherung, Zoom, Wärmebild usw.) als das bloße menschliche Auge ermöglichen, geht man insoweit von einem Eingriff in das allgemeine Persönlichkeitsrecht nach Art. 1 Abs. 1 i.V.m. Art. 2 Abs. 1 GG in Ausprägung des Rechts am eigenen Bild aus. Damit ist auf jeden Fall der Weg für eine Feststellungsklage eröffnet.

74 Da es sich dabei um ein Realhandeln ohne Eingriffscharakter handelt, scheidet ebenso wie gegen die bloß allgemeine Streifenfahrt jede Form von Rechtsschutz aus; mangels Regelungscharakter liegt kein Verwaltungsakt nach Art. 35 S. 1 BayVwVfG vor, der zur Anfechtungsklage nach § 42 Abs. 1 Alt. 1 VwGO berechtigen würde. Auch eine Feststellungsklage nach § 43 Abs. 1 VwGO scheidet aus, da kein erforderliches Rechtsverhältnis vorliegt. Ein solches setzt wesensnotwendig voraus, dass die rechtlichen Beziehungen zwischen den Personen zumindest ein subjektives öffentliches Recht zum Gegenstand haben; dies ist bei einem reellen Handeln ohne Eingriffscharakter aber nicht der Fall (vgl. dazu *Kopp/Schenke* § 43 Rn. 11).

75 Diese Befugnis findet sich in der polizeilichen Generalklausel nach Art. 11 PAG. Eine davon zu unterscheidende Fragestellung ist im Übrigen die Frage nach dem Rechtscharakter des Schreibens. Sofern dieses einen Verwaltungsakt i.S.d. Art. 35 S. 1 BayVwVfG darstellt, muss der Betroffene Anfechtungsklage bzw. gegebenenfalls nach Erledigung Fortsetzungsfeststellungsklage erheben. Sofern es sich nicht um einen Verwaltungsakt i.S.d. Art. 35 S. 1 BayVwVfG handelt, bleibt als Rechtsschutzmöglichkeit lediglich die allgemeine Feststellungsklage. Ob ein Verwaltungsakt vorliegt, muss jeweils im Einzelfall nach den allgemeinen Grundsätzen bestimmt werden (insbesondere äußeres Erscheinungsbild des Anschreibens und Frage der Regelungswirkung vs. bloße Information/Mitteilung an den Betroffenen). Vgl. dazu beispielsweise *BayVGH* BayVBl 2006, 671.

Wie oben bereits ausgeführt, bedarf jede polizeiliche Maßnahme, die in Rechte des Bürgers eingreift, einer ausdrücklichen Rechtsgrundlage, einer sogenannten Befugnis. 78

Das PAG enthält zum einen die sogenannte Generalklausel nach Art. 11 Abs. 1 Hs. 1, Abs. 2 PAG und die sogenannten Standardbefugnisse nach Art. 11 Abs. 1 Hs. 2 i.V.m. 12–48 PAG.

Auf der Ebene der Aufgabenzuweisungen wurden bereits die nach Art. 2 Abs. 4 PAG vorrangigen spezialgesetzlichen Aufgabenzuweisungen dargestellt. Sofern eine solche einschlägig ist, richten sich eventuell erforderliche Befugnisse gemäß Art. 11 Abs. 3 PAG ebenfalls nach diesem Spezialgesetz.

Hinweis

Dabei sind vorrangig die Spezialbefugnisse nach Art. 11 Abs. 3 PAG zu prüfen; sofern solche nicht bestehen, sind die Standardbefugnisse nach Art. 11 Abs. 1 Hs. 2 i.V.m. Art. 12–48 PAG zu prüfen und erst im letzten Schritt, sofern diese ebenfalls nicht einschlägig sind, ist auf die Generalbefugnis nach Art. 11 Abs. 1 Hs. 1, Abs. 2 PAG zurückzugreifen.

Oft kann es dabei zu dem Fall kommen, dass mehrere Rechtsvorschriften dem Grunde nach einschlägig sind. Die **Abgrenzung für diesen Fall ist anhand der Derogationsregeln vorzunehmen:**

- **lex posterior derogat lex priori** = ein neueres Gesetz ist gegenüber dem älteren Gesetz vorrangig
- **lex superior derogat lex inferior** = ein höherrangiges Gesetz ist gegenüber anderen Gesetzen vorrangig (insb. Art. 31 GG)
- **lex specialis derogat lex generalis** = ein spezielles Gesetz geht dem allgemeinen Gesetz vor.

Sofern dabei im Einzelfall der Regelungsgehalt der vorrangigen Gesetzesvorschrift reicht, ist dieser Sachverhalt abschließend durch das vorrangige Gesetz geregelt. Sofern die Voraussetzungen nach dem vorrangigen Gesetz nicht gegeben sind, darf im Einzelfall nicht auf die anderen Gesetze zurückgegriffen werden.[76] 79

Beispiel Beispiele für vorrangige Gesetze sind insbesondere das bayerische Versammlungsgesetz, soweit dessen Anwendungsbereich reicht (zu diesem sogenannten Grundsatz der Polizeifestigkeit der Versammlung vgl. Rn. 319 ff.) oder auch das Gewaltschutzgesetz (mehr dazu beim Platzverweis Rn. 159).

Dieser dargestellte Vorrang der speziellen Gesetze gilt auch im Verhältnis einzelner Rechtsvorschriften desselben Gesetzes zueinander. Auch innerhalb des PAG sind deshalb (was Art. 11 Abs. 1 Hs. 2 PAG auch ausdrücklich anordnet) die Standardbefugnisse vorrangig vor der Generalklausel zu prüfen.[77]

76 Vgl. *Schenke* Rn. 38.
77 Vgl. dazu *Berner/Köhler/Käß* Art. 11 Rn. 9.

b) Spezialgesetzliche Befugnisse

80 Aufbauend auf den spezialgesetzlichen Aufgabenzuweisungen nach Art. 2 Abs. 4 PAG existieren nach Art. 11 Abs. 3 PAG i.V.m. den Spezialgesetzen auch spezielle Befugnisse für polizeiliches Handeln. Art. 11 Abs. 3 PAG stellt dabei lediglich die oben genannten Derogationsregeln dar.[78] Die Voraussetzungen richten sich nach den jeweiligen Normen.

Beispiel Spezielle Befugnisse befinden sich insbesondere:
- in StPO und OWiG sowie GVG
- dem bayerischen Versammlungsgesetz (Art. 12/15 BayVersG)
- Art. 15 Abs. 2 BayPresseG
- §§ 4 Abs. 1, 8 Abs. 2 VereinsG ■

81 Soweit in diesen speziellen Vorschriften Befugnisse nicht geregelt werden, darf nach Art. 11 Abs. 3 S. 2 PAG auf die Befugnisse nach dem PAG zurückgegriffen werden. Ein Rückgriff ist dagegen niemals möglich, wenn ein bestimmter Lebenssachverhalt im Spezialgesetz geregelt ist, dessen Voraussetzungen im zu entscheidenden Fall aber nicht vorliegen.[79]

c) Standardbefugnisse nach Art. 12–48 PAG

82 Die Art. 11 Abs. 1 Hs. 2 i.V.m. Art. 12–48 PAG enthalten letztlich die sogenannten Standardbefugnisse. Dabei handelt es sich um speziell geregelte Befugnisse, die in einem eigenen Kapitel ausführlich besprochen werden.

d) Generalbefugnis nach Art. 11 Abs. 1 Hs. 1, Abs. 2 PAG

83 Nach Art. 11 Abs. 1 Hs. 1 PAG kann die Polizei die notwendigen Maßnahmen treffen, um eine im einzelnen Fall bestehende Gefahr für die öffentliche Sicherheit und Ordnung (Gefahr) abzuwehren, sogenannte „atypische Maßnahme“. Zentrale Voraussetzung zum Tätigwerden nach Art. 11 Abs. 1 Hs. 1 PAG ist die konkrete Gefahr.

Art. 11 Abs. 2 PAG zählt nicht abschließend Regelbeispiele als Erläuterung des Art. 11 Abs. 1 Hs. 1 PAG auf.[80] Zu beachten sind dabei auch die Begriffsdefinitionen in Art. 11 Abs. 2 S. 2–4 PAG.

Hinweis

Unter den Begriff der notwendigen Maßnahmen nach Art. 11 Abs. 1 Hs. 1, Abs. 2 PAG fallen alle im Einzelfall geeigneten Maßnahmen zur Abwehr der Gefahr, sofern diese die polizeilichen Handlungsgrundsätze nach Art. 4 f. PAG wahren.

2. Ausweispflicht nach Art. 6 PAG

84 Oft wird in den Klausuren als Einwand gegen die Rechtmäßigkeit polizeilichen Handelns angeführt, der Polizeibeamte habe sich nicht ausgewiesen. Nach Art. 6 S. 1 PAG hat sich der Polizeibeamte auf Verlangen des Betroffenen grundsätzlich auszuweisen, sofern dadurch

78 *Berner/Köhler/Käß* Art. 11 Rn. 35.

79 VollzB Nr. 11.2. und *Berner/Köhler/Käß* Art. 11 Rn. 9; *Wehr* Rn. 248.

80 *Berner/Köhler/Käß* Art. 11 Rn. 21.

nicht der Zweck der Maßnahme gefährdet wird (Ausweisung stellt unnötige Verzögerung dar und gefährdet den erforderlichen überraschenden Zugriff).

Die Verletzung der Ausweispflicht führt aber nach allgemeiner Ansicht nicht zur Rechtswidrigkeit der polizeilichen Maßnahme. Es handelt sich um eine bloße Ordnungsvorschrift, weil die Rechtmäßigkeit polizeilichen Handelns nicht von der Namhaftmachung des Beamten abhängig sein soll.[81]

3. Adressaten der polizeilichen Primärmaßnahme

Die Frage nach dem richtigen Adressaten einer polizeilichen Maßnahme bzw. die Verant- **85**
wortlichkeit des von der polizeilichen Maßnahme Betroffenen stellt eine Frage der materiellen Rechtmäßigkeit dar. Hierbei handelt es sich um die Frage, gegen wen die Polizei eine Maßnahme erlassen darf; mit anderen Worten, ob der von der Polizei im Einzelfall Belangte auch rechtmäßigerweise belangt werden durfte. Für die Bezeichnung des Adressaten einer polizeilichen Maßnahme haben sich dabei sowohl die Begriffe des Verantwortlichen als auch des Störers eingebürgert. Maßgeblich ist, wer die relevante Gefahr, zu deren Beseitigung die Polizei einschreitet, verursacht hat.

» Ob die Regelung des Art. 7 Abs. 4 PAG aufgrund einer speziellen Regelung des Adressaten eingreift, wird im Rahmen der jeweiligen Standardbefugnisse (Rn. 136 ff.) dargestellt. «

Die Art. 7 ff. PAG unterscheiden dabei zwischen der Verhaltensverantwortlichkeit nach Art. 7 PAG, dem Zustandsverantwortlichen nach Art. 8 PAG und den nicht verantwortlichen Personen nach Art. 10 PAG.

Bei den Art. 7, 8, 10 PAG handelt es sich um die allgemeinen Regelungen der Verantwortlichkeit. Soweit andere Vorschriften (Spezialgesetze oder Standardbefugnisse nach Art. 12–48 PAG) die Verantwortlichkeit eigenständig regeln, kommen diese allgemeinen Regelungen nach Art. 7 Abs. 4 (i.V.m. Art. 8 Abs. 4, 10 Abs. 3 PAG) nicht zur Anwendung.

Hinweis

Art. 9 PAG nimmt in diesem Bereich eine Sonderstellung ein und wird zum besseren Verständnis bei seinem Hauptanwendungsbereich der Abschleppfälle besprochen (Rn. 222 ff.).

a) Verhaltensverantwortlicher/Handlungsstörer nach Art. 7 PAG

aa) Theorie der unmittelbaren Verursachung

Art. 7 Abs. 1 PAG knüpft die Verantwortlichkeit an die Verursachung der Gefahr. **86**

Nach der **Theorie der unmittelbaren Verursachung** ist derjenige Verhaltensverantwortlicher, der die letzte steuerbare Ursache für die Entstehung der Gefahr gesetzt hat.[82]

Entscheidend ist dabei lediglich die Verursachung; unerheblich ist, ob die Verursachung schuldhaft erfolgte und ob der Adressat minderjährig[83] (Umkehrschluss aus Art. 7 Abs. 2 1 PAG: „auch") oder unzurechnungsfähig (Umkehrschluss z.B. aus Art. 17 Abs. 1 Nr. 1 PAG, der

81 Etwas versteckt mitten im Text von *Berner/Köhler/Käß* Art. 6 Rn. 1.

82 *Schenke* Rn. 242 sowie *Wehr* Rn. 61; *Berner/Köhler/Käß* Art. 7 Rn. 9 und VollzB Nr. 7.3.

83 Vgl. *Schenke* Rn. 241.

eine Ingewahrsamnahme der Person ermöglicht, die sich in einem die freie Willensbestimmung ausschließenden Zustand befindet) ist.[84]

Ein Unterlassen ist ausreichend, sofern eine öffentlich-rechtliche Pflicht zum Handeln (aus Gesetz oder Verwaltungsakt) besteht.[85]

Art. 7 Abs. 3 PAG ermöglicht Maßnahmen auch gegen den Geschäftsherrn, sofern dessen Verrichtungsgehilfe (i.S.d. § 831 BGB[86]) die Gefahr verursacht hat.

» Prägen Sie sich den Grundsatz der unmittelbaren Verursachung und die folgenden Ausnahmen gut ein! «

Von der Theorie der unmittelbaren Verursachung existieren im Falle der sogenannten Zweckveranlasserschaft und im Falle der latenten Gefahr zwei Ausnahmen, bei denen gerade nicht auf die letzte steuerbare Ursache abgestellt wird, sondern auf einen zeitlich vorhergehenden, also früheren Verursachungsbeitrag.

bb) Zweckveranlasser

87 Der **Zweckveranlasser** (oder auch mittelbarer Verursacher genannt) setzt nicht die letzte steuerbare Ursache, sondern in einer längeren Kausalkette lediglich eine erste Ursache und veranlasst dadurch andere bewusst und gewollt zu einem Verhalten, dass eine Gefahr auslöst[87] bzw. billigt dieses Verhalten.

Beispiele

- Die Zuschauer vor einem Schaufenster, in dem eine Modenschau stattfindet, verursachen ein Verkehrschaos: Verhaltensverantwortlich ist im erstgenannten Beispiel der Veranstalter der Modenschau.
- Vermieter von Wohnungen an Prostituierte im Sperrbezirk.

Dies gilt aber nicht in den Fällen, in denen die betreffende Person selbst in der Ausübung ihrer Rechte durch das Verhalten eines anderen beeinträchtigt wird (Teilnehmer einer Versammlung durch militante Gegendemonstranten) ■

Nach der herrschenden sogenannten subjektiven Theorie[88] ist insoweit die Absicht des Veranlassers entscheidend, d.h. dieser muss die Verursachung der Gefahr durch andere Personen zumindest billigend in Kauf genommen haben.

84 *Berner/Köhler/Käß* Art. 7 Rn. 10 und VollzB Nr. 7.3.
85 *Berner/Köhler/Käß* Art. 7 Rn. 7.
86 *Berner/Köhler/Käß* Art. 7 Rn. 11.
87 *Berner/Köhler/Käß* Art. 7 Rn. 5; *Seiler* Rn. 182.
88 Vgl. *Wehr* Rn. 142.

cc) Verantwortlicher bei der latenten Gefahr

88 Bei der oben dargestellten latenten Gefahr mit dem Beispiel des Schweinemastbetriebes,[89] in dessen Umgebung Wohnhäuser errichtet werden, käme man mit der Anwendung der Theorie der unmittelbaren Verursachung zu einer polizeilichen Verantwortlichkeit der Hausbauer, da diese mit der Errichtung des Hauses die letzte steuerbare Ursache für die Entstehung der Gefahr gesetzt haben. Erst dadurch kam es zu einer Gesundheitsgefahr für die Bewohner.

›› Verinnerlichen Sie sich zunächst noch einmal die Konstellation des Schweinemastbetriebes, die oben bei den Ausführungen zur latenten Gefahr dargestellt wurde (Rn. 45). ‹‹

Bei der latenten Gefahr ist jedoch der Zustandsverantwortliche (i.S.d. Art. 8 PAG) der letztlich gefährdenden Sache polizeilich verantwortlich und nicht derjenige, der die letzte steuerbare Ursache im Sinne der Theorie der unmittelbaren Verursachung gesetzt hat.[90] Als Argument wird insoweit angeführt, dass sich der bereits durch die Errichtung des Schweinemastbetriebes latent vorhandene Gefahrenzustand durch die heranrückende Wohnbebauung lediglich aktualisiert hat.

Hinweis

Diese Verantwortlichkeit in polizeirechtlicher Hinsicht ist auch der Grund, warum dem Betreiber eines privilegierten Vorhabens in § 35 Abs. 1 BauGB baurechtlich ein Abwehranspruch gegen heranrückende Wohnbebauung zustehen kann; denn ohne sein Zutun könnte er zum polizeirechtlich Verantwortlichen für die durch die heranrückende Wohnbebauung entstandene Gefahr werden.

dd) Begrifflichkeiten des Anscheinsstörers, Putativstörers und Verdachtsstörers

89 Teilweise tauchen in Klausuren oder Lehrbüchern die Begrifflichkeiten des Anscheinsstörers, Putativstörers und des Verdachtsstörers auf. Dabei handelt es sich aber der Sache nach um keine eigenständigen Kategorien der Verantwortlichkeit.

›› Hierbei handelt es sich nur um Begrifflichkeiten, die sie nach den gleichen Grundsätzen ermitteln wie die Frage, ob eine Anscheinsgefahr oder eine Putativgefahr vorliegt. ‹‹

90 Da sowohl in den Fällen der oben dargestellten Anscheinsgefahr als auch der Putativgefahr objektiv keine Gefahr vorliegt, kann mit der Theorie der unmittelbaren Verursachung auch nicht auf denjenigen abgestellt werden, der die letzte steuerbare Ursache für die Gefahr gesetzt hat. Maßgeblich muss deshalb insoweit wiederum die Sicht der Polizei sein; entscheidend ist, wen diese im Rahmen ihrer Fehleinschätzung als Verursacher der (objektiv nicht gegebenen) Gefahr ansieht.

91 Als **Anscheinsstörer**[91] wird danach derjenige bezeichnet, der durch sein Verhalten objektiv keine polizeiliche Gefahr verursacht hat, den die Polizei aber (entsprechend den Grundsätzen der Anscheinsgefahr) aufgrund der erkennbaren Umstände unverschuldet bei verständiger Würdigung der Sachlage als Störer ansehen durfte.

Putativstörer ist derjenige, der durch sein Verhalten wiederum objektiv keine polizeiliche Gefahr verursacht hat und den die Polizei (entsprechend den Grundsätzen der Putativgefahr) aufgrund der erkennbaren Umstände bei verständiger Würdigung der Sachlage auch nicht unverschuldet als Störer ansehen durfte.

89 Dazu auch ausführlich *Schenke* Rn. 249.

90 *Berner/Köhler/Käß* Art. 8 Rn. 2 setzt dies bereits voraus.

91 Vgl. auch *Wehr* Rn. 151 ff.

92 Der Begriff des Verdachtsstörers wird dann relevant, wenn die Polizei entsprechend den Grundsätzen der Anscheins- und Putativgefahr nach vernünftiger Einschätzung das Bestehen eines Gefahrenverdachtes annimmt, obwohl aus ex-post Sicht ein solcher nicht bestand. Diese Konstellation kann insbesondere dann auftreten, wenn die Polizei irrigerweise annimmt, es lägen die erforderlichen den Verdacht erhärtenden objektiven Tatsachen vor. Im gesamten Polizeirecht – und damit auch bei der Frage der Verantwortlichkeit – wird diese Konstellation genauso behandelt wie bei den Grundsätzen der Anscheins- und Putativgefahr:[92] Maßgeblich ist also, ob eine verschuldete oder unverschuldete Fehleinschätzung des handelnden Polizeibeamten betreffend des Vorhandenseins eines Gefahrenverdachts vorlag.

b) Zustandsverantwortlichkeit/Zustandsstörer nach Art. 8 PAG

93 Sofern die Gefahr von einer Sache ausgeht, ist nach Art. 8 Abs. 1 PAG der Inhaber der tatsächlichen Gewalt verantwortlich.

Unter den Begriff der Sache fallen auch Tiere.[93]

Nach Art. 8 Abs. 2 S. 2 PAG können Maßnahmen auch gegen den Eigentümer gerichtet werden. Art. 8 Abs. 2 S. 2 PAG bestimmt für den Diebstahl, dass während des Zeitraums der tatsächlichen Gewalt des Diebes keine Maßnahmen gegen den Eigentümer gerichtet werden können. Art. 8 Abs. 2 S. 2 PAG erfasst dabei auch den Fall des abredewidrigen Gebrauchs nach Überlassung vom Eigentümer. Wichtig ist dabei der Wortlaut „ausübt“; dieser Ausschluss greift nur solange, als auch der Dieb die tatsächliche Sachherrschaft ausübt; gibt dieser sie auf, lebt die Zustandsverantwortlichkeit des Eigentümers wieder auf.[94]

94 Art. 8 Abs. 3 PAG regelt den Fall der Eigentumsaufgabe und stellt dabei den allgemeinen (auch im Sicherheitsrecht geltenden) Grundsatz auf, dass man sich seiner Zustandsverantwortlichkeit nicht durch die Eigentumsaufgabe entledigen kann.

aa) Zustandsstörerschaft bei Naturgewalten

» Besondere Relevanz hat diese Problematik auch im Bereich des allgemeinen Sicherheitsrechts. «

95 Oft wurde in Klausuren bereits die Konstellation geprüft, dass sich der Betroffene gegen eine polizeiliche Maßnahme mit dem Argument wehrt, Ursache der Gefahr seien **Naturgewalten**, welche ihm nicht zurechenbar sind.

Beispiel Auf dem Grundstück des M befindet sich ein großer Fels. Von diesem drohen aufgrund von Erosionen und witterungsbedingten Gesteinsveränderungen große Teile sowohl auf das Grundstück des M als auch auf das unmittelbar angrenzende Grundstück des N herabzufallen. Sowohl das Grundstück des M als auch das des N sind mit einem Wohnhaus bebaut; für die darin lebenden Menschen besteht also ohne weiteres eine polizeiliche Gefahr für ihre Gesundheit und ihr Leben. ■

96 Teilweise wird in diesen Fällen unter dem Argument der Notwendigkeit einer Einheit der Rechtsordnung (zwischen dem Zivilrecht und dem öffentlichen Recht) vertreten, eine aufgrund von Naturgewalten oder höherer Gewalt verursachte Gefahr sei dem Zustandsverantwortlichen nicht zuzurechnen, da er auf deren Eintritt keinerlei Einfluss habe.

92 *Berner/Köhler/Käß* Art. 7 Rn. 14.
93 VollzB Nr. 8.2.
94 *Berner/Köhler/Käß* Art. 8 Rn. 11.

Mit der herrschenden Meinung ist insoweit aber von einer Zustandsstörerschaft des M als Grundstückseigentümer auszugehen.[95] Anders als im Zivilrecht[96] bei der Haftung nach § 1004 BGB besteht im öffentlichen Recht kein Erfordernis einer mittelbaren Herbeiführung der Gefahr bei Naturgewalten. Jeder Eigentümer und/oder Inhaber der tatsächlichen Gewalt von Grundstücken ist nach Art. 8 PAG verantwortlich, soweit infolge von Naturgewalten von seinem Grundstück Gefahren ausgehen.

Eine Korrektur nimmt der BayVGH und ihm folgend die überwiegende Meinung in der Litera- 97
tur in diesen Fällen dann auf der Rechtsfolgenseite vor. Die polizeiliche Maßnahme ist unverhältnismäßig i.S.d. Art. 4 PAG, wenn die Kosten, die dem Betroffenen durch die polizeiliche Maßnahme auferlegt werden, den Wert des Grundstücks (dabei ist der Wert maßgeblich, der ohne diese Zustandsverantwortlichkeit bestehen würde) überschreiten.[97]

JURIQ-Klausurtipp

Hierbei handelt es sich um einen Klausurklassiker, der immer wieder in den Examensklausuren auftaucht.

bb) Zustandsstörerschaft in den Altlastenfällen

Dieselbe Problematik stellt sich in den sogenannten Altlastenfällen, wenn ein Grundstücksei- 98
gentümer als Zustandsstörer in Anspruch genommen wird.

» Besondere Relevanz hat diese Problematik auch im Bereich des allgemeinen Sicherheitsrechts. «

Beispiel Im Zuge der Schaffung von Bauland durch die Stadt Augsburg wird auch auf dem Gebiet der ehemaligen Mülldeponie (die mittlerweile seit längerem stillgelegt wurde) Bauland ausgewiesen, das mit Einfamilienhäusern bebaut werden soll. N erwirbt eines der Grundstücke und errichtet dort ein Wohnhaus für sich und seine Familie. Kurze Zeit später wird festgestellt, dass aufgrund der in der Vergangenheit erfolgten Kontamination des Bodens durch den Müll zu Zeiten der Mülldeponie gesundheitsschädliche Gase aus dem Boden austreten, welche eine Gefahr für die Gesundheit des N und der anliegenden Bewohner darstellt. N wird deshalb aufgefordert, für die (kostspielige) Reinigung des kontaminierten Bodens zu sorgen. N ist verständlicherweise zunächst entsetzt, erfolgte die Kontaminierung des Bodens doch nicht durch ihn, sondern durch die Tatsache der Müllablagerung durch die Stadt Augsburg in der Vergangenheit. ■

Diese sogenannten **„Altlastenfälle"** werden dabei genauso behandelt wie die soeben darge- 99
stellten Fälle einer Gefahrenverursachung durch Naturgewalten. Eine Zustandsstörereigenschaft des Grundstückseigentümers wird nach überwiegender Meinung angenommen, eine Korrektur der Ergebnisse wird auf der Rechtsfolgenseite mit der Beschränkung der Haftung vorgenommen.[98] Maßgebliches Argument für die Haftung als Zustandsstörer ist dabei wiederum der Gesichtspunkt der effektiven Gefahrenabwehr: Entscheidend soll aus polizeilicher Sicht allein sein, dass die bestehende Gefahr so schnell wie möglich beseitigt wird.

---

95 *BVerfGE* 102, 1 ff.; ausführlich dazu auch *Wehr* Rn. 166 ff und *Schenke* Rn. 271 ff.

96 *Palandt* § 1004 BGB Rn. 19.

97 *BayVGH* BayVBl. 1996, 437 f.; *Berner/Köhler/Käß* Art. 8 Rn. 1; vgl. zudem die Ausführungen im Übungsfall 5; kurze Ausführungen auch bei Fall 8 in *Seiler* Rn. 228 ff.

98 Vgl. wiederum *Wehr* Rn. 166 ff.

JURIQ-Klausurtipp

Eigentlich fallen diese Fälle einer Bodenverunreinigung komplett in den Anwendungsbereich des BBodSchG (Bundesbodenschutzgesetz), das auch die Frage der Verantwortlichkeit ausführlich und detailliert regelt. In den Klausuren, welche diese Problematik behandeln, wurde dies meistens so gehandhabt, dass nach dem Bearbeitervermerk die Vorschriften des BBodSchG außer Betracht zu lassen waren.

c) Nicht verantwortliche Person nach Art. 10 PAG

100 Art. 10 PAG stellt erhöhte Voraussetzungen für die Inanspruchnahme von sonstigen Personen auf, die nicht nach den Art. 7 und 8 PAG verantwortlich sind. In diesem Fall erlässt die Polizei also Maßnahmen gegen eine Person, die gerade nicht verantwortlich ist; dies kann insbesondere auch jeder am maßgeblichen Geschehen komplett Unbeteiligte (z.B. ein vorbeigehender Passant) sein.

Beispiel Der Vermieter hat gegen den Mieter vor den Zivilgerichten einen Räumungstitel erwirkt. Der Mieter mit seinen zwei kleinen Kindern wird aus der Wohnung verwiesen. Erst am Abend, als die Sicherheitsbehörde nicht mehr erreichbar ist, stellt sich heraus, dass kein Platz in den gemeindlichen Notunterkünften mehr frei ist. Die Polizei weist die Familie deshalb bis zum nächsten Morgen erneut in die Wohnung des Vermieters ein, bis die Sicherheitsbehörde entsprechende Maßnahmen treffen kann. Der Vermieter handelt hier aufgrund eines zivilrechtlichen Räumungstitels, welcher aufgrund der Einheit der Rechtsordnung eine Verhaltensverantwortlichkeit nach Art. 7 PAG verhindert. Er kann aber nach Art. 10 Abs. 1 Nr. 1 PAG als Nichtverantwortlicher in Anspruch genommen werden. Mit der Gesundheit (insbesondere der Kinder) ist ein hochrangiges Rechtsgut bedroht und damit eine erhebliche Gefahr gegeben. Diese ist auch gegenwärtig, weil sie unmittelbar bevorsteht (Nacht im Freien). ■

Hinweis

Längerfristige Maßnahmen sind in den Fällen der Obdachloseneinweisung durch die Sicherheitsbehörde zu treffen. Dabei sind diese zum Schutz des Vermieters zu befristen,[99] als angemessener Zeitraum können dabei zwei bis drei Monate angesehen werden (dies ermöglicht dem Mieter die Suche nach anderweitigem Wohnraum). Des Weiteren ist zu beachten, dass das von der Gemeinde als örtlichem Träger der Sozialhilfe in diesen Fällen regelmäßig an den Vermieter gezahlte Nutzungsentgelt aufgrund der Pflicht zur sparsamen Haushaltsführung nach Art. 61 Abs. 2 GO die ortsübliche Miete nicht übersteigen darf.

Beispiel Aus dem örtlichen Zoo ist ein Tiger entflohen. Auf der Suche nach diesem im Stadtgebiet ordnet die Polizei an, dass sie der örtliche Tierarzt mit einem Betäubungsgewehr zur Unterstützung beim Einfangen des Tigers zu begleiten hat. ■

99 Vgl. *Schenke* Rn. 320.

d) Polizeipflichtigkeit von Hoheitsträgern

Sofern die Polizei (oder auch die Sicherheitsbehörden, hier stellt sich dasselbe Problem) mit ihren Handlungen einen Hoheitsträger in Anspruch nimmt, ergibt sich das Problem der Polizeipflichtigkeit von Hoheitsträgern. Dabei besteht im Grundsatz kein Recht der Polizei (und der Sicherheitsbehörden), als „Aufsicht" in den Hoheitsbereich eines anderen Hoheitsträgers einzugreifen.[100] An dieser letztlich kompetenzrechtlichen Betrachtung ändert auch die Tatsache nichts, dass jeder Hoheitsträger nach Art. 20 Abs. 3 GG an Recht und Gesetz gebunden ist.[101] **101**

JURIQ-Klausurtipp

Manchmal ist das Problem der Polizeipflichtigkeit von Hoheitsträgern auch etwas versteckt, indem z.B. eine baurechtliche und/oder immissionsschutzrechtliche Anordnung gegen einen gemeindlichen Betrieb ergeht.

Von diesem Grundsatz bestehen mehrere Ausnahmen:[102] **102**

- **gesetzliche Sonderregelungen:** Art. 29 Abs. 4 BayVwZVG i.V.m. Art. 113 GO, § 172 VwGO, Art. 61 Abs. 2 BayVwVfG,
- die polizeiliche Maßnahme betrifft nicht die hoheitliche Tätigkeit, ergeht also im **Rahmen der fiskalischen oder erwerbswirtschaftlichen Tätigkeit des Hoheitsträgers**,[103]
- **Gefahr im Verzug:** bei einer besonderen Dringlichkeit kann die Polizei (oder die Sicherheitsbehörde) nach einer Abwägung zwischen der Funktionsfähigkeit der Behörde einerseits und der Bedeutung der gefährdeten Rechtsgüter andererseits Maßnahmen erlassen, wenn die Bedeutung der gefährdeten Rechtsgüter überwiegt (der Zugang zu einem Munitionsdepot der Bundeswehr wurde zerstört; die Polizei sorgt bis zu einem möglichen Handeln der Bundeswehr dafür, dass keine Unbefugten Zutritt erhalten).[104]

Hinweis

Rechtsschutz wird der betroffene Hoheitsträger im Regelfall über die Anfechtung des polizeilichen Bescheides nach § 42 Abs. 1 Alt. 1 VwGO erreichen. Dabei stellt sich das Problem der Klagebefugnis nach § 42 Abs. 2 VwGO und der Grundrechtsfähigkeit von Hoheitsträgern. In Bayern kann dabei im Falle der Betroffenheit wie bei Privaten auf Art. 103 BV abgestellt werden, der anders als Art. 14 GG nach Ansicht des BayVerfGH nicht das Eigentum Privater, sondern das Privateigentum schützt. Diese Betroffenheit ist im Falle der fiskalischen oder erwerbswirtschaftlichen Tätigkeit denkbar.

Daneben steht dem Hoheitsträger unabhängig von den Anforderungen der Möglichkeitstheorie aber eine Klagebefugnis i.S.d. § 42 Abs. 2 VwGO zu. Die Rechtsprechung bezeichnet dies als allgemeinen Gedanken, dass jeder – egal, ob Hoheitsträger oder nicht – das Recht hat, gegen einen ihn belastenden Bescheid mittels der Anfechtungsklage vorzugehen.

100 Vgl. *Schenke* Rn. 234 sowie *Wehr* Rn. 346 ff.
101 *Berner/Köhler/Käß* Art. 7 Rn. 3; Achtung: *Berner/Köhler/Käß* vertritt in der Folge nicht die h.M.
102 Vgl. *Wehr* Rn. 349.
103 *Becker/Heckmann/Kempen/Manssen* Teil 3 Rn. 185.
104 *Becker/Heckmann/Kempen/Manssen* Teil 3 Rn. 184; angedeutet auch von *Berner/Köhler/Käß* Art. 7 Rn. 3, der von „Gefahr im Verzug" spricht.

e) Rechtsnachfolge im Polizeirecht

103 Die Rechtsnachfolge betrifft die Frage, ob polizeiliche Anordnungen und Verantwortlichkeiten auf andere Person übergehen.

Dabei ist zwischen der abstrakten und der konkreten polizeilichen Verantwortlichkeit zu unterscheiden:

104 Die **konkrete polizeiliche Verantwortlichkeit**[105] regelt die Frage, ob eine Verpflichtung aufgrund einer bereits ergangenen polizeilichen Maßnahme auf den Rechtsnachfolger übergeht:

- Ein Übergang findet zunächst niemals im Falle der höchstpersönlichen Verpflichtungen statt:[106] Dabei stellen die polizeilichen Pflichten nach h.M. gerade nicht allgemein höchstpersönliche Pflichten dar; vielmehr ist im Einzelfall zu prüfen, ob eine höchstpersönliche Verpflichtung vorliegt. Dies ist der Fall, wenn die Erfüllung durch einen Dritten nicht möglich ist.[107]
- Sofern danach eine nicht höchstpersönliche und damit grundsätzlich übergangsfähige Verpflichtung vorliegt, muss im Übrigen zwischen der Gesamtrechtsnachfolge und der Einzelrechtsnachfolge unterschieden werden.
- Bei der Gesamtrechtsnachfolge gehen grundsätzlich nach dem Rechtsgedanken des § 1922 BGB alle Pflichten über.[108]
- Bei der Einzelrechtsnachfolge bedarf es grundsätzlich immer einer konkreten gesetzlichen Anordnung für die Annahme des Übergangs.[109] Anders verfährt die h.M. bei sachbezogenen Verwaltungsakten, bei denen generell eine Rechtsnachfolge angenommen wird:[109] Kraft Dinglichkeit wirkt in diesen Fällen der Bescheid gegen den Rechtsnachfolger fort.

Die **abstrakte polizeiliche Verantwortlichkeit**[110] regelt die Frage, ob eine Rechtsnachfolge allein in die bloße polizeiliche Verantwortlichkeit nach Art. 7 ff. PAG (ohne dass bereits eine polizeiliche Maßnahme erlassen wurde) erfolgt:

- Bei **Verhaltensverantwortlichkeit** erfolgt keine Nachfolge, da diese ja gerade an das Verhalten der jeweiligen Person anknüpft (ähnlich also der Konstellation der höchstpersönlichen Pflichten).

» Die gleichen Grundsätze gelten für die Frage einer Rechtsnachfolge im Sicherheitsrecht. «

- Auch bei der **Zustandsverantwortlichkeit** findet letztlich kein Übergang statt. Der Einzel- oder Gesamtrechtsnachfolger ist nun aber Eigentümer und/oder Inhaber der tatsächlichen Gewalt und als solcher selbst zustandsverantwortlich.

---

105 Vgl. dazu auch *Wehr* Rn. 185 ff.

106 Vorab ein Hinweis: Die Kommentierung in *Kopp/Ramsauer* und *Kopp/Schenke* ist zu dieser Frage zwar vollständig, aber etwas verwirrend aufgebaut und sollte daher unbedingt einmal in Ruhe nachvollzogen werden: *Kopp/Ramsauer* Art. 43 Rn. 13a.

107 *Kopp/Schenke* § 42 Rn. 174: Achtung: erst in der Fußnote Nr. 475 wird unter a.A. der maßgebliche BayVGH zitiert.

108 *Kopp/Ramsauer* Art. 43 Rn. 13c.

109 *Kopp/Ramsauer* Art. 43 Rn. 13d.

110 Vgl. dazu auch *Wehr* Rn. 175 ff.

f) Ordnungsgemäße Auswahl zwischen mehreren Störern

Nach den dargestellten Grundsätzen der polizeilichen Verantwortlichkeit kann es durchaus einmal zu dem Fall kommen, dass die Polizei zu dem Ergebnis kommt, dass mehrere Verantwortliche vorhanden sind, insbesondere mehrere Verhaltensverantwortliche oder ein Verhaltensverantwortlicher und ein Zustandsverantwortlicher. Dann stellt sich die Frage, welchen Verantwortlichen die Polizei auswählt. **105**

> **Hinweis**
>
> Hierbei handelt es sich eigentlich um ein Problem der ordnungsgemäßen Ermessensausübung durch die Polizei hinsichtlich der Frage, welchen von mehreren Verantwortlichen sie in Anspruch nimmt. Aus Gründen der Vollständigkeit soll dieses Problem aber bereits an dieser Stelle erörtert werden.

Maßgebender Grundsatz ist dabei immer die Effektivität der Gefahrenabwehr.[111] Danach ist es nicht von Bedeutung, wer und auf welche Weise die bestehende Gefahr abgewehrt wird, sondern dass diese überhaupt abgewehrt wird. **106**

Dabei gibt es bei der Auswahl der Verantwortlichen **keinen** Grundsatz, dass ein Handlungsverantwortlicher vor einem Zustandsverantwortlichen heranzuziehen ist; maßgeblich ist allein der Grundsatz der Effektivität der Gefahrenabwehr: es soll derjenige in Anspruch genommen werden, der die Gefahr am schnellsten und sichersten abwehren oder beseitigen kann.[112]

Zulässiges Auswahlkriterium ist dabei unter dem Gesichtspunkt der effektiven Gefahrenabwehr in jedem Fall, den solventeren Störer in Anspruch zu nehmen, da dies eine schnellere Gefahrenbeseitigung gewährleistet.[113]

4. Polizeiliche Handlungsgrundsätze

Unter der Bezeichnung polizeiliche Handlungsgrundsätze nach Art. 4 f. PAG versteht man den Grundsatz der Verhältnismäßigkeit sowie das ermessensfehlerfreie Handeln als Begrenzung des polizeilichen Handels auf der Rechtsfolgenseite. **107**

Wie sich bereits aus der systematischen Stellung im ersten Abschnitt „Allgemeine Vorschriften" ergibt, handelt es sich um Handlungsbegrenzungen für jedes polizeiliche Handeln, sofern nicht im Einzelfall speziellere Vorschriften bestehen.

a) Grundsatz der Verhältnismäßigkeit nach Art. 4 PAG[114]

Art. 4 PAG stellt lediglich eine einfachgesetzliche Konkretisierung des allgemeinen aus dem Rechtsstaatsprinzip nach Art. 20 Abs. 3 GG entspringenden Grundsatzes der Verhältnismäßigkeit dar.[115] **108**

111 Vgl. *Wehr* Rn. 466.
112 Vgl. *Schenke* Rn. 285 und VollzB Nr. 7.6.
113 Vgl. *Schenke* Rn. 286.
114 Dazu auch *Wehr* Rn. 436 ff.
115 VollzB Nr. 4.1.

Art. 4 Abs. 1 PAG normiert dabei das Merkmal der Erforderlichkeit, dass die Polizei zur Prüfung veranlasst, ob gleich effektive, weniger beeinträchtigende Maßnahmen vorliegen. Bezüglich der Wirksamkeit der konkreten Maßnahme steht der Polizei ein Einschätzungsspielraum zu.[116] Nach Art. 4 Abs. 2 PAG darf grundsätzlich nicht zum Schutz geringwertigerer Rechtsgüter in höherwertige Rechtsgüter eingegriffen werden (z. B. kein Eingriff in das Leben zum Schutz des Eigentums).[117]

Art. 4 Abs. 3 PAG enthält in erster Linie eine zeitliche Grenze für Maßnahmen und entfaltet damit besondere Bedeutung bei Dauermaßnahmen. Danach ist eine solche aufzuheben, wenn die Gefahr abgewehrt ist, der Zweck der Maßnahme auf andere Art und Weise erreicht ist, die dauerhafte Belastung nicht verhältnismäßig ist oder sich herausstellt, dass das Maßnahmeziel nicht durch die Dauermaßnahme erreicht werden kann.[118]

JURIQ-Klausurtipp

Letztere Variante ist insbesondere relevant bei der Sicherstellung (dazu und zur insoweit maßgeblichen „Liegefahrradentscheidung" mehr bei der Sicherstellung Rn. 174 ff.).

b) Tatsächliche oder rechtliche Unmöglichkeit der polizeilichen Primärmaßnahme

» Bei der tatsächlichen oder rechtlichen Unmöglichkeit einer polizeilichen Maßnahme handelt es sich um einen Prüfungspunkt, den Sie in der Klausur nur ansprechen sollten, wenn er auch wirklich Probleme aufwirft. «

109 Weiterhin darf die Polizei nur solche Maßnahmen erlassen, deren Durchsetzung rechtlich wie tatsächlich möglich sind. Denn eine polizeiliche Maßnahme ist als Verwaltungsakt nach Art. 44 Abs. 2 Nr. 4 BayVwVfG nichtig, wenn die Ausführung **aus tatsächlichen Gründen unmöglich** ist (Betroffener soll bereits vernichtete Sache herausgeben).[119]

Nach Art. 44 Abs. 2 Nr. 5/6 BayVwVfG ist weiterhin ein Verwaltungsakt nichtig, der die Begehung einer rechtswidrigen Tat verlangt oder gegen die guten Sitten verstößt, also dessen Ausführung **aus rechtlichen Gründen unmöglich** ist.[120]

JURIQ-Klausurtipp

Verortung im Prüfungsaufbau

Bei der Frage der Nichtigkeit wegen Nichtausführbarkeit aus tatsächlichen und/oder rechtlichen Gründen handelt es sich u.E. um eine eigenständige Begrenzung des Handelns auf der Rechtsfolgenseite. Oft wird dieser Punkt aber unter dem Gesichtspunkt der Verhältnismäßigkeit verankert,[121] was aber letztlich ohne besondere Bedeutung ist.

116 Angedeutet bei VollzB Nr. 4.3. „die nach vernünftiger Einschätzung".
117 *Berner/Köhler/Käß* Art. 4 Rn. 4.
118 Vgl. VollzB Nr. 4. 5.
119 Vgl. zur Nichtigkeit wegen Unmöglichkeit im Skript „Allgemeines Verwaltungsrecht" Rn. 243 f.
120 VollzB Nr. 4.2. Abs. 2 und *Becker/Heckmann/Kempen/Manssen* Teil 3 Rn. 154 f.
121 Vgl. dazu die Stellung innerhalb der VollzB zu *Berner/Köhler/Käß* Art. 4 (Nr. 4.2. Abs. 2) und bei *Becker/Heckmann/Kempen/Manssen* Teil 3 Rn. 154 f.

c) Bestimmtheit der polizeilichen Primärmaßnahme

Die polizeiliche Primärmaßnahme muss als Verwaltungsakt nach Art. 37 Abs. 1 BayVwVfG 110
nach allgemeinen Regeln hinreichend bestimmt sein.[122]

Das Erfordernis der Bestimmtheit enthält dabei zwei Komponenten.[123] Zum einen muss für den Betroffenen aufgrund der Maßnahme hinreichend klar erkennbar sein, welches Tun/Dulden/Unterlassen von ihm gefordert wird. Zum anderen muss die polizeiliche Maßnahme taugliche Grundlage einer (eventuellen späteren) Vollstreckung sein; die Anordnung muss demnach so klar und eindeutig getroffen werden, dass sie ohne weiteres (insbesondere ohne weiteres Nachfragen) vollstreckt werden kann.

Hinweis

Hinsichtlich des Erfordernisses einer Vollstreckbarkeit kann man sich zur Kontrolle die Frage stellen, ob ein am Erlass der Primärmaßnahme unbeteiligter Polizeibeamter ohne weiteres später die Maßnahme vollstrecken könnte oder nicht.

d) Ordnungsgemäße Ermessensausübung der Polizei nach Art. 5 PAG

Nach Art. 5 Abs. 1 PAG trifft die Polizei ihre Maßnahmen nach pflichtgemäßen Ermessen. 111
Sobald also die tatbestandlichen Voraussetzungen einer Befugnisnorm gegeben sind, eröffnet sich der Polizei ein Ermessensspielraum. Dieser ist nach § 114 S. 1 VwGO von den Gerichten nur eingeschränkt überprüfbar, nämlich auf die Frage des Vorliegens von Ermessensfehlern.

aa) Unterscheidung zwischen Entschließungs- und Auswahlermessen

» Unterscheiden Sie die Fälle des Entschließungs- und des Auswahlermessen zumindest immer gedanklich! «

Auf der Ebene des Ermessens der Polizei unterscheidet man zwischen Entschließungs- und 112
Auswahlermessen.

Das **Entschließungsermessen** betrifft die Frage, ob die Polizei überhaupt einschreitet.

Das **Auswahlermessen** betrifft die Frage, mittels welcher konkreter Mittel die Polizei einschreitet.[124]

bb) Entschließungsermessen und Opportunitätsprinzip

Soweit alle Voraussetzungen einer Befugnis vorliegen, ist die Polizei trotzdem nicht zwingend 113
zum Einschreiten verpflichtet, vielmehr richtet sich deren Eingreifen grundsätzlich nach dem Opportunitätsprinzip.[125] Grundsätzlich übt also die Polizei ihr Entschließungsermessen hinsichtlich der Frage aus, ob sie einschreitet.

Im Falle der Weisung nach Art. 10 S. 2 LStVG i.V.m. Art. 9 Abs. 2 POG steht ihr ein solches nicht mehr zu (vgl. Rn. 27 ff.). Aufgrund der Weisung muss sie also einschreiten.

---

122 Vgl. dazu umfassend *Schenke* Rn. 500.
123 Vgl. dazu ausführlich auch im Skript „Allgemeines Verwaltungsrecht" Rn. 242.
124 VollzB Nr. 5.1.
125 Vgl. *Wehr* Rn. 428.

Daneben kommt eine Ermessensreduktion bei Gefährdung besonders hochrangiger Rechtsgüter in Betracht (insbesondere Leib und Leben).

cc) Anspruch auf polizeiliches Einschreiten?

114 Eine andere Frage ist, ob im Einzelfall ein Anspruch des Bürgers auf Einschreiten der Polizei bestehen kann.

JURIQ-Klausurtipp

In der Klausur wäre dies in aller Regel in einer Fortsetzungsfeststellungsklage analog §§ 113 Abs. 1 S. 4, Abs. 5 VwGO zu behandeln, da sich bei verweigertem polizeilichem Eingreifen regelmäßig eine Erledigung des möglichen Anspruchs durch Zeitablauf ergeben würde.

Dem Ansatz in der Literatur, in Art. 99 S. 2 BV einen allgemeinen Anspruch auf Einschreiten der Polizei zu sehen, ist entgegenzutreten, da Art. 99 S. 2 BV lediglich einen objektiven Schutzgrundsatz und gerade kein subjektives Recht enthält. Auch der BayVerfGH klassifiziert Art. 99 S. 2 BV zwar als ein Grundrecht; dies bedeutet aber nicht, dass im Einzelfall ein Anspruch auf polizeiliches Tätigwerden besteht.

Vielmehr ist diese Frage nach allgemeinen Grundsätzen zu lösen. Ein Anspruch auf Einschreiten kann sich nur aus einer Befugnis der Polizei ergeben. Da die Befugnisnormen in erster Linie dem öffentlichen Interesse an der Gefahrenabwehr dienen, muss entsprechend dem Gedanken der Schutznormtheorie im Einzelfall geprüft werden, ob die entsprechende Befugnisnorm auch dem Schutz individueller Interessen dient. Bei den Standardbefugnissen hat dies nach Wortlaut und gesetzgeberischer Intention zu erfolgen. Im Rahmen der Generalbefugnis ergibt sich ein Drittschutz zugunsten des Rechtsinhabers dann, wenn im Einzelfall die Individualrechtsgüter geschützt werden sollen sowie bei der Einschlägigkeit der objektiven Rechtsordnung dann, wenn die betroffene Norm nach diesen Grundsätzen auch individuellen Interessen zu dienen bestimmt ist.

Sofern danach die entsprechende Befugnis auch individuellen Interessen zu dienen bestimmt ist, besteht nach Art. 5 PAG grundsätzlich nur ein Anspruch auf ermessensfehlerfreie Entscheidung; nur im Falle einer Ermessensdeduktion auf Null besteht auch ein Anspruch des Bürgers auf Einschreiten der Polizei.[126]

Hinweis

Entscheidend ist insoweit also letztlich der Einzelfall, insbesondere die Frage, ob hochrangige Rechtsgüter gefährdet sind und wie konkret eine drohende Gefährdung gegeben ist.

126 Vgl. *Becker/Heckmann/Kempen/Manssen* Teil 3 Rn. 144 f. und *Berner/Köhler/Käß* Art. 5 Rn. 4; zu allem auch *Wehr* Rn. 452 ff.

dd) Auswahlermessen

Das Auswahlermessen betrifft letztlich die Wahl des konkreten Mittels und des Störers durch die Polizei. 115

Maßgebender Grundsatz ist dabei immer die Effektivität der Gefahrenabwehr. Danach ist es nicht von Bedeutung, wer und auf welche Weise die bestehende Gefahr abgewehrt wird, sondern dass diese überhaupt abgewehrt wird.

Hinsichtlich der Auswahl zwischen mehreren Verantwortlichen kann dabei auf die obigen Ausführungen verwiesen werden (vgl. Rn. 105 ff.).

VI. Rechtsschutz gegen polizeiliche Primärmaßnahmen

1. Rechtsschutzmöglichkeiten in der Polizeirechtsklausur

a) Denkbare Klagearten

Der Rechtsschutz gegen polizeiliche Primärmaßnahmen ist hauptsächlich im Bereich der Anfechtungsklage und der Fortsetzungsfeststellungsklage direkt oder analog § 113 Abs. 1 S. 4 VwGO angesiedelt, da sich der Bürger mit seinem Vorgehen gegen eine polizeiliche Primärmaßnahme gegen einen Verwaltungsakt i.S.d. Art. 35 S. 1 BayVwVfG wendet. 116

Aber auch eine Verpflichtungsklage ist in Bezug auf die oben dargestellten Grundsätze des eventuellen Anspruchs des Bürgers auf Einschreiten der Polizei denkbar, da die vom Bürger in diesen Fällen begehrte polizeiliche Primärmaßnahme einen Verwaltungsakt i.S.d. Art. 35 S. 1 BayVwVfG darstellt.[127]

b) Vorläufiger Rechtsschutz

Denkbar ist in jeder Polizeirechtsklausur auch immer die Einschlägigkeit des vorläufigen Rechtsschutzes.[128] Nach § 80 Abs. 2 S. 1 Nr. 2 VwGO entfällt die aufschiebende Wirkung des Verwaltungsaktes bei unaufschiebbaren Maßnahmen von Polizeivollzugsbeamten. Alle polizeilichen Primärmaßnahmen sind daher also kraft Gesetzes sofort vollziehbar.[129] 117

» Dieser Sofortvollzug kraft Gesetzes nach § 80 Abs. 2 S. 1 Nr. 2 VwGO gilt nur beim Erlass von polizeilichen Primärmaßnahmen! «

Bei besonderer Eilbedürftigkeit kommt deshalb in der Klausur ein Antrag des Bürgers an die Behörde auf Aussetzung der Vollziehung nach § 80 Abs. 4 VwGO (eher selten) oder ein Antrag auf gerichtliche Anordnung der aufschiebenden Wirkung nach § 80 Abs. 5 VwGO in Betracht.[130]

JURIQ-Klausurtipp

Dass in einer Klausur die Prüfung des einstweiligen Rechtsschutzes erwartet wird, werden Sie am Bearbeitervermerk oder an den Ausführungen im Sachverhalt sehr schnell bemerken: Typisch sind insoweit Formulierungen wie „es muss schnellstmöglich gehandelt werden"

127 Vgl. *Schenke* Rn. 526.
128 Vgl. dazu auch *Schenke* Rn. 519 ff.
129 Vgl. dazu auch im Skript „Verwaltungsprozessrecht", Rn. 284.
130 Vgl. zu diesen Rechtsbehelfen ausführlich im Skript „Verwaltungsprozessrecht" Rn. 295 ff.

oder es wird um die Einleitung „sofortiger Maßnahmen" gebeten. Für Referendare wird insoweit oft die Hilfestellung geleistet, dass nach dem Bearbeitungsvermerk der Beschluss des Gerichts zu fertigen ist, welcher ja beim vorläufigen Rechtsschutz im Gegensatz zum Urteil beim „normalen" Rechtsschutz erforderlich ist.

c) Rechtsschutz bei Erledigung des Verwaltungsakts

118 Im Regelfall wird sich aber die Klausur nicht im Bereich des einstweiligen Rechtsschutzes abspielen; zudem hat sich in den meisten Fällen die polizeiliche Primärmaßnahme bereits erledigt.

Eine Erledigung liegt vor, wenn die tatsächliche und/oder rechtliche Beschwer, die mit dem Verwaltungsakt verbunden ist, weggefallen ist.[131] Mit anderen Worten muss die belastende Wirkung des Verwaltungsaktes entfallen sein, z.B. durch Zeitablauf oder Wegfall des Bezugsobjektes. Denkbar ist auch, dass die polizeiliche Gefahr aus anderen Gründen als der Befolgung der polizeilichen Maßnahme durch den Betroffenen beseitigt wurde.

Beispiel Die Polizei beobachtet von weiten, wie der Z hinter einer Scheune „zündelt" und mit Streichhölzern ein kleines Feuer mit Papierresten verursacht, welches droht, auf die mit trockenem Heu gefüllte Scheune überzugreifen. Während sie auf den Z zulaufen, tragen sie diesem auf, das Feuer sofort auszutreten und damit zu löschen. Bevor der Z aber reagieren kann, fließt eine kleine Wasserlache aus der undichten Dachrinne der Scheune, die sich dort nach dem letzten Regen gesammelt hatte, auf das Feuer und löscht dieses. Hier hat sich durch das herabfließende Wasser die polizeiliche Anordnung, das Feuer auszutreten, erledigt. ■

119 Wichtigster Fall der Erledigung in der polizeirechtlichen Klausur ist aber die Erledigung durch den polizeilichen Vollzug der Maßnahme.[132]

Beispiel Im obigen Beispiel reagiert Z nicht auf die Anordnung der Polizei, das Feuer auszutreten. Deshalb tritt einer der Polizeibeamten das Feuer aus.

Hier hat sich mit dem Austreten des Feuers durch den Polizeibeamten die Anordnung an Z, er solle selbst das Feuer austreten, erledigt, weil diese nun mangels Feuers keine Regelungswirkung mehr entfalten kann. ■

JURIQ-Klausurtipp

Keine Erledigung liegt in den Klausuren vielfach in den Fällen der Sicherstellung und beim Vorgehen gegen einen polizeilichen Kostenbescheid vor, weshalb dann insoweit die allgemeine Anfechtungsklage statthaft ist (vgl. dazu die Ausführungen bei der Sicherstellung und beim polizeilichen Kostenbescheid Rn. 179, 224).

120 Eine direkte Einschlägigkeit der Fortsetzungsfeststellungsklage nach § 113 Abs. 1 S. 4 VwGO ist nur in den Fällen gegeben, in denen sich der Verwaltungsakt nach der Erhebung der Klage, aber noch vor der richterlichen Entscheidung erledigt hat.[133]

---

131 Vgl. dazu auch im Skript „Verwaltungsprozessrecht" Rn. 118.

132 Vorsicht insoweit bei *Schenke* Rn. 511, der sich insoweit etwas irreführend ausdrückt.

133 Vgl. *Wehr* Rn. 502.

Im Regelfall kommt es aber im Polizeirecht zu einer Erledigung des Verwaltungsaktes bereits vor dem Zeitpunkt einer Klageerhebung; der Verwaltungsakt erledigt sich also zunächst – insbesondere durch den Fall des oben dargestellten Vollzugs – und im Anschluss sucht der Bürger Rechtsschutz gegen die polizeiliche Primärmaßnahme. In diesen Fällen der Erledigung vor Klageerhebung findet nach allgemeiner Ansicht die Regelung des § 113 Abs. 1 S. 4 VwGO analoge Anwendung, es ist also ebenfalls die Fortsetzungsfeststellungsklage einschlägig. Dies wird mit der Garantie effektiven Rechtsschutzes für den Bürger nach Art. 19 Abs. 4 GG begründet. Aus der Sicht des Bürgers könne es danach keinen Unterschied machen, ob sich der Verwaltungsakt in zeitlicher Hinsicht bereits vor Klageerhebung oder erst nach derselben erledigt; der Bürger stehe in beiden Varianten gleich, weshalb eine analoge Anwendung des § 113 Abs. 1 S. 4 VwGO gerechtfertigt sei.[134] **121**

Soweit die polizeiliche Maßnahme im Zeitpunkt der Klageerhebung bereits erledigt war, ist also die Fortsetzungsfeststellungsklage analog § 113 Abs. 1 S. 4 VwGO einschlägig. Dabei hat das Urteil des BVerwG[135] die Diskussion ausgelöst, ob diese Fälle der Erledigung vor (!) Klageerhebung in den Anwendungsbereich der allgemeinen Feststellungsklage fallen. Gleichwohl entspricht es (zumindest in Bayern) nach wie vor der herrschenden Meinung, dass die Fortsetzungsfeststellungsklage analog § 113 Abs. 1 S. 4 VwGO einschlägig ist.[136] **122**

JURIQ-Klausurtipp

Ausführungen zu dieser Frage nach der Einschlägigkeit der allgemeinen Feststellungsklage spielen nach der Erfahrung der Verfasser keine besondere Rolle in den amtlichen Lösungshinweisen der Klausuren. Wiederum handelt es sich also um ein Problem, dass man nur dann ansprechen sollte, wenn man nicht Gefahr läuft, bei der Begründetheit in zeitliche Bedrängnis zu kommen.

Im Regelfall ist also die Fortsetzungsfeststellungsklage analog § 113 Abs. 1 S. 4 VwGO einschlägig. Teilweise hat sich der Verwaltungsakt noch nicht erledigt, womit die Anfechtungsklage nach § 42 Abs. 2 VwGO gegeben ist.

2. Die Fortsetzungsfeststellungsklage

Im Falle der Fortsetzungsfeststellungsklage analog § 113 Abs. 1 S. 4 VwGO ergibt sich folgender Prüfungsaufbau:[137] **123**

134 Vgl. im Skript „Verwaltungsprozessrecht" Rn. 115; *Wehr* Rn. 503.
135 BVerwG, BayVBL. 2000, 439.
136 Vgl. dazu die gute Darstellung bei *Berner/Köhler/Käß* vor. Art. 11 Rn. 5.
137 Vgl. zur Fortsetzungsfeststellungsklage auch im Skript „Verwaltungsprozessrecht" Rn. 110 ff.

PRÜFUNGSSCHEMA

Fortsetzungsfeststellungsklage analog § 113 Abs. 1 S. 4 VwGO

I. Entscheidungskompetenz des Gerichts

1. Eröffnung des Verwaltungsrechtswegs nach § 40 Abs. 1 S. 1 VwGO i.V.m. Art. 12 Abs. 1 POG
   a) Abdrängende Sonderzuweisung nach § 23 EGGVG
   b) Abdrängende Sonderzuweisung nach Art. 18 Abs. 2 S. 2 PAG
      Abgrenzung zur Freiheitsbeschränkung Rn. 126
   c) Abdrängende Sonderzuweisung nach Art. 10 Abs. 7 S. 4 UnterbrG[138]
2. Zuständigkeit des Verwaltungsgerichts nach §§ 45, 52 Nr. 3 VwGO i.V.m. Art. 1 Abs. 2 AGVwGO

II. Zulässigkeit der Klage

1. Statthaftigkeit
2. Klagebefugnis analog § 42 Abs. 2 VwGO
3. Vorverfahren
4. Klagefrist
5. Beteiligten- und Prozessfähigkeit nach §§ 61 f. VwGO
6. Fortsetzungsfeststellungsinteresse nach § 113 Abs. 1 S. 4 VwGO

III. Begründetheit der Klage

§ 78 Abs. 1 Nr. 1 VwGO analog i.V.m. Art. 1 Abs. 2 POG, § 113 Abs. 1 S. 4 VwGO analog

a) Entscheidungskompetenz des Gerichts

aa) Eröffnung des Verwaltungsrechtswegs nach § 40 Abs. 1 S. 1 VwGO i.V.m. Art. 12 Abs. 1 POG[139]

124 Der Verwaltungsrechtsweg ist nach der modifizierten Subjektstheorie eröffnet, wenn die streitentscheidenden Normen solche des öffentlichen Rechts im Sinne der Sonderrechtstheorie sind, also ausschließlich einen Träger hoheitlicher Gewalt berechtigten und verpflichten. Das ist bei den Normen des PAG ohne weiteres der Fall.

Im Bereich des Polizeirechts existieren vier klausurträchtige abdrängende Sonderzuweisungen i.S.d. § 40 Abs. 1 S. 2 VwGO:

bb) Abdrängende Sonderzuweisung nach § 23 Abs. 1 EGGVG

125 Im Bereich der Justizverwaltungsakte ist nach §§ 23 Abs. 1, 25 EGGVG der Rechtsweg zu den ordentlichen Gerichten gegeben. Im Bereich der Justizverwaltungsakte wird die Polizei als Hilfsorgan von Justizbehörden tätig. Das betrifft Maßnahmen der Polizei zur Verfolgung von (begangenen) Straftaten und Ordnungswidrigkeiten.

Insofern wirkt sich die funktionale Doppelstellung der Polizei einerseits als Gefahrenabwehrbehörde im präventiven Bereich als auch andererseits als Ermittlungsbehörde im repressiven Bereich der Strafverfolgung aus.

138 *Ziegler/Tremel* 830.

139 *Berner/Köhler/Käß* vor Art. 11 Rn. 2.

Für die Entscheidung über die Qualifikation des polizeilichen Handelns ist das angerufene Gericht nach § 17 Abs. 2 GVG vollumfänglich berufen. Maßgeblich ist das Schwergewicht der Maßnahme,[140] wobei nach dem BayVGH die Sicht eines objektiven, den Sachverhalt nachträglich betrachtenden Beobachters maßgeblich ist.[141]

cc) Abdrängende Sonderzuweisung nach Art. 18 Abs. 2 S. 2 PAG

Bei Freiheitsentziehungen ist der Rechtsweg zu den ordentlichen Gerichten gegeben. Hier ist 126
im Einzelfall zwischen einer bloßen Freiheitsbeschränkung, die jeder polizeilichen Maßnahme immanent ist und einer echten Freiheitsentziehung abzugrenzen. Maßgeblich sind dabei Dauer und Intensität. Als grobe Faustformel kann man einen Zeitraum von 2 Stunden im Hinterkopf behalten; sofern man im Haftraum eingesperrt wird, liegt dagegen immer eine Freiheitsentziehung vor.[142]

Von der abdrängenden Sonderzuweisung werden – soweit diese einschlägig ist – nicht nur die Kontrolle der Freiheitsentziehung selbst erfasst, sondern aufgrund des engen Sachzusammenhangs auch alle anderen mit der Freiheitsentziehung zusammenhängenden Maßnahmen, wie insbesondere das Verbringen zur Dienststelle und die Leibesvisitation vor dem Haftraum.[143]

dd) Abdrängende Sonderzuweisung nach Art. 10 Abs. 7 S. 4 UnterbrG[144]

Im Falle einer vorläufigen Unterbringung nach Art. 10 Abs. 2 UnterbrG ist der Verwaltungs- 127
rechtsweg ausgeschlossen. Diese Verweisung ist indes nur bei einer Unterbringung i.S.d. Art. 1 f. UnterbrG, regelmäßig in ein psychiatrisches Krankenhaus[145] einschlägig, nicht bei einer lediglich vorübergehenden Ingewahrsamnahme nach Art. 17 Abs. 1 Nr. 1 PAG.

ee) Zuständigkeit des Verwaltungsgerichts nach §§ 45, 52 Nr. 3 VwGO i.V.m. Art. 1 Abs. 2 AGVwGO

Die Zuständigkeit des Verwaltungsgerichts bestimmt sich nach §§ 45, 52 Nr. 3 VwGO i.V.m. 128
Art. 1 Abs. 2 AGVwGO.

b) Zulässigkeit der Fortsetzungsfeststellungsklage[146]

aa) Statthaftigkeit

Statthaft ist die Fortsetzungsfeststellungsklage nach § 113 Abs. 1 S. 4 VwGO in direkter 129
Anwendung bei Erledigung nach Klageerhebung, in analoger Anwendung bei Erledigung vor Klageerhebung.

140 Vgl. *Schenke* Rn. 423 f., 509 sowie *Wehr* Rn. 493.

141 Vgl. dazu insgesamt *Berner/Köhler/Käß* vor Art. 11 Rn. 17 ff. und zur Frage der Sichtweise *Berner/Köhler/Käß* vor Art. 11 Rn. 20 auch mit der Gegenansicht des BVerwG, dass auf die Sicht des von der Maßnahme Betroffenen abstellt.

142 Vgl. *Berner/Köhler/Käß* Art. 18 Rn. 1.

143 *Berner/Köhler/Käß* Art. 18 Rn. 16 a.E.

144 *Ziegler/Tremel* 830.

145 In Bayern nach Art. 48 Abs. 3 Nr. 1 BezO die Bezirkskrankenhäuser.

146 Umfassend dazu auch *Schenke* Rn. 523 ff.

Ein Verwaltungsakt i.S.d. Art. 35 S. 1 BayVwVfG muss sich i.S.d. Art. 43 Abs. 2 BayVwVfG erledigt haben. Das ist der Fall, wenn seine rechtliche und/oder tatsächliche Beschwer weggefallen ist, im Polizeirecht insbesondere durch den erfolgten Vollzug der Maßnahme.[147]

bb) Klagebefugnis analog § 42 Abs. 2 VwGO

130 Die Klagebefugnis beurteilt sich wie bei der Anfechtungsklage nach den Grundsätzen der Adressatentheorie. Maßgeblich ist also, ob der Kläger durch die polizeiliche Primärmaßnahme möglicherweise in seinen Rechten verletzt wurde. Dies ist bei einer belastenden Maßnahme stets der Fall, da dann zumindest eine Verletzung des Klägers in seinem Grundrecht der allgemeinen Handlungsfreiheit nach Art. 2 Abs. 1 GG möglich ist.

cc) Vorverfahren

131 Die Durchführung eines Vorverfahrens ist nach § 68 Abs. 1 S. 2 Hs. 1 VwGO i.V.m. Art. 15 Abs. 1, 2, 3 AGVwGO in Bayern entbehrlich.[148]

dd) Klagefrist

132 Die Klagefrist ist nach h.M. entbehrlich, wenn die Erledigung innerhalb offener Klagefrist nach § 74 Abs. 1 S. 2 VwGO erfolgte. Eine analoge Anwendung des § 74 Abs. 1 S. 2 VwGO ab dem Zeitpunkt der Erledigung wird abgelehnt (Sinn und Zweck der Klagefrist, dem Verwaltungsakt zur Bestandskraft zu verhelfen, ist bei einem erledigten Verwaltungsakt nicht mehr gegeben; Nähe der FFK zur allgemeinen Feststellungsklage, die ebenfalls keine Klagefrist fordert). Diese Frage kann man auch dahingestellt lassen; mangels erforderlicher schriftlicher Belehrung durch die Polizei liefe nach § 58 Abs. 2 VwGO die Jahresfrist, die regelmäßig eingehalten werden kann.

Sofern allerdings die Erledigung nach Klageerhebung erfolgte (sehr selten), ist in Bezug auf die ursprüngliche Anfechtungsklage die Wahrung der Klagefrist nach § 74 Abs. 1 S. 2 VwGO erforderlich, da die Erledigung nicht zu einer Erweiterung des Rechtsschutzes führen darf.[149]

ee) Beteiligten- und Prozessfähigkeit nach §§ 61 f. VwGO

133 Die Beteiligten- und Prozessfähigkeit richtet sich nach den allgemeinen Regeln der §§ 61 ff. VwGO. Eine natürliche Person ist nach § 61 Nr. 1 Alt. 1 VwGO beteiligtenfähig und nach § 62 Abs. 1 Nr. 1 VwGO i.V.m. §§ 2, 104 ff. BGB prozessfähig.

Der Freistaat Bayern als Rechtsträger der Polizei ist als Gebietskörperschaft des öffentlichen Rechts nach § 61 Nr. 1 Alt. 2 VwGO beteiligtenfähig. Er ist selbst nicht prozessfähig und wird deshalb im Prozess nach § 62 Abs. 3 VwGO i.V.m. § 3 Abs. 1, Abs. 2 S. 1 LABV durch die Ausgangsbehörde vertreten.

ff) Fortsetzungsfeststellungsinteresse nach § 113 Abs. 1 S. 4 VwGO

134 Nach § 113 Abs. 1 S. 4 VwGO kann das Gericht bei Erledigung des Verwaltungsakts durch Urteil aussprechen, dass dieser rechtswidrig gewesen ist, wenn der Kläger ein berechtigtes

147 *Berner/Köhler/Käß* vor Art. 11 Rn. 5.
148 *Berner/Köhler/Käß* vor Art. 11 Rn. 3.
149 Vgl. zu allem *Berner/Köhler/Käß* vor Art. 11 Rn. 5 und *Kopp/Schenke* § 74 Rn. 2.

Interesse an dieser Feststellung hat. Man spricht vom sogenannten Fortsetzungsfeststellungsinteresse, bei dem sich mehrere allgemein anerkannte Fallgruppen herausgebildet haben.

JURIQ-Klausurtipp

Maßgeblich ist immer nur ein Interesse auf Klägerseite; die Interessen des Beklagten (häufige Klausurfalle) sind dabei unerheblich!

- **konkrete Wiederholungsgefahr**:[150] Maßgeblich ist dabei das Erfordernis der Konkretheit, also eines im Wesentlichen vergleichbaren Sachverhalts; die FFK darf nicht dazu dienen, abstrakte Rechtsfragen zu klären.
- **Rehabilitationsinteresse** bei diskriminierenden Maßnahmen:[151] Diese Fallgruppe ist nur bei personenbezogenen Maßnahmen einschlägig, bei denen ein Öffentlichkeitsbezug vorhanden war. Maßgeblich ist also, dass die Anordnung sich nicht auf eine Sache bezog (z.B. Entfernung eines Holzstapels) und von der Öffentlichkeit wahrgenommen wurde.
- **tiefgreifender Grundrechtseingriff**:[152] Diese Fallgruppe wird insbesondere dann relevant, wenn mangels Öffentlichkeitsbezug keine diskriminierende Maßnahme angenommen werden kann. Wichtig ist dabei, dass sich die Terminologie des „Tiefgreifens" nicht auf die Schwere des Eingriffs, sondern auf die Bedeutung des betroffenen Grundrechts bezieht.
- **Vorbereitung eines Amtshaftungsprozesses**:[153] Letztlich kann die Feststellung der Rechtswidrigkeit zur Vorbereitung eines Amtshaftungsprozesses vor den Zivilgerichten nach § 40 Abs. 2 S. 1 VwGO i.V.m. Art. 34 S. 3 GG ein berechtigtes Interesse darstellen.
  Aus Gründen der Prozessökonomie gilt diese Fallgruppe aber nur im Falle der Erledigung nach Klageerhebung. Bei Erledigung vor Klagerhebung ist der Bürger darauf verwiesen, direkt vor den Zivilgerichten zu klagen. Diese können die Frage der Rechtswidrigkeit im Rahmen ihrer Vorfragenkompetenz nach § 17 Abs. 2 GVG klären; aufgrund der Sachkunde der speziellen Staatshaftungskammer (§ 71 Abs. 2 Nr. 2 GVG) handelt es sich bei dem Verwaltungsgericht auch nur um das vermeintlich sachnähere Gericht.
- Oft beruft sich der Betroffene darauf, dass ihm ein berechtigtes Interesse zustünde, weil ein **Strafverfahren** nach § 113 StGB gegen ihn laufe und vor dem Verwaltungsgericht nun die Feststellung der Rechtswidrigkeit der Diensthandlung (i.S.d. objektiven Strafbarkeitsbedingung nach § 113 Abs. 3 StGB) festgestellt werden könne.

Dies vermittelt jedoch kein hinreichendes Feststellungsinteresse: Zum einen handelt es sich bei dem Rechtmäßigkeitsbegriff des § 113 Abs. 3 StGB um einen eigenständigen strafrechtlichen Rechtmäßigkeitsbegriff,[154] zum anderen besteht im Grundsatz keine Bindung des Strafgerichts an das Urteil des Verwaltungsgerichts.[155]

150 *Berner/Köhler/Käß* vor Art. 11 Rn. 8; *Kopp/Schenke* § 113 Rn. 141.

151 *Berner/Köhler/Käß* vor Art. 11 Rn. 13; *Kopp/Schenke* § 113 Rn. 142.

152 *Berner/Köhler/Käß* vor Art. 11 Rn. 14; *Kopp/Schenke* § 113 Rn. 145: Achtung: *Kopp/Schenke* qualifiziert diese Rechtsprechung als Unterfall einer im wesentlichen nur von ihm vertretenen eigenen Fallgruppe der typischerweise kurzfristigen Erledigung; von dieser Fundstelle ist daher dringend abzuraten; sie wurde hier nur aufgeführt, um dies darzulegen.

153 *Berner/Köhler/Käß* vor Art. 11 Rn. 6; *Kopp/Schenke* § 113 Rn. 136.

154 *Fischer* § 113 StGB Rn. 11.

155 *Meyer-Goßner* § 262 StPO Rn. 5.

c) Begründetheit der Klage

135 Die Klage ist begründet, wenn sie gegen den **richtigen Beklagten** analog § 78 Abs. 1 Nr. 1 VwGO i.V.m. Art. 1 Abs. 2 POG gerichtet ist, die polizeiliche Maßnahme nach § 113 Abs. 1 S. 4 VwGO rechtswidrig **war** und der Kläger dadurch in seinen Rechten verletzt **wurde**.

JURIQ-Klausurtipp

Achten Sie bitte in der Gutachtenklausur zwingend darauf, diesen Obersatz zum einen zu formulieren und zum anderen in grammatikalischer Hinsicht die richtige Zeitform zu verwenden. Der Korrektor wird diesen Obersatz suchen und die beiden Worte „war" und „wurde" als vergangenheitsbezogenes Element kontrollieren!

JURIQ-Klausurtipp

Im Rahmen der Begründetheit prüfen Sie also zunächst nach den oben dargestellten Grundsätzen, ob die erlassene polizeiliche Primärmaßnahme rechtswidrig war. Hier wird in der Klausur regelmäßig der Schwerpunkt der Prüfung liegen. Sollten Sie dabei zu dem Ergebnis kommen, dass die Maßnahme rechtswidrig war, stellen Sie fest, ob der Kläger dadurch auch in seinen Rechten verletzt wurde.

Online-Wissens-Check

Was versteht man unter dem Begriff des Zweckveranlassers?

Überprüfen Sie jetzt online ihr Wissen zu den in diesem Abschnitt erarbeiteten Themen. Unter **www.juracademy.de/skripte/login** steht Ihnen ein Online-Wissens-Check speziell zu diesem Skript zur Verfügung, den Sie mit dem Zugangscode auf der letzten Seite kostenlos nutzen können.

C. Die einzelnen Standardmaßnahmen der Art. 12–48 PAG

136 Im Folgenden soll ein Überblick über die wichtigsten Standardmaßnahmen der Art. 12–48 PAG gegeben werden.

I. Prüfungsrelevanz der einzelnen Standardmaßnahmen

137 Natürlich müssen Sie in der polizeirechtlichen Klausur damit rechnen, dass Ihnen jede Standardmaßnahme begegnen kann. Der absolute Schwerpunkt liegt aber in der Regel in den Maßnahmen zur Identitätsfeststellung nach Art. 13 PAG, der Sicherstellung nach Art. 25 PAG und dem Platzverweis nach Art. 16 PAG, was bei der folgenden Darstellungstiefe entsprechend berücksichtigt wird.

II. Auskunftspflicht nach Art. 12 PAG

Art. 12 S. 1 PAG enthält eine allgemeine Auskunftspflicht über die abschließend genannten Daten. Er ermächtigt die Polizei dagegen nicht, weitere Auskünfte zur Sache zu verlangen.[156] Das Merkmal der Annahme, dass die Person sachdienliche Angaben machen kann, hat dabei keine große Bedeutung. Die Annahme der Polizei muss nicht auf bestimmte Tatsachen gegründet, sondern lediglich für einen vernünftig denkenden Menschen nachvollziehbar sein und darf nicht gegen das Willkürverbot verstoßen.[157] **138**

Die Verpflichtung zu weiteren Auskünften besteht nach Art. 12 S. 2 PAG nur bei Bestehen gesetzlicher Handlungspflichten; hier sind insbesondere auch Angaben zur Sache und anderen Personen erfasst. Niemand ist aber verpflichtet, gegen sich selbst auszusagen.[158] Die Erforderlichkeit zur Erfüllung einer bestimmten polizeilichen Aufgabe stellt auf den Aufgabenbereich des Art. 2 PAG ab.[159]

Gesetzliche Handlungspflichten bestehen bei einer Strafbarkeit bei Nichtaussage (§ 323c StGB und § 138 StGB) oder einer bestehenden Garantenstellung.[160] **139**

Beispiel Im Examen wurde z.B. der Fall geprüft, dass jemand eine Kindesentführung beobachtet hatte, aber Auskunft über seine Beobachtungen verweigerte. Hier besteht aufgrund § 323c StGB eine Auskunftspflicht auch im Rahmen des Art. 12 S. 2 PAG. ■

Beschränkt auf den Zeitraum der Befragung kann die Person nach Art. 12 S. 3 PAG angehalten werden.[161] Anhalten ist das Gebot an eine Person, an Ort und Stelle zu verweilen.[162] Es ist in zeitlicher Hinsicht vom Festhalten abzugrenzen. Als Faustformel kann man sich merken, dass ein Anhalten bis zu einer Dauer von 10 Minuten gegeben ist.

Eine zwangsweise Durchsetzung ist nicht möglich; bei Weigerung hat die Polizei nach Nr. 12.2. S. 4 der VZBKM die Personalien im Hinblick auf ein späteres gerichtliches Verfahren aufzunehmen. Zudem kann die Polizei den Betroffenen unter Umständen nach Art. 15 Abs. 1 Nr. 1 PAG vorladen, sofern die entsprechenden Voraussetzungen gegeben sind (dazu sogleich mehr). **140**

» Kommentieren Sie sich also Art. 15 Abs. 1 Nr. 1 PAG neben die Vorschrift des Art. 12 PAG, damit Sie die Möglichkeit der Vorladung bedenken! «

Art. 7 Abs. 4 PAG ist anwendbar; Adressat der Maßnahme ist derjenige, der nach Ansicht der Polizei sachdienliche Angaben machen kann.[163]

156 *Berner/Köhler/Käß* Art. 12 Rn. 3; Achtung: falsch sind insoweit die Ausführungen in VollzB Nr. 12.1., die von der Befugnis bzgl. Sachdienlicher Angaben spricht.

157 *Berner/Köhler/Käß* Art. 12 Rn. 6; *Becker/Heckmann/Kempen/Manssen* Teil 3 Rn. 314.

158 *Berner/Köhler/Käß* Art. 12 Rn. 10.

159 *Berner/Köhler/Käß* Art. 12 Rn. 7; Das Merkmal der „bestimmten" Gefahr meint dabei keine konkrete Gefahr, sondern dass die Aufgabe konkret beschrieben werden kann: Mit anderen Worten darf die Polizei nicht einfach zur allgemeinen Verbrechensbekämpfung handeln.

160 VollzB Nr. 12.2.; *Becker/Heckmann/Kempen/Manssen* Teil 3 Rn. 311.

161 *Berner/Köhler/Käß* Art. 12 Rn. 11.

162 *Berner/Köhler/Käß* Art. 12 Rn. 11 und Art. 13 Rn. 28.

163 *Berner/Köhler/Käß* Art. 12 Rn. 8.

III. Identitätsfeststellung nach Art. 13 PAG

141 Art. 13 PAG ermächtigt die Polizei zur Feststellung der Identität einer Person. Damit sind die Angaben im Umfang des § 111 OWiG gemeint.[164] Art. 13 Abs. 2 PAG beschreibt dabei die möglichen Mittel der Identitätskontrolle.[165]

1. Übersicht über die Tatbestände des Art. 13 Abs. 1 Nr. 1–4, 6 PAG[166]

142
- **Art. 13 Abs. 1 Nr. 1 PAG** verlangt das Vorliegen einer konkreten Gefahr.[167]
- **Art. 13 Abs. 1 Nr. 2 PAG** (Razzia) stellt dagegen lediglich auf den Aufenthalt an den dort genannten Orten ab, sofern die Personen nicht offensichtlich keine Beziehungen zu den beschriebenen Tätigkeiten haben; ob ein solcher Ort i.S.d. Nr. 2 vorliegt, hat die Polizei nach ihrer kriminalistischen Erfahrung zu beurteilen.[168]
- **Art. 13 Abs. 1 Nr. 3 PAG** (gefährdete Objekte) fordert den Aufenthalt an den bestimmten Orten und Tatsachen, welche die Annahme der Begehung von Straftaten i.S.d. Hs. 2 rechtfertigen.[169]
- **Art. 13 Abs. 1 Nr. 4 PAG** stellt lediglich auf eine errichtete Kontrollstelle ab,[170] sofern deren Einrichtung unter Beachtung der in der Fußnote dargestellten Anforderungen gerechtfertigt war.[171]
- **Art. 13 Abs. 1 Nr. 6 PAG** nimmt auf die Voraussetzungen des Art. 2 Abs. 2 PAG Bezug und ermöglicht Handlungen zur Unterstützung und Ermöglichung des späteren gerichtlichen Verfahrens (z.B. nach einer fahrlässigen Sachbeschädigung, wenn der Schädiger sich weigert, seine Identität preiszugeben).[172]

143 **Art. 13 Abs. 1 Nr. 5 PAG regelt die sogenannte Schleierfahndung,**[173] welche der Polizei im Grundsatz verdachts- und ereignisunabhängig Befugnisse zur Verhinderung der grenzüberschreitenden Kriminalität verleiht. Sie ist als Ersatz für die infolge der Europäisierung entfallenen festen Grenzkontrollen konzipiert.[174] Demnach fordert der Wortlaut nur den Aufenthalt an den beschriebenen Orten (Grenzgebiet, Flughafen) und das Handeln zur Verhütung oder Unterbindung der unerlaubten Überschreitung der Landesgrenze oder des unerlaubten Aufenthalts und zur Bekämpfung der grenzüberschreitenden Kriminalität.

---

164 Vgl. VollzB Nr. 13.1.

165 *Berner/Köhler/Käß* Art. 13 Rn. 28.

166 Vgl. auch *Schenke* Rn. 119 ff.

167 *Berner/Köhler/Käß* Art. 13 Rn. 6.

168 VollzB Nr. 13.4.

169 VollzB Nr. 13.5.

170 Vgl. dazu die guten Ausführungen der VollzB Nr. 13.6.: Danach können auch solche Personen kontrolliert werden, die nicht Verantwortliche nach Art. 7/8 PAG sind und bei denen die Voraussetzungen nach Art. 10 PAG nicht vorliegen. Deshalb sollen solche Maßnahmen im Hinblick auf Art. 4 PAG auf das unumgänglich notwendige Maß beschränkt werden. Weiterhin ist erforderlich, dass die Annahme besteht, durch die Kontrollstellen können die beschriebenen Straftaten verhindert werden, wobei die Polizei auf der Grundlage ihrer kriminalistischen Erfahrungen handeln kann.

171 Die allgemeinen Verkehrskontrollen der Polizei richten sich demgegenüber nach dem StVG und der StVO.

172 VollzB Nr. 13.8.

173 *Berner/Köhler/Käß* Art. 13 Rn. 18.

174 *Berner/Köhler/Käß* Art. 13 Rn. 14.

Dieses zweckgebundene Handeln ist nach Ansicht des BayVerfGH[175] im Sinne von handlungsbegrenzenden Tatbestandsmerkmalen zu verstehen.[176] Die Polizei kann nicht jede beliebige Maßnahme unter Berufung auf die genannten Ziele vornehmen, sondern muss entsprechende Lageerkenntnisse und einschlägige Erfahrungen zugrundelegen.[177] Aufgrund des Eingriffs der Identitätskontrolle in die allgemeine Handlungsfreiheit und das Recht auf informationelle Selbstbestimmung nach Art. 1 Abs. 1, 2 Abs. 1 GG[178] darf die Polizei also nicht jeden im Grenzgebiet willkürlich aufhalten, sondern nur solche Personen, die sich z.B. an typischen Schleuserübergängen aufhalten.

2. Die Mittel zur Ermöglichung der Identitätsfeststellung nach Art. 13 Abs. 2 PAG

Art. 13 Abs. 2 S. 1 PAG ermächtigt die Polizei, die zur Feststellung der Identität erforderlichen **144** Maßnahmen zu treffen. Nach Art. 13 Abs. 2 S. 2 PAG können Personen insbesondere angehalten und die Aushändigung mitgeführter Ausweispapiere verlangt werden. Ein Festhalten – aber nur zum Zwecke der Identitätsfeststellung – ist nach Art. 13 Abs. 2 S. 3 PAG möglich, wenn die Identität auf andere Weise nicht oder nur unter erheblichen Schwierigkeiten ermittelt werden kann. Unter diesen Voraussetzungen können der Betroffene und seine mitgeführten Sachen nach Art. 13 Abs. 2 S. 4 PAG durchsucht werden; dies gilt aber nur zum Zwecke der Identitätsfeststellung,[179] also zum Auffinden von Ausweispapieren oder anderen auf die Identität hinweisenden Umständen. Soweit der Betroffene im Bereich des Festhaltens nach Art. 13 Abs. 2 S. 3 PAG zur Dienststelle verbracht wird, ist dies auch von Art. 13 Abs. 2 S. 3 PAG erfasst[180] und fällt nicht unter Art. 17 PAG. In der Folge stellt sich die Frage, wann von einer Freiheitsentziehung i.S.d. Art. 18 PAG auszugehen ist, welche dann insbesondere das Erfordernis der unverzüglichen richterlichen Entscheidung nach Art. 18 Abs. 1 S. 1 PAG auslöst. Hier ist mit der oben bereits dargestellten Abgrenzung zwischen bloßer Freiheitsbeschränkung und Freiheitsentziehung zu arbeiten[181] (siehe dazu „Rechtsschutz gegen polizeiliche Primärmaßnahmen" Rn. 126).

Art. 13 Abs. 3 PAG ermächtigt die Polizei, bestimmte Berechtigungsscheine zur Prüfung vorzulegen, z.B. den Fahrzeugschein nach § 24 S. 2 StVZO. Ausweispapiere fallen dagegen bereits unter Art. 13 Abs. 2 S. 2 PAG. **145**

JURIQ-Klausurtipp

Auch sofern die Polizei mehrere dieser Mittel einsetzt, handelt es sich trotzdem um eine polizeiliche Primärmaßnahme der Identitätsfeststellung, innerhalb derer dann festgestellt werden muss, ob alle von der Polizei gewählten Mittel zulässig waren. In der Klausur ist also immer die Rechtmäßigkeit der Identitätsfeststellung in der Gesamtheit zu prüfen und innerhalb dessen zu fragen, ob alle ergriffenen Mittel von Art. 13 Abs. 2 PAG erfasst sind.

---

175 *BayVerfGHE* 56, 28.
176 So bereits auch schon *Schenke* Rn. 120.
177 *Berner/Köhler/Käß* Art. 13 Rn. 20a.
178 Vgl. dazu im Übrigen die brauchbaren Ausführungen zum Recht auf informationelle Selbstbestimmung bei *Berner/Köhler/Käß* vor Art. 30 Rn. 1 ff.
179 VollzB Nr. 13.11.
180 *Berner/Köhler/Käß* Art. 13 Rn. 30.
181 Vgl. *Berner/Köhler/Käß* Art. 13 Rn. 31.

3. Die Verantwortlichkeit bei Art. 13 PAG

146 Außer in den Fällen der Art. 13 Abs. 1 Nr. 1 und 6 PAG gilt Art. 7 Abs. 4 PAG.

IV. Erkennungsdienstliche Maßnahmen nach Art. 14 PAG

147 Art. 14 PAG ermächtigt die Polizei zur Durchführung erkennungsdienstlicher Maßnahmen. Das sind alle Feststellungen über Merkmale des äußeren Erscheinungsbildes einer Person, die ihre Wiedererkennung ermöglichen,[182] vgl. auch die nicht abschließende Aufzählung des Art. 14 Abs. 3 PAG.

Art. 14 Abs. 1 PAG enthält zwei voneinander unabhängige Befugnisse.[183]

148 Zu beachten ist das Konkurrenzverhältnis zu § 81b Alt. 2 StPO,[184] der für Zwecke des Erkennungsdienstes (also dem präventiven Bereich, der eigentlich dem Regelungsbereich des PAG unterfällt) erkennungsdienstliche Maßnahmen ermöglicht. Obwohl der Bundesgesetzgeber keine Gesetzgebungskompetenz für die Gefahrenabwehr hat, hat das BVerwG die Verfassungsmäßigkeit dieser Vorschrift über eine Kompetenz kraft Sachzusammenhang klargestellt.[185] Nach Art. 31 GG ist diese Befugnis also vorrangig anzuwenden, soweit ihr Anwendungsbereich reicht (in diesem Fall dann Aufgabeneröffnung nach Art. 2 Abs. 4 PAG i.V.m. § 163 Abs. 1 S. 1 StPO und Befugnis nach Art. 11 Abs. 3 S. 1 PAG i.V.m. § 81b Alt. 2 StPO). Der Anwendungsbereich ist dabei eröffnet, sofern ein Beschuldigter i.S.d. StPO vorliegt.[186] Für Art. 14 PAG bleibt deshalb der Anwendungsbereich bei solchen Personen bestehen, die nicht Beschuldigte sein können,[187] was insbesondere bei fehlender Strafmündigkeit der Fall ist.

149 Es gilt Art. 7 Abs. 4 PAG. Der Anspruch auf Vernichtung nach Art. 14 Abs. 2 PAG ist mittels der Verpflichtungsklage durchzusetzen, weil die vorgelagerte Entscheidung der Behörde über die Vernichtung als Verwaltungsakt i.S.d. Art. 35 S. 1 BayVwVfG angesehen wird.[188]

V. Vorladung nach Art. 15 PAG

150 Sofern ein Betroffener die Auskunft auf eine Aufforderung der Polizei nach Art. 12 PAG verweigert, steht dieser die Möglichkeit zu, den Verweigernden nach Art. 15 Abs. 1 Nr. 1 PAG vorzuladen, wenn Tatsachen die Annahme rechtfertigen (wie im obigen Beispielsfall, wenn die Polizei weiß, dass der Betroffene die Kindesentführung beobachtet hat), dass er sachdienliche Angaben machen kann. Bloße Vermutungen der Polizei sind dabei nicht ausreichend.[189]

Nach Art. 15 Abs. 1 Nr. 2 PAG ist eine Vorladung ebenfalls möglich, soweit dies zur Durchführung erkennungsdienstlicher Maßnahmen erforderlich ist. Dies wird im Hinblick auf die Art der erkennungsdienstlichen Maßnahmen, welche in Art. 14 Abs. 3 PAG aufgeführt sind, im

---

182 *Berner/Köhler/Käß* Art. 14 Rn. 5.
183 *Berner/Köhler/Käß* Art. 14 Rn. 4.
184 Vgl. dazu *Schenke* Rn. 126.
185 Vgl. *BVerwGE* 66, 192 ff. sowie *Berner/Köhler/Käß* Art. 14 Rn. 2.
186 *Berner/Köhler/Käß* Art. 14 Rn. 9.
187 Vgl. *Berner/Köhler/Käß* Art. 14 Rn. 9 und die Aufzählung in VollzB Nr. 14.2.
188 *Berner/Köhler/Käß* Art. 14 Rn. 18.
189 *Berner/Köhler/Käß* Art. 15 Rn. 7.

Regelfall erforderlich sein, da die Polizei unter normalen Umständen nur auf ihren Dienststellen über die erforderliche Ausstattung zur Durchführung derselben verfügen wird.

Hinweis

Verwechseln Sie diese Vorladung nicht mit der Vernehmung eines Beschuldigten durch die Polizei im Hinblick auf eventuell von ihm begangene Straftaten. Diese Befugnis ergibt sich nach Art. 11 Abs. 1 Hs. 2 PAG i.V.m. § 163 StPO, wonach die Polizei Straftaten zu erforschen hat, wozu unter anderem auch die Vernehmung der Beschuldigten einer Straftat zählt. Über § 163a Abs. 4 S. 2 StPO gilt dabei wiederum § 136 StPO.

Die Vorladung der Polizei kann nach Art. 15 Abs. 3 PAG auch zwangsweise durchgesetzt werden. **151** Wichtig ist der Verweis des Art. 15 Abs. 4 PAG auf § 136a StPO, welcher die verbotenen Vernehmungsmethoden nach der StPO enthält. Damit stellt dieser Verweis klar, dass zwar die Vorladung an sich zwangsweise durchgesetzt werden kann, nicht aber eine Aussage.

Nach Art. 15 Abs. 2 PAG soll zum einen bei der Vorladung ihr Grund angegeben und auf den Beruf und die sonstigen Lebensverhältnisse des Betroffenen Rücksicht genommen werden. Dieser soll also insbesondere nicht während seiner üblicherweise zu erwartenden Arbeitszeit vorgeladen werden. Die Verletzung der formellen Anforderungen des Art. 15 Abs. 2 PAG führt als bloße Ordnungsvorschrift (vgl. dazu den Wortlaut „soll“) aber nicht zur Rechtswidrigkeit der Vorladung.[190]

VI. Platzverweis nach Art. 16 PAG

Zur Abwehr einer konkreten Gefahr[191] erlaubt Art. 16 PAG die vorübergehende Verweisung **152** von einem Ort oder ein vorübergehendes Betretungsverbot.

Die Verantwortlichkeit richtet sich nach den allgemeinen Bestimmungen der Art. 7 ff. PAG.

1. „Vorübergehende“ Verweisung

Maßgebliche Probleme bereitet die Bestimmung des **Begriffs der „vorübergehenden“ Ver-** **153** **weisung**. Teilweise wird auf relative und absolute zeitliche Grenzen abgestellt,[192] *Berner/Köhler/Käß* stellt demgegenüber überzeugend auf die Dauer der Gefahr ab.[193] Maßgeblich ist also, ob die Gefahr abgewehrt ist oder feststeht, dass die Gefahr von Dauer ist bzw. mit der Maßnahme eines vorübergehenden Platzverweises gar nicht abgewehrt werden kann (wie z.B. bei den dauerhaften Aufenthaltsverboten). Erforderlich ist also letztlich eine im Einzelfall im Hinblick auf die Gefahrenabwehr auch zweckmäßige Befristung des Platzverweises.

190 *Berner/Köhler/Käß* Art. 15 Rn. 11.
191 *Berner/Köhler/Käß* Art. 16 Rn. 2.
192 Vgl. dazu ausführlich *Schenke* Rn. 132 f.
193 *Berner/Köhler/Käß* Art. 16 Rn. 3.

154 **Dauerhafte Aufenthaltsverbote fallen also nicht unter Art. 16 PAG.** Insofern stellt sich die Folgefrage, ob dafür auf Art. 11 PAG zurückgegriffen werden kann, ob also Art. 16 PAG eine abschließende Regelung des Lebenssachverhaltes Platzverweisung allgemein oder nur des Lebenssachverhalts vorübergehende Platzverweisung darstellt.[194]

Hinweis

In Bayern spielt diese Frage aber keine Rolle, da aufgrund des Subsidiaritätsprinzips nach Art. 3 PAG die Polizei ohnehin nur soweit und solange tätig werden darf, als anderen Behörden die Gefahrenabwehr nicht oder nicht rechtzeitig möglich ist. Der vom VGH Kassel entschiedene Fall eines Betretungsverbotes von einem Jahr fällt in Bayern daher in jedem Fall in den Bereich der Zuständigkeit der Sicherheitsbehörden; die Polizei könnte allenfalls kurzfristig bis zu einer Möglichkeit der Entscheidung der Sicherheitsbehörde handeln.[195]

2. Konflikte mit Grundrechten

155 Das Erfordernis der konkreten Gefahr ist bei einem Platzverweis aus der eigenen **Wohnung** durch die Anforderungen nach Art. 13 Abs. 7 GG zu modifizieren, welche in diesem Fall einzuhalten sind. Denn nach allgemeiner Ansicht erfasst **Art. 13 GG** abschließend alle Fälle der staatlichen Eingriffe in die Wohnung und somit auch das polizeiliche Verbot, diese aufzusuchen.[196] Der ***Begriff der Wohnung*** *erfasst dabei auch Arbeits-, Betriebs- und Geschäftsräume.*[197] Bei einem Verweis aus der Wohnung durch die Polizei ist demnach nicht (einfach) eine konkrete Gefahr ausreichend, sondern entsprechend Art. 13 Abs. 7 GG eine gemeine Gefahr, eine Lebensgefahr für einzelne Personen oder eine dringende Gefahr für die öffentliche Sicherheit und Ordnung, insbesondere zur Behebung der Raumnot, zur Bekämpfung der Seuchengefahr oder zum Schutz gefährdeter Jugendlicher erforderlich.

194 Vgl. dazu *VGH Kassel* NVwZ 2003, 1400 und *OVG Bremen* NVwZ 1999, 314, beide zitiert bei *Berner/Köhler/Käß* Art. 16 Rn. 5.

195 *Berner/Köhler/Käß* Art. 16 Rn. 5, der zwar die a.A. vertritt, aber ebenfalls auf die fehlende Relevanz in Bayern wegen Art. 3 I PAG hinweist; *Becker/Heckmann/Kempen/Manssen* Teil 3 Rn. 358 f.

196 VollzB Nr. 16.2. und *Berner/Köhler/Käß* Art. 16 Rn. 6.

197 *Berner/Köhler/Käß* Art. 23 Rn. 4.

Hinweis

In (seltenen) Fällen beruft sich der Eigentümer oder auch der Mieter der Wohnung auch auf den Schutz nach Art. 14 GG. Dieser schützt nach Ansicht des BVerfG auch den Mieter mit seinem Recht zur Nutzung seiner Wohnung. In jedem Fall stellen die Vorschriften des PAG aber zulässige Inhalts- und Schrankenbestimmungen i.S.d. Art. 14 Abs. 1 S. 2 GG dar, welche Inhalt und Schranken des Eigentums zulässigerweise ausgestalten.

JURIQ-Klausurtipp 156

Bei den folgenden Ausführungen zu den Grundrechten handelt es sich um echte Klassiker, die auch „jenseits" der Maßnahmen eines Platzverweises sehr häufig in polizei- und sicherheitsrechtlichen Klausuren relevant werden.

Ein Aufenthaltsverbot oder ein Wohnungsverweis beeinträchtigt nicht den Schutzbereich des Grundrechts der **Freiheit der Person nach Art. 2 Abs. 2 S. 2 GG** (bzw. Art. 102 Abs. 1 BV). Nach dem historischen Hintergrund und auch aus dem Zusammenhang mit Art. 104 GG (Art. 104 Abs. 2 S. 2 GG: „Festgehaltene Personen") ergibt sich, dass nur die Freiheit gewährleistet wird, nicht dauerhaft an einem bestimmten Ort festgehalten zu werden und gerade nicht die Freiheit, jeden beliebigen Ort aufzusuchen. Art. 2 Abs. 2 S. 2 GG ist also nur einschlägig, wenn eine Person dauerhaft an einem bestimmten Ort festgehalten wird.

Mit dem **Schutz von Ehe und Familie nach Art. 6 Abs. 1 GG** wird zwar auch die Lebensgemeinschaft, also die räumliche Zusammengehörigkeit mit der Ehefrau und den anderen Familienmitgliedern geschützt. Auch Art. 6 Abs. 1 GG wird also insbesondere bei einem Wohnungsverweis betroffen. Als vorbehaltlos gewährtes Grundrecht ist Art. 6 Abs. 1 GG der Einschränkung durch verfassungsimmanente Schranken zugänglich. Insoweit schränkt die staatliche Schutzpflicht nach Art. 2 Abs. 2 S. 1 GG den Schutz von Ehe und Familie ein (bei Kindern kann man zudem noch auf Art. 6 Abs. 2 S. 1 GG abstellen) und ermöglicht insbesondere in den Fällen häuslicher Gewalt eine Einschränkung des Art. 6 Abs. 1 GG. 157

Die **Freizügigkeit nach Art. 11 GG** bzw. Art. 109 BV ist nicht in jedem Fall von einem vorübergehenden Platzverweis oder Wohnungsverweis tangiert.[198] **Nach dem BayVGH ist eine Einschlägigkeit grundsätzlich zu verneinen**, weil der Betroffene nicht generell in seiner körperlichen Bewegungsfreiheit gehindert wird, sondern nur daran, bestimmte Orte aufzusuchen, für deren Besuch kein vorrangiges persönliches Interesse besteht.[199] Maßgeblich für die Frage, ob der Schutzbereich betroffen ist, ist also die **Frage, ob ein vorrangiges persönliches Interesse am Aufsuchen eines bestimmten Orts besteht. Das ist dann der Fall, wenn der Aufenthalt an diesem Ort objektiv eine besondere Bedeutung für den Betroffenen hat**, was nach Teilen der Literatur insbesondere bei einem Verweis aus der Wohnung als Lebensmittelpunkt denkbar ist.[200] 158

Sollte man nach diesen Grundsätzen zu einem Eingriff kommen, stellt das PAG eine zulässige Rechtfertigung dar. Es erfüllt den Kriminalvorbehalt des Art. 11 Abs. 2 PAG, wonach eine

198 Vgl. dazu *Schenke* Rn. 135.

199 *Berner/Köhler/Käß* Art. 16 Rn. 4.

200 *Berner/Köhler/Käß* Art. 74 Rn. 1: diese Fundstelle sollten Sie in jedem Fall lesen!

Beschränkung aufgrund eines Gesetzes zulässig ist, um strafbaren Handlungen vorzubeugen. Ein solches Gesetz kann auch ein Landesgesetz sein.[201] Art. 11 Abs. 2 GG wird dabei als speziellere Regelung für das Gebiet der Gefahrenabwehr gesehen, weshalb Art. 73 Nr. 3 GG, der grundsätzlich dem Bund die ausschließliche Gesetzgebungskompetenz für die Freizügigkeit zuweist, nicht entgegensteht.

Hinweis

Erschrecken Sie bitte nicht vor diesen wohl für Sie im ersten Moment ungewöhnlichen und anspruchsvollen Ausführungen zu den Grundrechten. Meistens berufen sich die Akteure in den Klausuren ausführlich auf die entsprechenden Grundrechte und führen dabei sogar die bayerische Verfassung an!

3. Verhältnis zum Gewaltschutzgesetz

» Hier handelt es sich um genau das gleiche Problem wie das Ihnen sicherlich bereits bekannte (folgende) Problem des Verhältnisses des Polizeirechts zum Versammlungsrecht. «

159 Im Rahmen des Anwendungsbereichs des Gewaltschutzgesetzes ist ein Rückgriff auf den Platzverweis nach Art. 16 PAG ausgeschlossen, um z.B. den störenden Bewohner der Wohnung zu verweisen. Sämtliche Maßnahmen nach dem GewSchG sind vor den Zivilgerichten durchzusetzen, es besteht nach § 49 FamFG die Möglichkeit einer einstweiligen Anordnung. Insoweit handelt es sich also um spezielle Regelungen, die Maßnahmen der Polizei nach dem PAG ausschließen. Nicht geregelt ist im GewSchG allerdings der Zeitraum bis zum Erlass einer einstweiligen Anordnung, der in der Praxis bis zu 10 Tage betragen kann. Mangels entsprechender Regelung für diesen Zeitraum kann also insoweit der Vorrang des speziellen GewSchG nicht eingreifen, weshalb anerkannt ist, dass die Polizei innerhalb dieses Zeitraums bis zum Erlass einer richterlichen Entscheidung Maßnahmen nach dem PAG treffen kann.[202]

4. Verhältnis zum Versammlungsrecht

160 Hier ist die Abgrenzung zum Versammlungsrecht im Hinblick auf den Grundsatz der Polizeifestigkeit der Versammlung zu beachten (siehe dazu die ausführlichen Erläuterungen im Kapitel „Versammlungsrecht“ Rn. 301 ff.).

VII. Gewahrsam nach Art. 17 PAG

1. Ingewahrsamnahme vom Personen nach Art. 17 PAG

161 Art. 17 PAG ermöglicht die Ingewahrsamnahme von Personen. Art. 18–20 PAG enthalten spezielle Verfahrensregeln, die vor dem Hintergrund des besonders starken Grundrechtseingriffs in Art. 2 Abs. 2 S. 2 GG und den Anforderungen nach Art. 104 GG zu sehen sind. Gewahrsam bedeutet dabei, dass eine Person daran gehindert wird, sich zu entfernen, also den Aufenthaltsort nach eigenem Willen frei zu verlassen.

201 *Berner/Köhler/Käß* Art. 16 Rn. 4.
202 Mit demselben Ergebnis auch Fall 5 *Seiler* Rn. 132 ff.

Art. 17 PAG erfasst alle Fälle der Freiheitsentziehung durch die Polizei, sofern diese nicht lediglich als Nebenfolge einer sonstigen polizeilichen Maßnahme (Art. 13 Abs. 2 S. 3, 15 Abs. 3 PAG), und damit als eine bloße Freiheitsbeschränkung nach den in Rn. 126 dargestellten Abgrenzungsgrundsätzen anzusehen ist.[203]

Der Schutzgewahrsam nach Art. 17 Abs. 1 Nr. 1 PAG erfordert eine konkrete Gefahr.[204]

Der Sicherungsgewahrsam nach Art. 17 Abs. 1 Nr. 2 PAG ergänzt die Festnahmebestimmungen zur Verfolgung strafbarer Handlungen nach der StPO.[205] Der Passus der erheblichen Bedeutung soll sich dabei nach h.M. nur auf Ordnungswidrigkeiten beziehen.[206]

Der Durchsetzungsgewahrsam des Art. 17 Abs. 1 Nr. 3 PAG wurde erlassen, da die Ingewahrsamnahme nicht unter die Möglichkeiten polizeilichen Zwangs nach Art. 53 ff. PAG fallen.[207] Das Merkmal „vorübergehend" nach Art. 16 PAG ist auch bei Art. 17 Abs. 1 Nr. 3 PAG zu beachten.[208]

Hinweis

Bei Art. 17 Abs. 1 Nr. 3 PAG handelt es sich aber systematisch um eine zweite nachfolgende Primärmaßnahme, die also nicht an die allgemeinen Vollstreckungsvoraussetzungen geknüpft ist, sondern wie eine Primärmaßnahme zu prüfen ist;[209] allerdings ist wohl zumindest nach allgemeinen Grundsätzen eine wirksame Platzverweisung erforderlich. Der Begriff der Unerlässlichkeit stellt dabei klar, dass die Ingewahrsamnahme ultima ratio ist.

Grundsätzlich gilt Art. 7 Abs. 4 PAG. Im Falle des Art. 17 Abs. 1 Nr. 1 PAG ist allerdings bei einer **162**
Bedrohung durch Dritte nach den allgemeinen Vorschriften der Verantwortlichkeit gemäß Art. 7 ff. PAG vorzugehen.

2. Verfahrensregelungen der Art. 18–20 PAG

Nach Art. 18 Abs. 1 PAG ist bei einer Freiheitsentziehung unverzüglich eine richterliche Ent- **163**
scheidung herbeizuführen, was Art. 104 Abs. 2 S. 1/2 GG entspricht.[210] Das BVerwG hat klargestellt, dass der Begriff „unverzüglich" nicht i.S.d. § 121 BGB zu verstehen ist, sondern dahingehend auszulegen sei, „dass die richterliche Entscheidung ohne jede Verzögerung, die sich nicht aus sachlichen (tatsächlichen oder rechtlichen) Gründen rechtfertigen lassen, nachgeholt werden müsse".[211]

203 *Berner/Köhler/Käß* Art. 17 Rn. 1 und VollzB Nr. 17.1.
204 *Berner/Köhler/Käß* Art. 17 Rn. 3.
205 *Berner/Köhler/Käß* Art. 17 Rn. 9.
206 *Berner/Köhler/Käß* Art. 17 Rn. 19.
207 *Berner/Köhler/Käß* Art. 17 Rn. 23.
208 VollzB Nr. 17.4.; *Berner/Köhler/Käß* Art. 17 Rn. 23.
209 *Becker/Heckmann/Kempen/Manssen* Teil 3 Rn. 365 ist a.A. mit Hinweis auf *Berner/Köhler/Käß*, der zwar auch in Art. 17 Rn. 23 von einer Regelung als Ausnahme von der grundsätzlich nicht bestehenden Möglichkeit der Ingewahrsamnahme als Zwangsmittel spricht, aber damit Art. 17 Abs. 1 Nr. 3 PAG nicht automatisch als Zwangsmaßnahme klassifiziert.
210 VollzB Nr. 18.1.
211 *Berner/Köhler/Käß* Art. 18 Rn. 3.

JURIQ-Klausurtipp

Sehr wichtig ist dabei, dass die Regelung des Art. 104 Abs. 2 S. 3 GG nur die äußerste zeitliche Grenze für eine Freiheitsentziehung ohne richterliche Entscheidung darstellt. Es handelt sich dabei letztlich um eine objektive Obergrenze für den sehr unwahrscheinlichen Fall, dass bis zum Ablauf des Tages nach der Festnahme zulässigerweise keine gerichtliche Entscheidung herbeigeführt werden kann. Art. 104 Abs. 2 S. 3 GG ermöglicht aber keinen Verzicht auf die richterliche Entscheidung innerhalb des geregelten Zeitraums (beliebte Klausurfalle).[212]

Zu der abdrängenden Sonderzuweisung nach § 40 Abs. 1 S. 2 VwGO i.V.m. Art. 18 Abs. 2 S. 2 PAG siehe Rn. 126 („Rechtsschutz gegen Primärmaßnahmen").

164 Art. 20 PAG bringt den Charakter der Ingewahrsamnahme als Dauerverwaltungsakt zum Ausdruck. Erledigung (relevant für die Wahl der Fortsetzungsfeststellungsklage als Rechtsschutz) tritt dabei also erst mit der Entlassung des Festgehaltenen ein. Art. 20 Abs. 1 Nr. 3 PAG bringt die Anforderung nach Art. 104 Abs. 2 S. 3 GG noch einmal einfachgesetzlich zum Ausdruck. Wichtig ist, dass der Festgehaltene in allen Fällen des Art. 20 PAG zu entlassen ist.

Art. 19 PAG regelt letztlich die Behandlung des Festgehaltenen. Alle geregelten Erfordernisse und Vorschriften enthalten dabei keine Voraussetzungen für die Rechtmäßigkeit der Ingewahrsamnahme, jedoch Amtspflichten der Polizei. Ein Verstoß führt also nicht zu einer Rechtswidrigkeit der Ingewahrsamnahme, sondern eventuell zu einem Staatshaftungsanspruch nach § 839 BGB i.V.m. Art. 34 S. 1 GG.[213]

3. Der sogenannte Verbringungsgewahrsam

165 Unter dem sogenannten **Verbringungsgewahrsam** versteht man das Verbringen einer Person von der Polizei an einen anderen Ort.

Beispiel Die Friedensbewegung F belegt die Hauptstraße der Stadt A mit einer Sitzblockade. Die Versammlung wurde bereits im Vorfeld verboten und demzufolge von der Polizei auch aufgelöst. Da sich die Anhänger der Friedensbewegung aber nicht von der Hauptstraße entfernen und weiterhin dieselbe blockieren, spricht die Polizei gegen die Anhänger Platzverweise aus. Da auch diese nicht befolgt werden, transportiert die Polizei nach weiteren erfolglosen Aufforderungen die Anhänger mit Polizeifahrzeugen an mehrere Kilometer entfernte Orte und setzt diese dort ab. ■

Dieselbe Problematik kann sich z.B. auch nach einem Fußballspiel oder anderen Großveranstaltungen beim Gegenüberstehen von rivalisierenden Gruppen ergeben.

166 Die rechtliche Qualifikation dieses sogenannten Verbringungsgewahrsams ist dabei äußert problematisch.

Zunächst geht – wie soeben dargelegt – die allgemeine Meinung davon aus, dass eine Ingewahrsamnahme nach Art. 17 PAG nicht zwingend mit einer Verbringung in einen Haftraum verbunden sein muss, sondern auch bei jeder anderen Maßnahme gegeben sein kann,

212 Vgl. *Schenke* Rn. 144 ff.

213 *Berner/Köhler/Käß* Art. 19 Rn. 2.

sofern eine echte Freiheitsentziehung und nicht eine bloße Freiheitsbeschränkung vorliegt. Sofern im Einzelfall also nach Dauer und Intensität eine echte Freiheitsentziehung gegeben ist (was regelmäßig besonders wegen der zeitlichen Komponente beim Verbringungsgewahrsam nicht der Fall sein wird), läge eine Ingewahrsamnahme nach Art. 17 PAG vor.

In den sonstigen Fällen handelt es sich bei der Problematik des Verbringungsgewahrsams **167**
letztlich um eine Frage der Verhältnismäßigkeit. Dieser soll dann zulässig sein, sofern er ein milderes Mittel gegenüber einer echten Freiheitsentziehung und damit einer echten Ingewahrsamnahme durch die Polizei darstellt. Maßgeblich ist dabei eine Abwägungsentscheidung der Polizei, die letztlich verhindern soll, dass durch die Verbringung an einen anderen Ort eine erneute Gefahrenlage (diesmal als Gefahr für Leib und Leben des Betroffenen) ausgelöst wird. Entscheidend sind deshalb der konkrete Ort, an dem der Betroffene abgesetzt werden soll (Verkehrsanbindung, kann der Betroffene von dort wieder wegkommen?), Witterungsverhältnisse, Alter und gesundheitlicher Zustand des Betroffenen, Tages- oder Nachtzeit. Dabei muss eventuell auch berücksichtigt werden, dass auch ein Haftraum der Polizei nicht immer in unmittelbarer Nähe zum Wohnort liegt.[214]

Hinweis

Sofern diese Abwägungsentscheidung zu dem Ergebnis des milderen Mittels kommt, sind alle für den Betroffenen mit der Verbringung verbundenen Unannehmlichkeiten wie Kosten für die Heimfahrt u. Ä. als Nebenfolgen der polizeilichen Maßnahme Verbringungsgewahrsam anzusehen und deshalb vom Betroffenen hinzunehmen.

Sofern nach dieser Abwägungsentscheidung mit dem Verbringungsgewahrsam ein milderes **168**
Mittel vorliegt, stellt sich die Frage nach dessen Rechtsgrundlage[215]: Teilweise wird dabei nach einem Erst-Recht-Schluss die Anwendbarkeit des Art. 17 Abs. 1 Nr. 3 PAG befürwortet[216]. Teilweise wird der Verbringungsgewahrsam aber auch als atypische Maßnahme nach Art. 11 Abs. 1 Hs. 1, Abs. 2 PAG qualifiziert[217].

Hinweis

Sofern der Verbringungsgewahrsam dabei gewaltsam durchgesetzt wird, müssen Sie zusätzlich neben der Primärmaßnahme Verbringungsgewahrsam die entsprechende Sekundärmaßnahme der Polizei prüfen.

JURIQ-Klausurtipp

Sollte Ihnen die Konstellation des Verbringungsgewahrsams in der Klausur begegnen, ist es entscheidend, dass Sie das Problem erkennen und letztlich nicht, für welche Rechtsgrundlage Sie sich entscheiden. Weniger Aufbauprobleme werden Sie aber wohl mit Sicherheit

214 Zu allem *OVG Bremen* NVwZ 1987, 235 ff.

215 Abzulehnen ist in jedem Fall die Ansicht, wonach es sich um eine Durchsetzung des Platzverweises nach Art. 16 PAG handelt. Die Befolgensanordnung in einem Platzverweis ist nämlich auf ein räumliches Verdrängen von einem bestimmten Ort beschränkt und beinhaltet nicht die Verbringung zu einem anderen Ort.

216 *BayObLG* BayVBl. 1990, 347 ff.; offen gelassen von *OVG Bremen* NVwZ 1987, 235 ff.

217 *Berner/Köhler/Käß* Art. 17 Rn. 25.

haben, wenn Sie sich mit einem Erst-Recht-Schluss für Art 17 Abs. 1 Nr. 3 PAG analog entscheiden. Dann können Sie nämlich zuerst prüfen, ob eine Ingewahrsamnahme nach Art. 17 PAG als echte Freiheitsentziehung vorliegt und im Falle der Verneinung schön überleiten zu Art. 17 Abs. 1 Nr. 3 PAG analog als Grundlage des Verbringungsgewahrsams.

VIII. Durchsuchung von Personen und Sachen nach Art. 21 und Art. 22 PAG

169 Art. 21 ff. PAG regeln die Durchsuchung von Personen und Sachen.

Durchsuchung ist das Suchen nach bestimmten Gegenständen.[218]

Die **Durchsuchung von Personen** nach Art. 21 PAG beschränkt sich auf die Suche an der Körperoberfläche einschließlich der natürlichen Körperöffnungen.[219]

Weitergehende körperliche Eingriffe fallen unter den Begriff der Untersuchung, die von Art. 21 PAG nicht erfasst ist[220] und von der Polizei wegen der hohen Eingriffsintensität nur aufgrund spezialgesetzlicher Ermächtigungen (z.B. § 81a StPO) vorgenommen werden können.[218]

Die Durchsuchung nach Art. 21 Abs. 2 PAG dient der Eigensicherung der Polizeibeamten und dem Schutz Dritter, mit denen der Festgehaltene im Gewahrsam in Kontakt kommt.[221]

JURIQ-Klausurtipp

Beliebtes Klausurproblem ist auch die Frage nach der Verhältnismäßigkeit der Durchsuchung. Insbesondere eine Durchsuchung mit einhergehender vollständiger Entkleidung ist nur dann zulässig, wenn Anhaltspunkte dafür bestehen, dass eine Durchsuchung in bekleidetem Zustand nicht ausreichend ist.

170 Art. 21 f. PAG stehen bereits jeweils nach ihrem Wortlaut neben den Fällen des Art. 13 Abs. 2 S. 4 PAG, der die Durchsuchung nur zum Zweck der Identitätsfeststellung zulässt.

JURIQ-Klausurtipp

Regelmäßig werden in Klausuren, in denen Maßnahmen zur Identitätsfeststellung nach Art. 13 PAG getroffen werden, auch Durchsuchungen von Personen und/oder Sachen nach Art. 21 und Art. 22 PAG vorgenommen!

171 Die Tatbestände der Art. 21 Abs. 1 Nr. 3/4 und Art. 22 Abs. 1 Nr. 4/5/6 PAG nehmen dabei auf einzelne Tatbestände des Art. 13 PAG Bezug. Dabei sind im Grundsatz keine weiteren Voraussetzungen für die Durchsuchung erforderlich.

218 *Berner/Köhler/Käß* Art. 21 Rn. 2.
219 VollzB Nr. 21.1.
220 Vgl. zur Abgrenzung von Durchsuchung und Untersuchung *Schenke* Rn. 150.
221 VollzB Nr. 21.3.

JURIQ-Klausurtipp

Da die folgende Problematik relativ gut mit einigen Hinweisen im Sachverhalt und dem Gesetzestext auch ohne Kenntnis der Entscheidung erarbeitet werden kann, eignet sie sich hervorragend für eine Klausur im Staatsexamen!

Im **Falle der Art. 21 Abs. 1 Nr. 3 und Art. 22 Abs. 1 Nr. 4 PAG (Schleierfahndung)** erlaubt der Gesetzeswortlaut eine Durchsuchung allein aufgrund der Tatsache, dass sich die Sache oder Person an den Orten des Art. 13 Abs. 1 Nr. 5 PAG befindet. Die in Art. 13 Abs. 1 Nr. 5 PAG enthaltene weitere Voraussetzung, dass die Polizei „zur Verhütung oder Unterbindung der unerlaubten Überschreitung der Landesgrenze oder des unerlaubten Aufenthalts und zur Bekämpfung grenzüberschreitender Kriminalität" handeln muss, wurde in Art. 21 Abs. 1 Nr. 3 und 22 Abs. 1 Nr. 4 PAG nicht übernommen. Dies führt zu der eigenartigen Konsequenz, dass die Maßnahmen der Durchsuchung, die bei der körperlichen Durchsuchung einen deutlich stärkeren Eingriff in die körperliche Integrität darstellt als die bloße Identitätsfeststellung nach Art. 13 Abs. 1 Nr. 5 PAG den geringeren Voraussetzungen unterliegt. Diesen Widerspruch hat der BayVerfGH mit seiner Entscheidung vom 7.2.2006[222] wie folgt beseitigt: 172

- Sowohl bei Art. 21 Abs. 1 Nr. 3 und 22 Abs. 1 Nr. 4 PAG müssen die **handlungsbegrenzenden Tatbestandselemente** in die Vorschriften hineingelesen werden; die Polizei muss also zu diesen Zwecken (entsprechend den obigen Ausführungen bei Art. 13 Abs. 1 Nr. 5 PAG) handeln.
- Bei der Durchsuchung der mitgeführten Sachen nach Art. 22 Abs. 1 Nr. 4 PAG handele es sich um einen wesentlich intensiveren Grundrechtseingriff, weshalb eine sogenannte **„erhöhte abstrakte Gefahr"** zu fordern sei: Über die in Art. 13 Abs. 1 Nr. 5 PAG genannten Zwecke müssen zusätzliche greifbare Erkenntnisse vorliegen, welche den Schluss auf eine erhöhte Gefahrenlage bezüglich der in Art. 13 Abs. 1 Nr. 5 PAG genannten Straftaten zulassen: Darunter fallen insbesondere Eindrücke und Auffälligkeiten, die die Polizeibeamten bei einer vorangegangenen Identitätsfeststellung gewonnen haben.[223]

IX. Betreten und Durchsuchen von Wohnungen nach Art. 23 PAG

Zur Sicherstellung der Anforderungen des Art. 13 GG, der abschließend alle staatlichen Eingriffe in die Wohnung regelt (vgl. Rn. 155), bestehen insoweit besondere Vorschriften in den Art. 23 f. PAG. Der Begriff der Wohnung wird in Art. 23 Abs. 1 S. 2 PAG erläutert. 173

Die **Durchsuchung** ist das ziel- und zweckgerichtete Suchen nach Personen oder Sachen oder die Ermittlung einer Gefahrenquelle in einer Wohnung.[224]

222 *BayVerfGHE* 56, 28 sowie *Schenke* Rn. 151.

223 Vgl. zu allem *Berner/Köhler/Käß* Art. 22 Rn. 3 und *Berner/Köhler/Käß* Art. 21 Rn. 6, wo noch mal klargestellt wird, dass bei der Personendurchsuchung anders als bei der Sachdurchsuchung keine erhöhte abstrakte Gefahr erforderlich ist.

224 *Schenke* Rn. 152 sowie VollzB Nr. 23.2.

Die Befugnis zum Betreten erfasst die Befugnis, von Personen, Sachen und Zuständen, die ohne jeglichen Aufwand wahrgenommen werden können, Kenntnis zu nehmen[225] (also i.S. einer Umschau der Polizei).

Dabei ist bei den einzelnen Absätzen des Art. 23 PAG immer genau zu lesen, ob sie eine Durchsuchung und ein Betreten (oder nur eines von beiden) zulassen.

Das Eindringen in eine Wohnung mittels technischer Hilfsmittel (sogenannter Lauschangriff) ist dagegen in Art. 34 PAG geregelt.[226]

X. Sicherstellung nach Art. 25 PAG

174 Art. 25 PAG ermöglicht die Sicherstellung von Sachen durch die Polizei. Unter den Begriff der Sachen fallen auch Tiere.[227]

Die **Sicherstellung** ist die Begründung eines öffentlich-rechtlichen Verwahrungsverhältnisses durch Sicherstellungsanordnung (welche einen Verwaltungsakt i.S.d. Art. 35 S. 1 BayVwVfG darstellt) und deren Vollzug durch Realakt.

Nach allgemeinen Grundsätzen stellt die Sicherstellung auf eine freiwillige Herausgabe der Sache durch den Bürger ab. Die zwangsweise Sicherstellung wird allgemein als Beschlagnahme bezeichnet, eine solche Regelung ist im PAG aber nicht enthalten, weshalb dieser Fall über die allgemeinen Vorschriften des polizeilichen Zwangs zu lösen sind.

Art. 25 PAG ermöglicht auch gerade zum Erlass einer Aufforderung durch die Polizei, die Sache herauszugeben,[228] sogenannte Herausgabeverfügung. Der Normalfall des Art. 25 PAG, den der Gesetzgeber geregelt hat, läuft so ab, dass der Betroffene nach der Herausgabeverfügung die Sache freiwillig herausgibt.

Sollte der Bürger dagegen die Herausgabe der Sache verweigern oder behindern, kann die Polizei die Herausgabeverfügung nach Art. 53 Abs. 1 PAG vollstrecken.[228]

Hinweis

Nach überzeugender Ansicht des BayVGH ist auch eine unmittelbare Ausführung der Sicherstellung nach Art. 9 PAG möglich[229] (siehe dazu bei den Sekundärmaßnahmen bei der Abgrenzung von Sofortvollzug nach Art. 53 Abs. 2 PAG und unmittelbarer Ausführung nach Art. 9 PAG Rn. 206 ff.).

225 VollzB Nr. 23.1.

226 Nach *Becker/Heckmann/Kempen/Manssen* Teil 3 Rn. 387 erfordert bereits die Begriffsdefinition des Betretens und Durchsuchens eine körperliche Anwesenheit der Polizei in der Wohnung.

227 *Berner/Köhler/Käß* vor Art. 25 Rn. 9.

228 *Becker/Heckmann/Kempen/Manssen* Teil 3 Rn. 398.

229 *Berner/Köhler/Käß* vor Art. 9 Rn. 3 und *Berner/Köhler/Käß* Art. 9 Rn. 3.

1. Die einzelnen Tatbestände des Art. 25 PAG

Art. 25 Nr. 1 PAG fordert eine gegenwärtige Gefahr. Mit dem Begriff der Gefahr ist eine konkrete Gefahr gemeint. Die Gefahr ist gegenwärtig, wenn die Einwirkung des schädigenden Ereignisses bereits begonnen hat oder unmittelbar bevorsteht.[230] 175

Darunter fällt z.B. das betriebsbereite Mitführen sogenannter Radarwarngeräte, deren *betriebsbereite Mitführung* nach § 23 Abs. 1b StVO eine Ordnungswidrigkeit darstellt. Unerheblich ist dabei, wenn der Fahrer behauptet, das Gerät nicht zu benutzen, da § 23 Abs. 1b StVO bereits auf das betriebsbereite Mitführen und nicht auch das tatsächliche Betreiben abstellt.[231]

Hinweis

Interessant an der Entscheidung des BayVGH[232] ist noch folgender Aspekt: Der Fahrer hatte das Radarwarngerät auf den Armaturenbrett des PKW befestigt, ein Adapterkabel für den Stromanschluss im Auto war aber nicht angeschlossen und auch im Auto des Fahrers nicht auffindbar. Der BayVGH stellt dazu fest:

Eine Ordnungswidrigkeit habe der Fahrer mangels Betriebsbereitschaft des Gerätes nicht begangen.

Gleichwohl habe aber eine Gefahr i.S.d. PAG vorgelegen: Ausreichend sei dabei, dass das Gerät kurzfristig in einen betriebsbereiten Zustand durch Besorgung und Anschluss eines Adapterkabels versetzt werden könne. Der Fahrer habe durch die Befestigung im Armaturenbereich des KFZ deutlich zu erkennen gegeben, dass er dieses Gerät im Straßenverkehr einsetzen will.

Art. 25 Nr. 2 PAG dient dem Schutz privater Rechte und fordert keine konkrete Gefahr. Ausreichend ist vielmehr, dass bei Nichteingreifen Verlust oder Beschädigung wahrscheinlich sind.[233] 176

Art. 25 Nr. 3 PAG erfordert ebenfalls keine konkrete Gefahr. Der Wortlaut „verwenden *kann*" zeigt, dass das Gesetz selbst die abstrakte Möglichkeit der Verwendung genügen lässt. Erforderlich ist aber, dass eine Person rechtmäßig festgehalten wird.[234] Erfasst sind insbesondere Waffen und Werkzeuge jeder Art, auch Gürtel, Nadeln, Rasierklingen, Ausweispapiere und Geld.[235] 177

230 *Berner/Köhler/Käß* Art. 25 Rn. 3 und VollzB Nr. 10.2.

231 *Berner/Köhler/Käß* Art. 25 Rn. 3; Zur Vertiefung: Abzugrenzen ist dieser Fall vom zulässigen Transport von Radarwarngeräten; Hintergrund ist Europarecht; in einigen europäischen Ländern ist der Betrieb solcher Warngeräte nicht verboten, weshalb aufgrund der Warenverkehrsfreiheit der bloße Transport zulässig ist: ob ein solcher vorliegt, wird nach äußeren Indizien zu beurteilen sein: Gerät verpackt? Aufbewahrung im Kofferraum oder Fahrerbereich?

232 *BayVGH* DÖV 2008, 426 f.

233 *Berner/Köhler/Käß* Art. 25 Rn. 21.

234 *Berner/Köhler/Käß* Art. 25 Rn. 25 und VollzB Nr. 25.4.

235 VollzB Nr. 25.4.

2. Verfahrensvorschriften nach Art. 26–28 PAG

178 Durch die Begründung der Verfügungsgewalt durch die Polizei kommt es dabei in jedem Fall automatisch zu der Begründung eines öffentlich-rechtlichen Verwahrungsverhältnisses i.S.d. Art. 26 PAG. Diese stellt eine öffentlich-rechtliche Sonderverbindung dar, auf die grundsätzlich die §§ 688 ff. BGB (mit Ausnahme des § 690) analoge Anwendung finden.[236] Diese löst eine Reihe von Verhaltenspflichten nach Art. 26 PAG aus. Die Bescheinigung nach Art. 26 Abs. 2 S. 1 PAG ist kein eigenständiger Verwaltungsakt;[237] die Vorschrift ist zudem bloße Ordnungsvorschrift, die Verletzung führt also nicht zur Rechtswidrigkeit der Sicherstellung.

Art. 27 PAG regelt die Verwertung und Vernichtung von sichergestellten Sachen; Alternative wäre das erneute In-Verkehr-Bringen der Sachen. Die Anordnung der Verwertung/Vernichtung ist ein Verwaltungsakt.[238] Die Vornahme derselben stellt lediglich einen Realakt dar.

179 Erledigung tritt bei der Sicherstellung nicht bereits mit Ingewahrsamnahme der Sache ein, sondern erst mit dessen Rückgabe an den Berechtigten. Vor der Rückgabe bleibt die Sicherstellung Rechtsgrund für das Behaltendürfen der Sache, es ist mit der Anfechtungsklage nach § 113 Abs. 1 S. 1 VwGO vorzugehen; als Anwalt ist deshalb in der Klausur an den Annexantrag nach § 113 Abs. 1 S. 2 VwGO auf Herausgabe der Sache zu denken.

Art. 28 PAG zeigt diese Eigenschaft der Sicherstellung als Dauerverwaltungsakt deutlich. Nach Art. 28 Abs. 1 S. 1 PAG sind die Sachen an denjenigen herauszugeben, bei dem sie sichergestellt wurden, sobald die Voraussetzungen für die Sicherstellung weggefallen sind.

JURIQ-Klausurtipp

Eine Sicherstellung kann also zunächst rechtmäßig erfolgt sein, später aber rechtswidrig geworden sein (was dann in der Klausur auch in der Zweistufigkeit zu prüfen ist: 1. Rechtmäßigkeit der Sicherstellung; 2. nachträgliche Rechtswidrigkeit der Sicherstellung wegen Entfallen der Voraussetzungen). Vgl. hierzu den folgenden Übungsfall 1 (sog. **Liegefahrradentscheidung**).

236 *Berner/Köhler/Käß* Art. 26 Rn. 7.
237 *Berner/Köhler/Käß* Art. 26 Rn. 6.
238 *Berner/Köhler/Käß* Art. 27 Rn. 4.

3. Übungsfall Nr. 1[239]

„Das sichergestellte Liegefahrrad“ 180

Anton Alt (A) ist Eigentümer eines sogenannten Liegefahrrads. Dabei handelt es sich im Grundsatz um ein gewöhnliches Fahrrad, dass durch Treten der Pedale fortbewegt wird. Der Fahrer befindet sich aber nicht aufrecht sitzend auf dem Sattel, sondern in einer annähernd auf dem Rücken liegenden Position. Zudem besitzt es eine Kunststoffverkleidung. Dies hat zum einen zur Folge, dass es bei Wind schwieriger zu beherrschen ist als ein normales Fahrrad, andererseits aber deutlich höhere Geschwindigkeiten (bis zu 55 km/h) erreichen kann. A hat es sich deshalb angewöhnt, nicht die Radwege, sondern die Straße zum Fahren mit dem Rad zu verwenden. Dabei stören ihn auf den Radwegen insbesondere die deutlich langsameren anderen Radfahrer. Deshalb hat er bereits Bußgeldbescheide aufgrund Verstoßes gegen §§ 2 Abs. 4 S. 2, 49 Abs. 1 Nr. 2 StVO i.V.m. § 24 StVG erhalten.[240] Am 15.5.2012 war er abends wiederum mit seinem Liegefahrrad auf der Straße unterwegs, obwohl parallel zur Straße ein gekennzeichneter Radweg verlief.

A wurde durch zwei Polizeibeamte der Polizeiinspektion Augsburg angehalten, die A bereits in der Vergangenheit mit seinem Liegefahrrad angehalten hatten. Diese eröffneten ihm, dass ein erneutes Bußgeldverfahren eingeleitet werde; zudem ermahnten sie ihn, ab sofort nur auf dem Radweg zu fahren, andernfalls müssten sie das Fahrrad sicherstellen. A entgegnete, dass er „derartiges Unrecht als freier Bürger nicht einsehe“ und er weiterhin auf der Straße fahren werde.

Daraufhin erklärten die Polizeibeamten ohne Aushändigung einer Bescheinigung das Rad für sichergestellt. Gegen den Widerstand des sich wehrenden A nahmen sie das Rad mit Gewalt an sich.

Am 10.7.2012 erhielt A einen Bescheid der Stadt Augsburg als Sicherheitsbehörde, wonach ihm aufgegeben wurde, mit seinem Liegefahrrad ausschließlich gekennzeichnete Radwege zu benutzen und bei Verstoß die Verhängung eines Zwangsgeldes angedroht wurde.

Gegen die bereits am 15.5.2012 erfolgte Sicherstellung des Liegerads bringt A Folgendes vor: § 2 Abs. 4 S. 2 StVO gelte nach Sinn und Zweck nicht für sein Liegefahrrad, da dieses aufgrund der erreichbaren Geschwindigkeiten von über 50 km/h keine Behinderung des Straßenverkehrs darstellt. Ansonsten läge zudem eine Ungleichbehandlung mit Mofa-Fahrern vor.

Zudem sei die lang andauernde Sicherstellung sinnlos, da er sich in der Zwischenzeit bereits mehrmals von einem Bekannten ein Liegerad ausgeliehen habe und mit diesem auf Straße gefahren sei.

Bearbeitervermerk: Prüfen Sie in einem Gutachten (nur) die Rechtmäßigkeit der polizeilichen Sicherstellung vom 15.5.2012.

(Die Rechtmäßigkeit der zwangsweisen Vollziehung wird als Übungsfall 2 bei den Ausführungen zur polizeilichen Sekundärmaßnahme behandelt Rn. 219 ff.)

239 Der Fall beruht auf der sogenannten **Liegefahrradentscheidung des VGH Mannheim** (= VBlBW 2001, 100 ff.).

240 Nach § 2 Abs. 4 S. 2 StVO müssen Radfahrer zwingend Radwege benutzen, wenn diese durch die entsprechenden Zeichen als solche deklariert sind.

181 **Lösung**[241]

A. Rechtmäßigkeit der Sicherstellung am 15.5.2012

Die Sicherstellung vom 15.5.2012 müsste formell und materiell rechtmäßig sein.

I. Formelle Rechtmäßigkeit

Zunächst müsste die Sicherstellung formell rechtmäßig sein.

1. Sachliche und örtliche Zuständigkeit

Die Polizeibeamten müssten sachlich und örtlich zuständig gewesen sein. Mit den beiden Polizeibeamten hat mangels entsprechender anderweitiger Angaben die Vollzugspolizei i.S.d. Art. 1 PAG gehandelt. Diese war nach Art. 2 Abs. 1, 3 PAG zuständig, wenn eine abstrakte Gefahr für die öffentliche Sicherheit und Ordnung vorlag und die Abwehr durch eine andere Behörde nicht oder nicht rechtzeitig möglich war.

Da der A entgegen § 2 Abs. 4 S. 2 StVO als Radfahrer nicht den gekennzeichneten Radweg benutzte, war nach der für die Feststellung einer abstrakten Gefahr erforderlichen typisierten Betrachtungsweise die Begehung einer Ordnungswidrigkeit i.S.d. §§ 2 Abs. 4 S. 2, 49 Abs. 1 Nr. 2 StVO i.V.m. § 24 StVG zu befürchten und demnach die öffentliche Sicherheit in Form der Unversehrtheit der objektiven Rechtsordnung betroffen. Eine sofortige Gefahrenabwehr durch eine andere Behörde (Sicherheitsbehörde) nach Art. 3 PAG war nicht möglich, da der A angab, direkt weiterhin mit dem Liegefahrrad fahren zu wollen.

In örtlicher Hinsicht ergibt sich aus Art. 3 Abs. 1 POG die Allzuständigkeit im gesamten Gebiet des Freistaats Bayern.

2. Verfahren und Form

Im Hinblick auf Verfahren und Form sind keine Probleme ersichtlich. Zwar wurde dem A entgegen Art. 26 Abs. 2 S. 1 PAG keine Bescheinigung ausgestellt, die den Grund der Sicherstellung erkennen lässt und die sichergestellten Sachen bezeichnet. Aus den Vorschriften der Art. 26 Abs. 2 S. 2, 3 PAG, der im Einzelfall auch eine bloße Benachrichtigung ausreichen lässt, wird nach allgemeiner Ansicht abgeleitet, dass es sich bei Art. 26 Abs. 2 S. 1 PAG um eine bloße Ordnungsvorschrift handelt, deren Verletzung nicht zur Rechtswidrigkeit der polizeilichen Maßnahme führt.

Eine Anhörung i.S.d. Art. 28 Abs. 1 BayVwVfG kann man in der Aufforderung zur Herausgabe des Liegefahrrads nicht sehen, da A hiermit nicht die Gelegenheit gegeben wurde, durch seine Stellungnahme auf das Handeln der Polizeibeamten einzuwirken. Da die Voraussetzungen nach Art. 28 Abs. 2 Nr. 1 BayVwVfG gegeben waren, war eine Anhörung jedoch entbehrlich.

II. Materielle Rechtmäßigkeit

Die Sicherstellung müsste weiterhin auch in materieller Hinsicht rechtmäßig sein.

1. Befugnis und Tatbestand der Befugnisnorm

Nach Art. 25 Nr. 1 PAG kann die Polizei eine Sache sicherstellen, um eine gegenwärtige Gefahr abzuwehren. Insoweit ist eine durch Betrachtung des konkreten Einzelfalls zu bestimmende konkrete Gefahr erforderlich. Darunter versteht man einen Zustand, der nach verständigem Ermessen in näherer Zeit den Eintritt einer Störung der öffentlichen Sicherheit und Ordnung (insbesondere eines Schadens) mit Wahrscheinlichkeit erwarten lässt. Der Begriff der gegenwärtigen Gefahr stellt dabei maßgeblich auf den zeitlichen Faktor ab und fordert eine bereits eingetretene oder unmittelbar bevorstehende Gefahr.

Insoweit stellt sich die Frage, ob A tatsächlich gegen den Tatbestand der Ordnungswidrigkeit nach §§ 2 Abs. 4 S. 2, 49 Abs. 1 Nr. 2 StVO i.V.m.

241 Rechtsschutz wäre vorliegend nach den oben (Rn. 119) bereits dargestellten Erläuterungen mit der Anfechtungsklage und nicht mit der Fortsetzungsfeststellungsklage zu erlangen, da eine Erledigung der Sicherstellung erst mit der Rückgabe des Liegerads an den A eintreten würde.

§ 24 StVG verstoßen hat. Diese Regelungen richten sich nach § 2 Abs. 4 S. 1 StVO an Radfahrer. Fraglich ist, ob A mit seinem Liegerad unter den Begriff des Radfahrers fällt oder aufgrund der erreichbaren hohen Geschwindigkeiten nicht mehr als Radfahrer i.S.d. StVO anzusehen ist. Der Begriff des Radfahrers ist in der StVO und dem StVG nicht definiert. Allgemein als charakteristisch für ein Fahrrad ist dabei jedoch der Antrieb mittels Pedalen, also menschlicher Muskelkraft. Demgegenüber werden Kraftfahrzeuge durch Maschinenkraft angetrieben. Insofern fällt auch das Liegefahrrad des A unter die Regelung des § 2 Abs. 4 S. 2 StVO, da dieses ebenfalls durch Muskelkraft betrieben wird. Dies passt auch vor dem Hintergrund des Sinns und Zwecks der Regelung. Fahrräder sollen gekennzeichnete Radwege benutzen, da sie potentiell geeignet sind, den Straßenverkehr zu behindern. Zum einen können diese das Fahrrad nicht in der gleichen Weise im Hinblick auf eine konstante gerade Fahrlinie kontrollieren, da sie aufgrund des geringen Gewichts und der Bauweise insbesondere für Windstöße oder bei Steigungen anfälliger sind. Zum anderen ist bei einem Antrieb durch Muskelkraft die dauerhafte Einhaltung einer konstanten Geschwindigkeit nicht gleichermaßen gewährleistet wie bei einem Antrieb durch Motorkraft.

Aus diesen Gründen scheidet auch das Argument einer Ungleichbehandlung mit Mofa-Fahrern aus. Aufgrund der unterschiedlichen Antriebskraft stellen beide Fortbewegungsmittel bereits keinen vergleichbaren Sachverhalt dar.

Da nach alledem auch bereits der Tatbestand der Ordnungswidrigkeit nach §§ 2 Abs. 2 S. 2, 49 Abs. 1 Nr. 2 StVO i.V.m. § 24 StVG durch das Verhalten des A erfüllt war, war auch die erforderliche Gegenwärtigkeit der Gefahr gegeben.

2. Verantwortlichkeit

A war als Fahrer des Liegefahrrads nach der Theorie der unmittelbaren Verursachung Verhaltensverantwortlicher nach Art. 7 Abs. 1 PAG.

3. Grundsatz der Verhältnismäßigkeit und ordnungsgemäße Ermessensausübung (polizeiliche Handlungsgrundsätze)

Letztlich müssten die polizeilichen Handlungsgrundsätze gewahrt worden sein. Da A bereits in der Vergangenheit Bußgeldbescheide erhalten hat und angekündigt hat, dass er weiterhin auf der Straße fahren werde, war die Sicherstellung nicht unverhältnismäßig i.S.d. Art. 4 PAG. Zudem wurde diese durch die Polizeibeamten zuvor angedroht.

Aus demselben Grund liegen auch keine gerichtlich nachprüfbaren Ermessensfehler i.S.d. Art. 5 PAG i.V.m. Art. 40 BayVwVfG und § 114 VwGO vor. Unerheblich ist dabei insbesondere der Einwand des A, die Sicherstellung sei sinnlos, da er trotzdem weiterhin mit von Bekannten ausgeliehenen Liegefahrrädern am Straßenverkehr teilnehmen könne. Bei der Sicherstellung handelt es sich um einen Dauerverwaltungsakt, der nicht nur die Rechtslage zu einem bestimmten punktuellen Zeitpunkt regelt, sondern fortlaufend eine rechtliche Regelung trifft. Insoweit kann eine Sicherstellung (nachträglich) rechtswidrig werden (dazu sogleich mehr). Dies ändert aber nichts daran, dass diese im Zeitpunkt der Sicherstellung zunächst eine geeignete Maßnahme zur Abwehr der Gefahr war, da der A angab, er wolle weiterhin auf der Straße fahren und der Anweisung der Beamten, den Radweg zu benutzen, keine Folge leisten werde.

Zwischenergebnis

Nach alledem erweist sich die Vornahme der Sicherstellung am 15. Mai 2012 zunächst als rechtmäßig.

B. Nachträgliche Rechtswidrigkeit der Sicherstellung

Die Sicherstellung stellt einen Dauerverwaltungsakt dar, der die Rechtslage fortlaufend regelt. Diese Rechtsnatur bringt es mit sich, dass derselbe auch nachträglich rechtswidrig werden kann. Diesen Charakter unterstreicht dabei auch die Regelung des Art. 28 Abs. 1 S. 1 PAG, wonach eine sichergestellte Sache zurückzugeben ist, sobald die Voraussetzungen für die Sicherstellung weggefallen sind. Dieser Fall könnte im vorliegenden Fall bereits mit dem Zeitpunkt eingetreten sein, als A am 15.5.2012 sein anvisiertes Ziel erreicht hatte, da man dann bereits an der Gegenwärtigkeit der Gefahr zweifeln könnte.

Der Begriff der Gegenwärtigkeit fordert – wie oben bereits ausgeführt – eine unmittelbar bevorstehende oder bereits eingetretene Gefahr. Zwar hatte A angekündigt, dass er weiterhin mit dem Liegefahrrad auf der Straße fahren werden; insofern scheint die Bejahung einer Gegenwärtigkeit unproblematisch. Andererseits muss man bedenken, dass ein Verstoß denknotwendig zum einen voraussetzt, dass A sich überhaupt fortbewegen will[242] und zum anderen erfordert, dass an der entsprechenden Fahrstrecke auch ein gekennzeichneter Radweg vorhanden ist, den A dann zu benutzen hätte.

Als ausreichend zur Bejahung der Gegenwärtigkeit der Gefahr wird es dabei aber angesehen, wenn diese zwar nicht sofort eintreten wird, aber gerade ein sofortiges Eingreifen durch die Polizei nötig ist, um weitere Verstöße zu verhindern. Dieser Ansatz ist überzeugend, da es unter dem Gesichtspunkt der Gefahrenabwehr nicht zumutbar erscheint, dass die Polizei zunächst den (sehr wahrscheinlichen) nächsten Zeitpunkt der Begehung der Ordnungswidrigkeit durch A abwarten muss, um wieder einschreiten zu können. Denn die Aufgabe der Polizei bei Maßnahmen aufgrund des PAG liegt schließlich gerade in der vorbeugenden Gefahrenabwehr für die Zukunft, also vorliegend in der Verhinderung der Begehung weiterer Ordnungswidrigkeiten durch A.

Gerade unter dem Gesichtspunkt des Erfordernisses der Eilkompetenz nach Art. 3 PAG könnte eine über mehrere Monate andauernde Sicherstellung vorliegend aufgrund Verstoßes gegen Art. 4 Abs. 3 PAG unverhältnismäßig sein. Danach ist eine Maßnahme nur so lange zulässig, bis ihr Zweck erreicht ist oder sich zeigt, dass er nicht erreicht werden kann.

Entscheidend ist dabei, dass die Ursache der Verkehrsverstöße nicht in der Beschaffenheit des Liegefahrrads, sondern in dem Verhalten des A liegt. Ohne entsprechende Benutzung durch den A ist der Verkehrsverstoß nicht möglich.

(Allein) eine Sicherstellung des Liegefahrrads ist dabei auf lange Sicht keine sinnvolle Maßnahme. Spätestens wenn sich A von einem Bekannten ein anderes Liegefahrrad ausleiht und mit diesem wiederum auf der Straße fährt, zeigt sich, dass dauerhaft durch eine Sicherstellung des Liegefahrrads der intendierte Zweck der Maßnahme (Verhinderung von entsprechenden Verstößen durch A) i.S.d. Art. 4 Abs. 3 PAG nicht erreicht werden kann. Zur dauerhaften Unterbindung muss vielmehr auf das Verhalten des A eingewirkt werden, wie es auch durch den sicherheitsrechtlichen Bescheid vom 10.7.2012 erfolgt war.

Dabei handelt es sich zum einen um die Maßnahme, die auf lange Sicht allein geeignet ist, den Zweck i.S.d. Art. 4 Abs. 3 PAG zu erreichen; zum anderen stellt sie sich auch gegenüber einer dauerhaften Sicherstellung des Liegefahrrads als die mildere Maßnahme dar.

Die Polizei hätte daher zur Wahrung der Verhältnismäßigkeit auf eine entsprechende Maßnahme der Sicherheitsbehörde hinwirken müssen, die letztlich ja auch erlassen wurde. Zum eigenen Erlass einer Benutzungsuntersagung an A fehlt der Polizei aufgrund der fehlenden Eilzuständigkeit nach Art. 3 PAG die Zuständigkeit.

Wann die Sicherstellung nach diesen Grundsätzen nachträglich rechtswidrig wurde, hängt von den Umständen des Einzelfalls ab, insbesondere von der Frage, wie lange die Polizei tatsächlich braucht, um auf den Erlass entsprechender Maßnahmen der Sicherheitsbehörden hinzuwirken. (Im Originalfall hatte der VGH Mannheim einen Zeitpunkt von zwei Wochen als angemessen angesehen.).

242 Deshalb wurde in zeitlicher Hinsicht für den Ansatz der nachträglichen Rechtswidrigkeit der Zeitpunkt am 15.5.2012 gewählt, an dem der A sein ursprünglich anvisiertes Ziel erreicht hätte, da er dann (zumindest zunächst) nicht mehr weiterfahren musste.

Ergebnis

Nach einem Zeitraum von zwei Wochen[243] ist die Sicherstellung nachträglich unverhältnismäßig und damit rechtswidrig geworden. Damit war das Liegefahrrad zu diesem Zeitpunkt nach Art. 28 Abs. 1 S. 1 PAG an den A herauszugeben.

Online-Wissens-Check

Wo ist die sogenannte Schleierfahndung im bayerischen Polizeirecht geregelt?

Überprüfen Sie jetzt online ihr Wissen zu den in diesem Abschnitt erarbeiteten Themen. Unter **www.juracademy.de/skripte/login** steht Ihnen ein Online-Wissens-Check speziell zu diesem Skript zur Verfügung, den Sie mit dem Zugangscode auf der letzten Seite kostenlos nutzen können.

243 A.A. ohne weiteres in jede Richtung vertretbar; allein entscheidend ist, dass das Problem erkannt ist, dass eine Sicherstellung dauerhaft nicht zur Erreichung des intendierten Maßnahmeziels geeignet ist.

D. Die polizeiliche Sekundärmaßnahme (Vollstreckung durch die Polizei)

I. Begriff und Arten der Vollstreckung

182 Sofern der Bürger den angeordneten Maßnahmen der Polizei nicht nachkommt, stellt sich die Frage ihrer zwangsweisen Durchsetzung als sogenannte Ebene polizeilicher Sekundärmaßnahmen.

Ausgehend von Art. 53 PAG kann man im Polizeirecht zwei Arten der Vollstreckung unterscheiden. Die sogenannte zweistufige Vollstreckung nach Art. 53 Abs. 1 PAG zeichnet sich dadurch aus, dass der Zwangsanwendung zunächst eine polizeiliche Primärmaßnahme vorausgegangen ist. Dagegen erfasst die sogenannte einstufige Vollstreckung nach Art. 53 Abs. 2 PAG den Fall, dass eine Zwangsanwendung ohne den vorherigen Erlass einer Primärmaßnahme erfolgt.

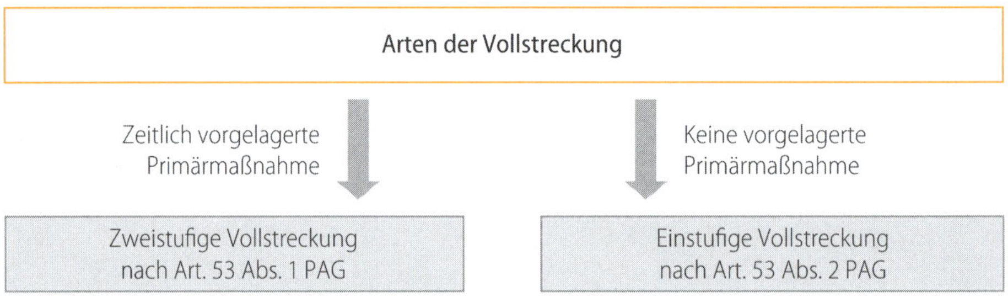

II. Systematischer Überblick über die Art. 53–69 PAG

183 Die Regelungen finden sich mit Ausnahme des Sonderfalls der Vollstreckungshilfe (vgl. dazu oben) in den Art. 53 ff. PAG, die für polizeiliche Maßnahmen spezielle Regelungen darstellen (vgl. Art. 18 Abs. 2 BayVwZVG). Die Art. 53–59 PAG regeln dabei die Vollstreckung zur Erzwingung von Handlungen, Duldungen und Unterlassungen. Die drei zulässigen Zwangsmittel, welche der Polizei zur Wahl stehen, sind in Art. 54 Abs. 1 PAG geregelt: Möglich sind Ersatzvornahme – welche in Art. 55 PAG definiert wird – sowie die Verhängung eines Zwangsgeldes gemäß Art. 56 PAG und die Anwendung unmittelbaren Zwangs nach Art. 58 PAG.

Sofern die Polizei dabei die Anwendung unmittelbaren Zwangs als Vollstreckungsmittel wählt, werden aufgrund der damit verbundenen besonderen Intensität des Grundrechtseingriffs in den Art. 60 ff. PAG zusätzlich spezielle Regelungen für die Anwendung unmittelbaren Zwangs aufgestellt.

JURIQ-Klausurtipp

Da das Zwangsgeld nach Art. 56 Abs. 1, 2 PAG mit einer angemessenen Frist zur Zahlung festgesetzt wird und damit mit einem erheblichen Zeitverlust einhergeht, entfaltet es in den polizeirechtlichen Klausuren wenig Bedeutung.
Ganz anders ist dies dagegen in den sicherheitsrechtlichen Klausuren, bei denen das Zwangsgeld das häufigste Vollstreckungsmittel ist.

III. Rechtsnatur der polizeilichen Vollstreckungsmaßnahmen (oder Sekundärmaßnahmen)

Wie auch im allgemeinen Vollstreckungsrecht geht das Gesetz im Polizeirecht im Regelfall von einer der Anwendung des Zwangs vorgeschalteten Androhung aus (Art. 54 Abs. 2 PAG). Diese Androhung stellt einen Verwaltungsakt i.S.d. Art. 35 S. 1 BayVwVfG dar.[244] **184**

Anders als im allgemeinen Vollstreckungsrecht geht die h.M. im Polizeirecht aber auch bei der Anwendung selbst von einem Verwaltungsakt i.S.d. Art. 35 S. 1 BayVwVfG aus.[245] Während dies beim Zwangsgeld aufgrund dessen schriftlicher Festsetzung nach Art. 56 Abs. 1 PAG relativ eindeutig[246] ist, bedarf es bei der Ersatzvornahme und des unmittelbaren Zwangs, die als unmittelbarer Zugriff erfolgen, eines größeren Begründungsaufwands. Das BVerwG und ihm folgend die allgemeine Meinung in Rechtsprechung und Literatur gehen davon aus, dass jeder Zwangsanwendung der Polizei eine konkludente Duldungsanordnung innewohne, die gleichzeitig mit der Anwendung einhergehe, den Betroffenen zur Duldung der Zwangsmaßnahme verpflichte und deshalb als Verwaltungsakt i.S.d. Art. 35 S. 1 BayVwVfG anzusehen sei.[247]

Die Zwangsmittel verfolgen dabei zum einen das Ziel, einen entgegenstehenden Willen des Betroffenen zu brechen **(Beugefunktion)** und zum anderen den rechtstreuen Zustand durch zwangsweise Vornahme des geforderten Handelns herzustellen **(Realisierungsfunktion)**. **185**

IV. Die zweistufige Vollstreckung nach Art. 53 Abs. 1 PAG

1. Prüfung der Rechtmäßigkeit der zweistufigen Vollstreckung in der Klausur

Die Rechtmäßigkeit der Vollstreckung unterliegt den folgenden Voraussetzungen. Auf der Ebene der materiellen Rechtmäßigkeit hat es sich bei der Vollstreckung eingebürgert, zwischen allgemeinen Vollstreckungsvoraussetzungen (Grundvoraussetzungen für jede Art der Vollstreckung) und besonderen Vollstreckungsvoraussetzungen (spezielle Anforderungen für die einzelnen Zwangsmittel) zu unterscheiden. **186**

244 *Berner/Köhler/Käß* Art. 59 Rn. 5; *Berner/Köhler/Käß* Art. 58 Rn. 8.
245 Vgl. *Schenke* Rn. 546.
246 *Berner/Köhler/Käß* Art. 56 Rn. 3.
247 *Berner/Köhler/Käß* Art. 58 Rn. 8.

PRÜFUNGSSCHEMA

Prüfung der Rechtmäßigkeit der „zweistufigen" Vollstreckung nach Art. 53 Abs. 1 PAG

I. Formelle Rechtmäßigkeit
1. Sachliche Zuständigkeit der Polizei nach Art. 53 Abs. 1 PAG i.S.d. Art. 1 PAG
2. Örtliche Zuständigkeit nach Art. 3 Abs. 1 POG
3. Verfahren/Form: Anhörung nach Art. 28 Abs. 1 BayVwVfG: nach Art. 28 Abs. 2 Nr. 5 BayVwVfG entbehrlich

II. Materielle Rechtmäßigkeit
1. Allgemeine Vollstreckungsvoraussetzungen (Art. 53 Abs. 1 PAG)
   a) Verwaltungsakt der Polizei (= Primärmaßnahme)
   b) auf die Vornahme einer Handlung oder auf Duldung oder Unterlassen gerichtet
   c) Vollziehbarkeit des Verwaltungsakts
   d) Rechtmäßigkeit des Verwaltungsakts
      Grundsatz der Konnexität Rn. 191
   e) Nichterfüllung der Verpflichtung
   f) Fortdauer der Gefahrenlage
   g) Verhältnismäßigkeit (Zwang als solcher)
   h) Ordnungsgemäße Ermessensausübung (Zwang als solcher)
2. Besondere Vollstreckungsvoraussetzungen (Art. 54 ff. PAG)
   a) Androhung eines bestimmten Zwangsmittels (Art. 54 Abs. 2 PAG)
   b) Besondere Voraussetzungen des angedrohten Zwangsmittels
   c) Verhältnismäßigkeit bezüglich Auswahl und Anwendung des konkreten Zwangsmittels
   d) Ordnungsgemäße Ermessensausübung bezüglich Auswahl und Anwendung des konkreten Zwangsmittels

JURIQ-Klausurtipp

Bei diesem dargestellten Aufbauschema werden alle denkbaren Prüfungspunkte aufgeführt. In der Klausur sollten Sie aber wirklich nur zu den Punkten ausführlich werden, die im Einzelfall auch problematisch sind. Sofern z.B. keine Probleme im Hinblick auf die Nichterfüllung der Verpflichtung und die Fortdauer der Gefahrenlage bestehen, reicht hierzu eine kurze Feststellung bzw. je nach Klausurtyp (Urteil!) können Ausführungen auch ganz entbehrlich sein. Die Erfahrung der Verfasser zeigt dabei auch, dass es sich bei der Überprüfung einer Sekundärmaßnahme sehr oft um einen bloßen Annex in der Klausur handelt, die keinen besonderen Schwerpunkt bildet.

» Die Anforderungen der formellen Rechtmäßigkeit spielen nach der Erfahrung der Verfasser regelmäßig kaum eine Rolle! «

2. Formelle Rechtmäßigkeit der Vollstreckungsmaßnahme

187 Wie jede Maßnahme, die auf ihre Rechtmäßigkeit überprüft werden muss, hat auch die Vollstreckungsmaßnahme der Polizei im Rahmen der zweistufigen Vollstreckung den Anforderungen der formellen Rechtmäßigkeit mit den allgemeinen Unterpunkten der Zuständigkeit, des Verfahrens und der Form zu genügen.

Sachlich zuständig ist nach Art. 53 Abs. 1 PAG i.V.m. Art. 1 PAG wiederum die Polizei im eingeschränkt institutionellen Sinne, also die Vollzugsbeamten. In örtlicher Hinsicht ergibt sich aus Art. 3 Abs. 1 POG wiederum die Allzuständigkeit im gesamten Freistaat Bayern.

Hinsichtlich des Verfahrens ist zu beachten, dass die grundsätzlich erforderliche Anhörung gemäß Art. 28 Abs. 1 BayVwVfG bei Vollstreckungsmaßnahmen nach Art. 28 Abs. 2 Nr. 5 BayVwVfG entbehrlich ist.

3. Materielle Rechtmäßigkeit der Vollstreckungsmaßnahme

Die materielle Rechtmäßigkeit der Vollstreckungsmaßnahme wird nicht nach den allgemeinen Regeln mit den Anforderungen einer Rechtsgrundlage oder Befugnis usw. geprüft. Bei der Vollstreckung haben sich insoweit eigenständige Prüfungspunkte eingebürgert. Eine Vollstreckungsmaßnahme ist materiell rechtmäßig, wenn die allgemeinen und die besonderen Vollstreckungsvoraussetzungen vorliegen. **188**

a) Allgemeine Vollstreckungsvoraussetzungen

aa) Verwaltungsakt der Polizei, der vollziehbar ist

Grundvoraussetzung der Vollstreckung ist bei der zweistufigen Vollstreckung nach Art. 53 Abs. 1 PAG ein **Verwaltungsakt der Polizei, der auf die Vornahme einer Handlung, Duldung oder Unterlassung gerichtet ist**. Die Anforderungen an den Inhalt des Verwaltungsaktes werden dabei auch als vollstreckbarer Inhalt bezeichnet. **189**

Dabei muss dieser unzweifelhaft nach allgemeinen verwaltungsrechtlichen Grundsätzen wirksam sein. **190**

Art. 53 Abs. 1 PAG fordert darüber hinaus die **Unanfechtbarkeit oder die fehlende aufschiebende Wirkung eines Rechtsmittels** (sogenannte „Vollziehbarkeit" des Verwaltungsaktes).[248]

Unanfechtbarkeit tritt mit Ablauf der Rechtsmittelfristen ein. Die fehlende aufschiebende Wirkung eines Rechtsmittels bestimmt sich nach § 80 Abs. 2 VwGO.

Nach § 80 Abs. 2 S. 1 Nr. 2 VwGO fallen darunter unaufschiebbare Maßnahmen von Polizeivollzugsbeamten. Mit dem Begriff des Polizeivollzugsbeamten ist der Begriff der Polizei im eingeschränkt institutionellen Sinne i.S.d. Art. 1 PAG gemeint.[249] Aufgrund der Funktionsgleichheit von manueller Verkehrsregelung durch die Polizei und Verkehrsregelung durch Verkehrszeichen und Verkehrsampeln ist § 80 Abs. 2 S. 1 Nr. 2 VwGO insoweit analog anzuwenden.[250]

---

248 Vgl. dazu auch *Schenke* Rn. 544.

249 Vgl. *Kopp/Schenke* § 80 Rn. 64, der klarstellt, dass nur Maßnahmen der polizeilichen **Vollzugsbeamten** erfasst werden.

250 *Kopp/Schenke* § 80 Rn. 64.

bb) Rechtmäßigkeit der polizeilichen Primärmaßnahme (Grundsatz der Konnexität)

191 **JURIQ-Klausurtipp**

Bei der Frage nach dem Erfordernis der Konnexität handelt es sich um einen schon lange bestehenden Streit im Polizeirecht, zu dem Sie unbedingt ein paar Zeilen schreiben sollten.

Fraglich ist, ob darüber hinaus auch die **Rechtmäßigkeit des Verwaltungsaktes (Grundsatz der Konnexität)** erforderlich ist.[251] Die von Knemeyer begründete Lehre der Konnexität fordert bei der Vollstreckung nach Art. 53 Abs. 1 PAG auch die Rechtmäßigkeit der polizeilichen Primärmaßnahme. Diese Frage wird nur relevant, sofern (wie im Regelfall) ein Fall der fehlenden aufschiebenden Wirkung vorliegt, nicht dagegen im Falle der Unanfechtbarkeit.[252] Für die Konnexität wird vorgebracht, dass es im Polizeirecht aufgrund der zeitlichen Abfolge zu einer Rechtsschutzverkürzung für den Bürger komme, die vor dem Hintergrund der Garantie effektiven Rechtsschutzes nach Art. 19 Abs. 4 GG dadurch ausgeglichen werden soll, dass die Rechtmäßigkeit der Vollstreckung die Rechtmäßigkeit der Grundverfügung voraussetze. Gegen das Erfordernis der Konnexität spricht aber, dass der eintretende Rechtsschutzverlust Ausdruck der Situationsgebundenheit des Polizeirechts ist und eine Vollstreckung lediglich auf der Grundlage eines wirksamen Verwaltungsaktes allgemeinen verwaltungsrechtlichen Grundlagen entspricht. Zudem findet die Lehre der Konnexität keinen Anhaltspunkt im Wortlaut des Art. 53 Abs. 1 PAG. Letztlich hat der Gesetzgeber in Art. 53 Abs. 2 PAG den Grundsatz der Konnexität normiert (dazu sogleich mehr), so dass im Umkehrschluss bei Art. 53 Abs. 1 PAG keine Konnexität zu fordern ist.

JURIQ-Klausurtipp

Ganz klassisch begegnet Ihnen in der Examensklausur im Polizeirecht die Konstellation, dass Sie sowohl eine Primärmaßnahme als auch eine Sekundärmaßnahme zu überprüfen haben. Sollten Sie dabei zu dem Ergebnis der Rechtmäßigkeit der Primärmaßnahme kommen, können Sie mit Hinweis darauf die Frage nach dem Erfordernis der Konnexität dahingestellt lassen.

Andernfalls sollten Sie sich nach Diskussion mit den dargestellten Argumenten gegen den Grundsatz der Konnexität entscheiden.

cc) Sonstige allgemeine Vollstreckungsvoraussetzungen

192 Die **Nichterfüllung der Verpflichtung** ist denknotwendige Voraussetzung für die Anwendung polizeilichen Zwangs (z.B. explizit geregelt für die Ersatzvornahme in Art. 55 Abs. 1 S. 1 PAG); sie ergibt sich bereits aus der oben angesprochenen Realisierungsfunktion der Zwangsmittel.

Daneben ist aber in jedem Fall auch die **Fortdauer der Gefahr** erforderlich, die die Polizei auf Primärebene zum Handeln berechtigt hat. Aus dem Erfordernis des Fortdauerns ergibt sich

251 Vgl. zum Streit um das Erfordernis der Konnexität *Schenke* Rn. 540 ff.

252 Letzterer Fall ist aber bei den polizeilichen Maßnahmen aufgrund der grundsätzlich durch Vollzug sofort eintretenden Erledigung lediglich von untergeordneter Bedeutung.

dabei, dass an die Art der Gefahr (regelmäßig konkrete Gefahr) diesselben Anforderungen zu stellen sind wie auf der Primärebene.[253]

Der **Grundsatz der Verhältnismäßigkeit** bezüglich der Frage, ob überhaupt eine zwangsweise Durchsetzung der Primärmaßnahme vorgenommen wird, ergibt sich bereits aus Art. 4 PAG, der als Vorschrift aus dem I. Abschnitt „Allgemeine Vorschriften" auch bei der Vollstreckung anzuwenden ist.[254] 193

Letztlich erfordert die Frage, ob überhaupt eine Vollstreckung erfolgt, eine **ordnungsgemäße Ermessensausübung** i.S.d. § 114 VwGO. Bereits der Wortlaut des Art. 53 Abs. 1 PAG („kann") ordnet ein polizeiliches Ermessen an. 194

In der Klausur wird bei der Frage der Verhältnismäßigkeit und ordnungsgemäßen Ermessensausübung insbesondere von Bedeutung sein, ob der Betroffene durch Äußerungen und/oder sein Verhalten zu verstehen gegeben hat, dass er der Primärmaßnahme nicht freiwillig nachkommen wird.

b) Besondere Vollstreckungsvoraussetzungen

Neben den allgemeinen Vollstreckungsvoraussetzungen erfordert jedes zulässige Zwangsmittel besondere Vollstreckungsvoraussetzungen, die in den Art. 54 ff. PAG geregelt sind. 195

Zulässige Zwangsmittel sind nach Art. 54 Abs. 1 PAG Ersatzvornahme nach Art. 55 PAG, Zwangsgeld nach Art. 56 PAG und unmittelbarer Zwang nach Art. 58 PAG.

aa) Androhung eines bestimmten Zwangsmittels

Nach Art. 54 Abs. 2 PAG sind die Zwangsmittel nach Art. 59 und 64 PAG anzudrohen. 196

Gemäß Art. 59 Abs. 3 PAG muss sich die Androhung auf ein bestimmtes Zwangsmittel beziehen. Dieses Erfordernis gilt ebenso wie Art. 59 Abs. 2 PAG auch bei der Androhung unmittelbaren Zwangs,[255] bei dem die erweiternde Spezialregelung des Art. 64 PAG zu beachten ist.

Art. 59 Abs. 1 PAG verlangt grundsätzlich die schriftliche Androhung mit Bestimmung einer angemessenen Frist; nach Art. 59 Abs. 1 S. 2 Hs. 2 PAG ist dies bei einer Duldung oder Unterlassung nicht erforderlich. Bei Schriftlichkeit ist die Androhung nach Art. 59 Abs. 6 PAG gemäß dem BayVwZVG zuzustellen.[256] Sollte ein solcher Fall einmal relevant werden, muss unbedingt auch an die Heilungsmöglichkeit des Art. 9 BayVwZVG gedacht werden. 197

Entbehrlich kann die Androhung nach Art. 59 Abs. 1 S. 3 PAG sein. Nach Nr. 59.1. VZBKM soll eine schriftliche Androhung auch dann nicht möglich sein, wenn durch die dadurch bewirkte Verzögerung die Gefahr nicht rechtzeitig abgewendet würde (Sollten Sie wirklich einmal auf den Fall einer Ersatzvornahme stoßen, wäre dies wohl der Regelfall).

Im Falle des unmittelbaren Zwangs genügt nach Art. 64 Abs. 1 S. 1 PAG auch eine mündliche Androhung, da dort das Erfordernis der Schriftlichkeit nicht übernommen wird. Art. 64 Abs. 1 S. 2 PAG erklärt insoweit zudem die Androhung in bestimmten Fällen für entbehrlich. 198

253 *Berner/Köhler/Käß* Art. 53 Rn. 2.
254 *Berner/Köhler/Käß* Art. 53 Rn. 1 setzt dies voraus.
255 Über Art. 58 Abs. 1 S. 2, 60 Abs. 1 a.E. PAG.
256 VollzB Nr. 59.2.

bb) Besondere Voraussetzungen des angedrohten Zwangsmittels

199 Die Art. 54 ff. PAG enthalten besondere Voraussetzungen für die einzelnen Zwangsmittel.

(1) Ersatzvornahme (Art. 55 PAG)

200 Nach Art. 55 Abs. 1 S. 1 PAG ist Ersatzvornahme zunächst nur bei einer ***vertretbaren Handlung*** möglich.

> Unter einer **vertretbaren Handlung** versteht man eine Handlung, deren Vornahme durch einen anderen möglich ist.[257]

Darunter fallen insbesondere nicht höchstpersönliche Verpflichtungen wie z.B. eine Aussage.[258] Auch die persönliche Entfernung von einem bestimmten Ort stellt eine unvertretbare Handlung dar. Vertretbare Handlungen sind demgegenüber die Entfernung einer Sache[259] oder die Räumung einer Sache.

Ersatzvornahme ist dabei auch durch Dritte möglich (Abschleppdienst) und muss nicht zwingend durch die Polizei selbst erfolgen.

Nach Art. 59 Abs. 4 PAG **sollen** bei der Androhung der Ersatzvornahme die voraussichtlichen Kosten angegeben werden. Aufgrund der Eigenschaft als Soll-Vorschrift führen fehlende Angaben dabei regelmäßig nicht zur Rechtswidrigkeit der Androhung.[260]

(2) Zwangsgeld (Art. 56 PAG)

201 Im Hinblick auf das Erfordernis der sofortigen Abwendung der Gefahr (vgl. Art. 59 Abs. 1 S. 3 PAG) ist kaum ein Fall einer erforderlichen Androhung des Zwangsgeldes denkbar. Da das Zwangsgeld auch niemals unmittelbar zur Beseitigung der Gefahr führen kann, ist sein Anwendungsbereich im Polizeirecht extrem gering (ganz anders dagegen im Sicherheitsrecht).[261]

Bei einer erforderlichen Androhung **muss** nach Art. 59 Abs. 5 PAG eine bestimmte Höhe angedroht werden.

(3) Unmittelbarer Zwang

202 Der Fall des unmittelbaren Zwangs wird Ihnen in der Klausur im Regelfall begegnen.

Unmittelbarer Zwang ist nach Art. 61 Abs. 1 PAG die Einwirkung auf Personen oder Sachen durch körperliche Gewalt (Art. 61 Abs. 2 PAG), ihre Hilfsmittel (Art. 61 Abs. 3 PAG) und durch

---

257 Vgl. dazu *Schenke* Rn. 553.

258 *Berner/Köhler/Käß* Art. 55 Rn. 6 und VollzB Nr. 55.2.

259 Vgl. *Berner/Köhler/Käß* vor Art. 9 Rn. 6 und *Berner/Köhler/Käß* Art. 9 Rn. 3, der als Beispiel der vertretbaren Handlung die Beseitigung des KFZ aufführt. Achtung: zur Rechtsnatur der Abschleppfälle wendet sich *Berner/Köhler/Käß* hier gegen die Rechtsprechung des BayVGH; insofern ist die Fundstelle mit Vorsicht zu genießen, dazu unten (Rn. 248 ff.) mehr.

260 *Becker/Heckmann/Kempen/Manssen* Teil 3 Rn. 241 und *Berner/Köhler/Käß* Art. 59 Rn. 14 im Gegensatz zu der missverständlichen VollzB Nr. 59.3.

261 Vgl. dazu die schöne Ausführung in VollzB Nr. 56.1.

Waffen (Art. 61 Abs. 4 PAG). Für das Hilfsmittel des Fesselns ist die Spezialvorschrift des Art. 65 PAG zu beachten; unter den Begriff des Fesselns fällt insbesondere das Anlegen von Handschellen.[262]

Hinweis

Niemals zulässig ist die Anwendung unmittelbaren Zwangs zur Erzwingung einer Aussage, insbesondere scheidet damit also die Folter aus. Nach Art. 104 Abs. 1 S. 2 GG dürfen festgehaltene Personen weder seelisch noch körperlich misshandelt werden. In diesem ausdrücklichem Verbot finden auch die Schutzpflichten des Staates nach Art. 2 Abs. 2 GG hinsichtlich des Lebens und der körperlichen Unversehrtheit ihre Grenze und können deshalb nicht zur Rechtfertigung von Folterhandlungen dienen.[263]

Nach Art. 58 Abs. 1 S. 1 PAG handelt es sich dabei aufgrund des hohen Eingriffscharakters um ultima ratio.[264] Andere Zwangsmittel dürfen nicht in Betracht kommen, keinen Erfolg versprechen oder unzweckmäßig sein. Beim Begriff der Zweckmäßigkeit wird der Polizei aber ein weiter Spielraum eingeräumt.[265] Im Hinblick auf die regelmäßig gegebene Unzweckmäßigkeit des Zwangsgeldes (vgl. Rn. 201) stellt sich meist nur die Frage der Abgrenzung zur Ersatzvornahme, die dabei nur bei vertretbaren Handlungen denkbar ist.

Für die Art und Weise der Anwendung verweist Art. 58 Abs. 1 S. 2 PAG auf die Art. 60 ff. PAG, wobei insbesondere die Erweiterung des Art. 64 PAG für die Androhung (vgl. bereits Rn. 198) und die Art. 66 ff. PAG weiterhin relevant sind.

Nach Art. 60 Abs. 2 PAG bleiben die zivil- und strafrechtlichen Wirkungen nach den Vorschriften über Notwehr und Notstand unberührt. Sofern z.B. ein polizeilicher Schusswaffengebrauch nach den Vorschriften der Art. 58, 60 ff. PAG als rechtswidrig zu klassifizieren ist, ist in einem zweiten Schritt zu prüfen, ob die Maßnahme nicht durch Vorschriften über Notwehr und Notstand gerechtfertigt war.[266] 203

cc) Verhältnismäßigkeit und ordnungsgemäße Ermessensausübung bezüglich der Auswahl und der Anwendung des konkreten Zwangsmittels

Sowohl bei der Frage, welches der Zwangsmittel i.S.d. Art. 54 Abs. 1 PAG die Polizei auswählt als auch bei dessen Anwendung ist der Grundsatz der Verhältnismäßigkeit[267] (als allgemeine Vorschrift des Art. 4 PAG) zu beachten. Das Erfordernis der ordnungsgemäßen Ermessensausübung ergibt sich bereits aus dem Wortlaut („kann") der jeweiligen Vorschriften. 204

Bezüglich der Auswahl des unmittelbaren Zwangs ist die spezielle Regelung des Art. 58 Abs. 1 S. 1 PAG zu beachten.

262 VollzB Nr. 65.3.; auch zur Frage von Alternativen.

263 Zu allem *Schenke* Rn. 558.

264 *Becker/Heckmann/Kempen/Manssen* Teil 3 Rn. 252; *Berner/Köhler/Käß* Art. 58 Rn. 5.

265 *Berner/Köhler/Käß* Art. 58 Rn. 6.

266 *Becker/Heckmann/Kempen/Manssen* Teil 3 Rn. 225; *Berner/Köhler/Käß* Art. 60 Rn. 8.

267 *Berner/Köhler/Käß* Art. 58 Rn. 8.

V. Die einstufige Vollstreckung nach Art. 53 Abs. 2 PAG („Sofortvollzug")

205 Der Sofortvollzug nach Art. 53 Abs. 2 PAG zeichnet sich dadurch aus, dass gerade keine vorherige polizeiliche Primärmaßnahme erlassen wurde. Es handelt sich also in chronologischer Hinsicht um die erste Maßnahme der Polizei direkt auf der Ebene der Vollstreckung.

1. Abgrenzung zur unmittelbaren Ausführung nach Art. 9 PAG

206 Der Sofortvollzug nach Art. 53 Abs. 2 PAG ist besonders dann relevant, wenn der Verantwortliche nicht anwesend ist (vgl. den Wortlaut des Art. 53 Abs. 2 PAG). Insbesondere bei Handeln der Polizei in Fällen der nicht anwesenden Verantwortlichen stellt sich dann die Frage der Abgrenzung zur unmittelbaren Ausführung nach Art. 9 PAG.[268] Beiden Konstellationen ist gemein, dass die Polizei selbst Maßnahmen ergreift, ohne zuvor eine entsprechende Anordnung zu erlassen.

207 Während Art. 9 PAG die unmittelbare Ausführung einer Primärmaßnahme regelt, erfasst Art. 53 Abs. 2 PAG den Bereich des Sofortvollzugs, liegt also im Bereich des Vollstreckungsrechts. Die unmittelbare Ausführung nach Art. 9 PAG kann nach Ansicht des BayVGH bei jeder Primärmaßnahme vollzogen werden.[269] Dafür spricht auch klar die systematische Stellung im Abschnitt I „Allgemeine Vorschriften".

Bei der unmittelbaren Ausführung handelt die Polizei quasi „unmittelbar" *für den nicht anwesenden Verantwortlichen.* Sie nimmt also die Maßnahme vor, die dieser bei seiner Anwesenheit selbst vornehmen würde.

Bei der Frage der Abgrenzung, ob eine unmittelbare Ausführung einer Primärmaßnahme oder der Sofortvollzug einer Sekundärmaßnahme vorliegt, ist wie folgt vorzugehen:[270]

a) Vorgehensweise bei der Abgrenzung von unmittelbarer Ausführung und Sofortvollzug

208 • **Ausgangspunkt ist Art. 53 Abs. 2 PAG**, der fordert, dass *„Maßnahmen nach den Art. 7–10 PAG […] nicht möglich"* sind. Art. 53 Abs. 2 PAG erfordert also auch, dass Maßnahmen nach Art. 9 PAG nicht möglich sind, weshalb vorrangig die Möglichkeit einer unmittelbaren Ausführung geprüft werden muss.

209 • Art. 9 PAG erlaubt die unmittelbare Ausführung einer Maßnahme, wenn der „Zweck durch Inanspruchnahme der *nach den Art. 7 oder 8 Verantwortlichen* nicht oder nicht rechtzeitig erreicht werden kann".
  - Art. 9 PAG lässt also die Fälle des **Nichtverantwortlichen nach Art. 10 PAG** aus. Sofern also ein Fall der fehlenden Verantwortlichkeit nach Art. 10 PAG vorliegt, kann es sich nur um einen Fall des Sofortvollzuges einer Sekundärmaßnahme nach Art. 53 Abs. 2 PAG handeln.[271]

---

268 Sehr schön *Berner/Köhler/Käß* vor Art. 9 Rn. 2.

269 *Berner/Köhler/Käß* Art. 9 Rn. 4 wendet sich gegen diese Rechtsprechung und bezeichnet die Gegenmeinung als ganz h.L.

270 Vgl. dazu auch *Wehr* Rn. 310 ff.

271 Vorsicht bei der missverständlichen Fundstelle *Berner/Köhler/Käß* Art. 9 Rn. 5; klar bei *Berner/Köhler/Käß* Art. 9 Rn. 6.

- Da die Polizei bei der unmittelbaren Ausführung für den Verantwortlichen (an dessen Stelle) handelt, ist denknotwendige Voraussetzung eine **vertretbare Handlung**[272], also eine solche, die auch von einem Dritten vorgenommen werden kann. Sofern eine unvertretbare Handlung gegeben ist, kann es sich ebenfalls lediglich um einen Sofortvollzug nach Art. 53 Abs. 2 PAG handeln.[273]

- Lediglich im Bereich einer **vertretbaren Handlung** und einem (nicht anwesenden) **Verantwortlichen nach Art. 7 oder 8 PAG** stellt sich also letztlich die **Frage der Abgrenzung. Maßgeblich** ist hierbei der **mutmaßliche Wille des Betroffenen.**[274] 210
  - Die unmittelbare Ausführung einer Primärmaßnahme nach Art. 9 PAG erfolgt – wie bereits ausgeführt – für den Verantwortlichen (an dessen Stelle): Sie ist daher einschlägig, wenn die Polizei im Einklang mit dem hypothetischen Willen handelt, dieser also bei Anwesenheit eine entsprechende polizeiliche Primärmaßnahme befolgen würde.
  - Der Sofortvollzug der Sekundärmaßnahme nach Art. 53 Abs. 2 PAG ist ein Zwangsmittel und damit auch ein Instrument zur Brechung des entgegenstehenden Willens des Betroffenen (Beugefunktion): Er ist daher einschlägig, wenn die Polizei gegen den mutmaßlichen Willen des Verantwortlichen handelt, dieser also eine entsprechende polizeiliche Maßnahme bei Anwesenheit nicht befolgen würde.
  - Dabei geht der BayVGH davon aus, dass im Zweifel von einem rechtstreuen Bürger auszugehen ist, der einer entsprechenden polizeilichen Anweisung auch Folge leisten würde.[275]

b) Rechtsnatur und Prüfung der unmittelbaren Ausführung

Trotz der fehlenden Bekanntgabe nach Art. 43/41 BayVwVfG handelt es sich bei der unmittelbaren Ausführung um einen Verwaltungsakt i.S.d. Art. 35 S. 1 BayVwVfG,[276] da das Bekanntgabeerfordernis durch die Spezialregelung des Art. 9 Abs. 1 S. 2 PAG der Unterrichtung überlagert ist.[277] Rechtsschutz ist also wiederum Anfechtungsklage und nach Erledigung die Fortsetzungsfeststellungsklage.[278] 211

Mit der in Art. 9 PAG erwähnten „Maßnahme" ist eine polizeiliche Primärmaßnahme gemeint. Da diese aufgrund der Hindernisse nach Art. 9 Abs. 1 S. 1 Hs. 2 PAG nicht ergehen kann, müsste sie hypothetisch möglich sein, damit die Polizei dieselbe unmittelbar ausführen kann. Daraus ergibt sich in der Klausur folgender Prüfungsaufbau:

---

272 Legaldefinition in Art. 55 Abs. 1 S. 1 PAG.

273 *Berner/Köhler/Käß* vor Art. 9 Rn. 3.

274 *Berner/Köhler/Käß* vor Art. 9 Rn. 4.

275 Diese Rspr. wird außerhalb Bayerns kritisiert; dem BayVGH ist aber vollumfänglich zuzustimmen, denn es widerspricht jeder Lebenserfahrung, dass sich der Betroffene einer polizeilichen Maßnahme widersetzt. Jeder, der sich gedanklich in die Situation versetzt, dass die Polizei einem gegenüber z.B. die Beseitigung des KFZ anordnet, wird zugestehen müssen, dass er diesem Gebot auch Folge leisten wird.

276 A.A. insoweit *Wehr* Rn. 501.

277 *Berner/Köhler/Käß* vor Art. 9 Rn. 11.

278 *Berner/Köhler/Käß* vor Art. 9 Rn. 13.

PRÜFUNGSSCHEMA

Prüfungsaufbau bei der unmittelbaren Ausführung

I. Abgrenzung zum Sofortvollzug

II. Rechtmäßigkeit einer hypothetischen Primärmaßnahme[279] in Bezug auf eine vertretbare Handlung gegen einen Verantwortlichen nach Art. 7 oder 8 PAG[280]

III. Spezielle Voraussetzungen des Art. 9 PAG: Zweck der Maßnahme kann durch Inanspruchnahme der nach Art. 7 oder 8 Verantwortlichen nicht oder nicht rechtzeitig erreicht werden

Hinweis

Die Unterrichtung nach Art. 9 Abs. 1 S. 2 PAG ist nicht Teil der unmittelbaren Ausführung und deshalb keine Rechtmäßigkeits- oder Wirksamkeitsvoraussetzung. Relevant ist sie als Bekanntgabesurrogat lediglich für den Lauf der Rechtsmittelfristen.[281]

2. Prüfung der Rechtmäßigkeit der einstufigen Vollstreckung in der Klausur

212 Die Rechtmäßigkeit der einstufigen Vollstreckung erfordert die formelle und die materielle Rechtmäßigkeit der Vollstreckungsmaßnahme. Die materielle Rechtmäßigkeit ist gegeben, wenn die allgemeinen und die besonderen Vollstreckungsvoraussetzungen gegeben sind.

PRÜFUNGSSCHEMA

Rechtmäßigkeit der einstufigen Vollstreckung nach Art. 53 Abs. 2 PAG

I. Formelle Rechtmäßigkeit
1. Sachliche Zuständigkeit der Polizei nach Art. 53 Abs. 1 PAG i.S.d. Art. 1 PAG
2. Örtliche Zuständigkeit nach Art. 3 Abs. 1 POG

II. Materielle Rechtmäßigkeit
1. Rechtmäßigkeit einer hypothetischen Primärmaßnahme (Grundsatz der Konnexität)
2. Besondere Voraussetzungen des Art. 53 Abs. 2 PAG
3. Besondere Voraussetzungen des angewendeten Zwangsmittels
4. Verhältnismäßigkeit bezüglich Auswahl und Anwendung des konkreten Zwangsmittels
5. Ordnungsgemäße Ermessensausübung bezüglich Auswahl und Anwendung des konkreten Zwangsmittels

279 Vgl. *Wehr* Rn. 420.
280 *Berner/Köhler/Käß* Art. 9 Rn. 2.
281 *Berner/Köhler/Käß* Art. 9 Rn. 9.

Hinweis

Bei der Prüfung der Rechtmäßigkeit der einstufigen Vollstreckung ergeben sich weitreichende Überschneidungen zu den obigen Ausführungen bei der zweistufigen Vollstreckung, weshalb in der Folge nur noch die abweichenden Punkte erläutert werden sollen.

Anders als bei Art. 53 Abs. 1 PAG ist beim Sofortvollzug der **Grundsatz der Konnexität** ausdrücklich normiert. Mit dem Erfordernis „Polizei hierbei innerhalb ihrer Befugnisse handelt“ fordert das Gesetz selbst die Rechtmäßigkeit einer hypothetischen Primärmaßnahme.[282] 213

Als **besondere Voraussetzungen des Art. 53 Abs. 2 PAG** normiert das Gesetz die Notwendigkeit zur Abwehr einer Gefahr, **insbesondere** weil Maßnahmen gegen Personen nach den Art. 7 bis 10 PAG nicht oder nicht rechtzeitig möglich sind oder keinen Erfolg versprechen. Zentrale Voraussetzung des Art. 53 Abs. 2 PAG ist die Notwendigkeit zur Abwehr einer Gefahr. Der Begriff der Gefahr meint dabei eine solche Gefahr, die eine vorausgehende Primärmaßnahme nicht zulässt.[283] Die nicht oder nicht rechtzeitige Möglichkeit von Maßnahmen gegen Personen nach Art. 7 bis 10 PAG ist dabei lediglich ein erläuterndes („insbesondere“) – wenn auch den Regelfall darstellendes – Beispiel. 214

Letztlich sind die **besonderen Voraussetzungen des angewendeten Zwangsmittels** erforderlich (z.B. vertretbare Handlung bei Ersatzvornahme nach Art. 55 PAG; vgl. Rn. 200). Die Androhung ist dabei nach Art. 59 Abs. 1 S. 3 bzw. Art. 64 Abs. 1 S. 2 PAG regelmäßig entbehrlich. 215

Auch **Verhältnismäßigkeit und ordnungsgemäße Ermessensausübung** (Wortlaut des Art. 53 Abs. 2 PAG: „kann“) bezüglich der Anwendung und der Auswahl des konkreten Zwangsmittels sind zu beachten. 216

Hinweis

Kontrollieren Sie sich an dieser Stelle selbst und prüfen Sie, ob Sie den Prüfungsaufbau bei der Vollstreckung verinnerlicht haben. Achten Sie dabei auf die Unterschiede zwischen der zweistufigen und der einstufigen Vollstreckung und prägen Sie sich die unterschiedliche Gesetzeslage und den unterschiedlichen Meinungsstand hinsichtlich des Grundsatzes der Konnexität ein!

VI. Rechtsschutzmöglichkeiten gegen Vollstreckungsmaßnahmen

Oben[284] wurde bereits dargelegt, dass alle Vollstreckungsmaßnahmen als Verwaltungsakte i.S.d. Art. 35 S. 1 BayVwVfG anzusehen sind, weil jeder Zwangsanwendung der Polizei eine konkludente Duldungsanordnung innewohnen soll, die gleichzeitig mit der Anwendung einhergehe, den Betroffenen zur Duldung der Zwangsmaßnahme zu verpflichten. 217

282 *Berner/Köhler/Käß* Art. 53 Rn. 7 und VollzB Nr. 53.2.

283 *Berner/Köhler/Käß* Art. 53 Rn. 4; Achtung: eine dringende Gefahr ist nicht erforderlich; ausreichend ist eine konkrete Gefahr.

284 Vgl. Rn. 184 f.

» Überprüfen Sie an dieser Stelle, ob Sie das Prüfungsschema der Fortsetzungsfeststellungsklage noch beherrschen und wiederholen Sie dieses eventuell! «

Hinweis

Diese Ansicht hat vor allem historische und praktische Gründe, da früher gegen Realakte keine Rechtsschutzmöglichkeit in der VwGO bestand. Seit langem steht mit der allgemeinen Feststellungsklage nun eine adäquate Rechtsschutzmöglichkeit auch gegen Realakte zur Verfügung, weshalb die „Konstruktion" eines Verwaltungsaktes mittels einer innewohnenden Duldungsanordnung an sich nicht mehr erforderlich wäre. Trotzdem wird weiterhin allgemein mit dieser Ansicht gearbeitet, weshalb Sie auch den entsprechenden Ansatz in der Klausur verfolgen sollten.

218 Damit ist auch im Bereich des polizeilichen Zwangs der Rechtsschutz mittels Anfechtungsklage und nach Erledigung durch Vollzug des Zwangs[285] mit der Fortsetzungsfeststellungsklage zu suchen. Zwar handelt es sich auch bei der polizeilichen Androhung von Zwangsmaßnahmen um einen Verwaltungsakt i.S.d. Art. 35 S. 1 BayVwVfG, aufgrund des zeitlichen Zusammenfallens von Androhung und Anwendung im Polizeirecht wird aber im Rahmen der Anfechtungs- und Fortsetzungsfeststellungsklage lediglich die Anwendung der Zwangsmaßnahme überprüft, innerhalb dessen die Androhung als Voraussetzung für die Rechtmäßigkeit enthalten ist.

285 Das BVerwG kommt zum selben Ergebnis, geht aber davon aus, dass nicht der Vollzug des Zwangs das entscheidende Kriterium sei, sondern die Beseitigung der Störung, vgl. *Berner/Köhler/Käß* Art. 58 Rn. 9.

VII. Übungsfall Nr. 2

„Die gewaltsame Sicherstellung“ 219

Prüfung sie unter Zugrundelegung des Sachverhalts von Übungsfall 1[286] (nur) die Rechtmäßigkeit der zwangsweisen Durchsetzung der Sicherstellung durch die Polizeibeamten.

Lösung[287] 220

Die zwangsweise Durchsetzung der Sicherstellung (sogenannte Sekundärmaßnahme) müsste formell und materiell rechtmäßig erfolgt sein.

A. Formelle Rechtmäßigkeit

Gehandelt hat mit den beiden Polizeibeamten der Polizeiinspektion Augsburg die sachlich zuständige Vollzugspolizei i.S.d. Art. 53 Abs. 1 S. 1 PAG. In örtlicher Hinsicht ergibt sich wiederum deren örtliche Allzuständigkeit nach Art. 3 Abs. 1 POG.

Eine nach Art. 28 Abs. 1 BayVwVfG vor Erlass eines belastenden Verwaltungsaktes erforderliche Anhörung war nach Art. 28 Abs. 2 Nr. 5 BayVwVfG entbehrlich.

B. Materielle Rechtmäßigkeit

Die zwangsweise Durchsetzung wäre materiell rechtmäßig, wenn die allgemeinen und besonderen Vollstreckungsvoraussetzungen gegeben sind.

I. Allgemeine Vollstreckungsvoraussetzungen

Zunächst müssten also die allgemeinen Vollstreckungsvoraussetzungen vorgelegen haben.

Es lag ein Verwaltungsakt der Polizei vor, der mit der Herausgabe des Liegefahrrads auf ein Tun gerichtet war. Aufgrund § 80 Abs. 2 S. 1 Nr. 2 VwGO hatte ein Rechtsmittel gegen die Sicherstellung keine aufschiebende Wirkung.

Fraglich ist, ob darüber hinaus die Rechtmäßigkeit der Sicherstellung als Primärmaßnahme für eine Rechtmäßigkeit der Vollzugsmaßnahme erforderlich ist. Für diesen Grundsatz der Konnexität spricht die im Polizeirecht aufgrund der regelmäßigen sofortigen Vollziehung der Primärmaßnahmen eintretende Rechtsschutzverkürzung. Auf der anderen Seite entspricht es aber allgemeinen verwaltungsrechtlichen Grundsätzen, dass der Vollzug eines Verwaltungsaktes nur dessen Vollziehbarkeit und nicht dessen Rechtmäßigkeit voraussetzt. Diese Frage nach dem Erfordernis der Konnexität kann hier aber dahingestellt bleiben, da vorliegend von der Rechtmäßigkeit der Sicherstellung auszugehen ist (zumindest im Zeitpunkt der Vollziehung, vgl. die Ausführungen bei Übungsfall 1).

Da A angekündigt hatte, er wolle weiterhin mit dem Liegefahrrad auf der Straße fahren und sich auf die entsprechende Aufforderung der Polizeibeamten geweigert hatte, das Liegerad herauszugeben, bestehen auch keine Bedenken hinsichtlich der Verhältnismäßigkeit und der ordnungsgemäßen Ermessensausübung zur Frage, ob überhaupt Zwangsmittel anzuwenden waren.

II. Besondere Vollstreckungsvoraussetzungen

Weiterhin müssten die besonderen Vollstreckungsvoraussetzungen für die Anwendung unmittelbaren Zwangs vorgelegen haben.

Eine ordnungsgemäße und im Hinblick auf Art. 59 Abs. 3 S. 1 PAG hinreichend bestimmte Androhung des unmittelbaren Zwangs nach Art. 64 Abs. 1 S. 1 PAG ist erfolgt. Art. 64 Abs. 1 S. 1 PAG ist gegenüber der Regelung des Art. 59 Abs. 1 S. 1 PAG als speziellere Regelung zu verstehen, weshalb keine Schriftlichkeit der Androhung erforderlich ist.

286 Vgl. Rn. 180.

287 Rechtsschutz wäre vorliegend mit der Fortsetzungsfeststellungsklage analog § 113 Abs. 1 S. 4 VwGO zu erlangen; über die Konstruktion einer der Zwangsanwendung immanenten sogenannten Duldungsanordnung liegt ein Verwaltungsakt i.S.d. Art. 35 S. 1 BayVwVfG vor; durch den Vollzug hat sich dessen Regelungswirkung erledigt i.S.d. Art. 43 Abs. 2 BayVwVfG.

Die Anwendung unmittelbaren Zwangs kommt nach Art. 58 Abs. 1 PAG nur dann in Betracht, wenn andere Zwangsmittel nicht in Betracht kommen oder keinen Erfolg versprechen oder unzweckmäßig sind. Das war vorliegend der Fall, eine Ersatzvornahme kam nicht in Betracht, da die Herausgabe durch den A keine vertretbare Handlung darstellt; ein Zwangsgeld ist nicht geeignet, die Gefahr abzuwehren, da A dann weiterhin im Besitz des Liegefahrrads bleiben würde und weiterhin auf der Straße fahren könnte.

Im Hinblick auf die Verhältnismäßigkeit und eine ordnungsgemäße Ermessensausübung hinsichtlich der Anwendung des unmittelbaren Zwangs bestehen keine Bedenken, zumal sich A gegen die Handlungen der Polizeibeamten laut Sachverhalt gewehrt und Widerstand geleistet hatte.

Ergebnis

Nach alledem erweist sich die zwangsweise Durchsetzung der Sicherstellung durch die Polizeibeamten als rechtmäßig.

Online-Wissens-Check

Wie überprüfen Sie die Rechtmäßigkeit der unmittelbaren Ausführung einer polizeilichen Maßnahme?

Überprüfen Sie jetzt online ihr Wissen zu den in diesem Abschnitt erarbeiteten Themen. Unter **www.juracademy.de/skripte/login** steht Ihnen ein Online-Wissens-Check speziell zu diesem Skript zur Verfügung, den Sie mit dem Zugangscode auf der letzten Seite kostenlos nutzen können.

E. Die polizeiliche Tertiärebene

Unter den Bereich der polizeilichen Tertiärebene fallen zum einen eventuelle Entschädigungsansprüche des Bürgers infolge polizeilicher Maßnahmen sowie dazu quasi spiegelbildlich die Erhebung von Kosten durch den Polizeiträger beim Bürger für durchgeführte polizeiliche Maßnahmen. 221

JURIQ-Klausurtipp

Dabei kann man sich vorab einen Grundsatz als Eselsbrücke merken, der bei den einzelnen Ausführungen wieder aufgegriffen werden soll. Das Bestehen eines Entschädigungsanspruchs und die Kostenpflicht für polizeiliche Maßnahmen schließen sich gegenseitig aus. Ein Bürger kann also entweder nur einen Entschädigungsanspruch haben und nicht kostenpflichtig sein oder kostenpflichtig sein, dann kann ihm aber auch im Ergebnis kein Entschädigungsanspruch zustehen.

I. Kostenerhebung durch den Polizeiträger für polizeiliche Maßnahmen

1. Überblick über die verschiedenen Rechtsgrundlagen für Ersatzansprüche des Polizeiträgers

Ausgangspunkt bei der Kostenerhebung ist das bayerische KG.[288] Nach Art. 1 Abs. 1 S. 1 KG erheben die Behörden des Staates für Tätigkeiten, die sie in Ausübung hoheitlicher Gewalt vornehmen (= Amtshandlung), Kosten (= Oberbegriff für Gebühren und Auslagen). 222

Nach Art. 3 Abs. 1 Nr. 10 S. 1 KG werden Kosten für polizeiliche Maßnahmen zur Erfüllung der Aufgaben nach Art. 2 PAG nicht erhoben, soweit nichts anderes bestimmt ist. Art. 76 S. 1 PAG bestätigt diese Regelung[289] und bestimmt, dass Art. 3 KG nicht anzuwenden ist, soweit das PAG die Erhebung von Kosten regelt.

Die Erhebung von Kosten regeln dabei insbesondere Art. 9 Abs. 2 S. 1, 28 Abs. 3 S. 1, 55 Abs. 1 S. 2 PAG.[290] Diese verschiedenen Kostengrundlagen sind dabei insbesondere bei den Abschleppfällen abzugrenzen.

2. Prüfung der Rechtmäßigkeit eines Kostenbescheids

Die Prüfung der Rechtmäßigkeit des Kostenbescheids folgt – aufgrund seiner Rechtsnatur als Verwaltungsakt i.S.d. Art. 35 S. 1 BayVwVfG – den allgemeinen Regeln und unterteilt sich in formelle und materielle Rechtmäßigkeit. 223

288 *Ziegler/Tremel* 380.
289 VollzB Nr. 71.1. (= VollzB bei Art. 76).
290 *Berner/Köhler/Käß* Art. 76 Rn. 3 mit einer abschließenden Aufzählung; die Regelungen der Art. 56 Abs. 4, 58 Abs. 3, 59 Abs. 7 PAG haben dabei geringe Bedeutung in der Klausur. Sollte Ihnen dieser Fall einmal begegnen, ist nur eines wichtig: Es handelt sich um Kostenerhebungen für spezielle Sekundärmaßnahmen. Sofern bei der Rechtmäßigkeit des Kostenbescheides gemäß Art. 16 Abs. 5 KG (dazu sogleich mehr) die Rechtmäßigkeit der Amtshandlung überprüft wird, ist ausschließlich die spezielle Sekundärmaßnahme zu überprüfen, da in diesem Fall lediglich diese unter den Begriff der Amtshandlung fällt.

PRÜFUNGSSCHEMA

Rechtmäßigkeit des Kostenbescheids

I. Formelle Rechtmäßigkeit
1. Zuständigkeit: Behörden des Staates nach Art. 1 Abs. 1 KG (im Regelfall Zuständigkeit in der Klausur angegeben)
2. Verfahren und Form nach BayVwVfG: Anhörung nach Art. 28 Abs. 1 BayVwVfG erforderlich, aber Heilung nach Art. 45 Abs. 1 Nr. 3, Abs. 2 BayVwVfG möglich

II. Materielle Rechtmäßigkeit
1. Rechtsgrundlage: Art. 3 Abs. 1 Nr. 10 KG i.V.m. Art. 76 S. 1 PAG i.V.m. Art. 9 Abs. 2 S. 1 PAG oder Art. 28 Abs. 3 S. 1 PAG oder Art. 55 Abs. 1 S. 2 PAG
2. Rechtmäßigkeit der Amtshandlung
   - Die Regelung des Art. 16 Abs. 5 KG Rn. 225
   - Ausnahme bei Unanfechtbarkeit Rn. 226
3. Ordnungsgemäße Kostenhöhe
4. Kostenschuldnereigenschaft
   - Korrektur des Begriffs der Verantwortlichkeit Rn. 229 f.
   - Mehrheit von Kostenschuldnern Rn. 231
5. Ordnungsgemäße Ermessensausübung, Art. 76 S. 4 PAG (auch bezüglich Auswahl zwischen mehreren Kostenschuldnern)
   - nachträgliches Aufstellen von Verkehrszeichen Rn. 232
   - Halter überlasst Fahrer sein KFZ Rn. 232

3. Die Rechtmäßigkeit der Amtshandlung als Voraussetzung der Kostenerhebung

224 Bei der Kostenerhebung handelt es sich um eine eigene polizeiliche Maßnahme in Form eines Verwaltungsaktes nach Art. 35 S. 1 BayVwVfG, gegen den sich der Betroffene mit der Anfechtungsklage wehren kann.

JURIQ-Klausurtipp

Beachten Sie, dass infolge der Zahlung durch den Bürger keine Erledigung eintritt, da der Kostenbescheid weiterhin den Rechtsgrund für das Behaltendürfen des Geldes darstellt. Aus Anwaltssicht müsste in diesem Fall der Annexantrag nach § 113 Abs. 1 S. 2 VwGO auf Rückleistung der gezahlten Kosten gestellt werden.

Die zugrundeliegende Amtshandlung, also eine polizeiliche Primär- oder Sekundärmaßnahme, ist davon zu trennen und eigentlich nur der Anlass der Kostenerhebung.

a) Grundsatz nach Art. 16 Abs. 5 KG

225 Gleichwohl ist im Grundsatz auch die Rechtmäßigkeit der polizeilichen Amtshandlung Voraussetzung für eine Kostenerhebung. Dies ergibt sich bereits aus Art. 16 Abs. 5 KG, wonach solche Kosten, die bei richtiger Sachbehandlung nicht entstanden wären, nicht erhoben werden.[291] Dabei handelt es sich letztlich um eine Ausprägung des Grundsatzes von

291 Vgl. auch *Wehr* Rn. 516 ff.

Treu und Glauben i.S.d. § 242 BGB. Die Behörden würden sich widersprüchlich verhalten, wenn sie für eine rechtswidrige Amtshandlung Kosten verlangen würden, da der Bürger diese gezahlten Kosten als Schaden infolge einer rechtswidrigen Maßnahme sogleich wieder über den Staatshaftungsanspruch nach § 839 BGB i.V.m. Art. 34 S. 1 GG zurückverlangen könnte.

b) Ausnahme bei Unanfechtbarkeit

Vor diesem dogmatischen Hintergrund ergibt sich zugleich die Ausnahme, wann eine Rechtmäßigkeit der Amtshandlung für die Rechtmäßigkeit der Kostenerhebung nicht erforderlich ist. Nach § 839 Abs. 3 BGB hat der Bürger zumutbare Rechtsmittel einzulegen, um den Staatshaftungsanspruch nicht zu verlieren. 226

Ist der in Ausführung der Amtshandlung ergangene Verwaltungsakt mangels Rechtsmittels des Bürgers unanfechtbar und damit bestandskräftig geworden, ist dessen Rechtmäßigkeit keine Voraussetzung mehr für eine Kostenerhebung.[292] Maßgeblich ist also der Ablauf der Klagefrist nach § 74 Abs. 1 VwGO.

Im Polizeirecht ist im Falle einer Erledigung innerhalb offener Klagefrist (Regelfall aufgrund des sofortigen Vollzugs) zu beachten, dass ein erledigter Verwaltungsakt nicht mehr unanfechtbar werden kann, da die Rechtsmittelfristen lediglich einem Verwaltungsakt zur Bestandskraft verhelfen sollen, was nach Erledigung nicht mehr möglich ist. Sofern also eine Erledigung innerhalb offener Klagefrist eintritt, ist die Rechtmäßigkeit der Amtshandlung für die Kostenerhebung stets erforderlich.

JURIQ-Klausurtipp

In der Klausur werden von Ihnen keinesfalls die vorstehenden Ausführungen verlangt. Es ist vollkommen ausreichend, wenn Sie mit Hinweis auf Art. 16 Abs. 5 KG die Rechtmäßigkeit der Amtshandlung prüfen, sofern noch keine Bestandskraft vorliegt. Die Ausführungen wurden nur deshalb etwas ausführlicher gehalten, um dieses doch komplizierte und extrem wichtige Problem verständlich zu machen.

Extrem wichtig ist auch, dass Sie den Begriff der Amtshandlung richtig einordnen. Die Amtshandlung ist die konkrete Maßnahme, für die die Polizei ihre Kosten einfordert. Im Fall einer unmittelbaren Ausführung einer Sicherstellung (häufigster Fall bei den Abschleppfällen) stellt die relevante Amtshandlung also die unmittelbare Ausführung der Sicherstellung (als Primärmaßnahme) dar.

4. Die Höhe der Kosten

Die Höhe der zu erhebenden Kosten beurteilt sich dabei nach Art. 76 S. 2 und 3 PAG i.V.m. § 1 PolKV,[293] der für die polizeilichen Maßnahmen Gebührenrahmen festlegt. Wichtig ist dabei, dass nach § 2 PolKV mit den Gebühren nach § 1 (nur) die Auslagen nach Art. 10 Abs. 1 Nr. 2, 3, 4 KG abgegolten sind. Insbesondere die anderen Behörden oder anderen Personen für ihre Tätigkeit zustehenden Beträge nach Art. 10 Abs. 1 Nr. 5 KG sind also nicht abgegolten und 227

292 Vgl. *Wehr* Rn. 519.
293 *Ziegler/Tremel* 574.

können zusätzlich zu den Gebühren nach § 1 PolKV eingefordert werden.[294] Darunter fallen z.B. die Kosten des privaten Abschleppunternehmers. Unter den Begriff der Auslagen fallen alle besonderen, ausscheidbaren Aufwendungen der Behörde.[295]

5. Die Person des Kostenschuldners

228 Die Person des Kostenschuldners wird durch die jeweiligen Kostennormen bestimmt. Art. 9 Abs. 2 S. 1 PAG stellt auf den (hypothetisch) nach Art. 7 oder 8 PAG Verantwortlichen ab. Er wird dagegen direkt bestimmt durch Art. 28 Abs. 3 S. 2 PAG im Rahmen der Kostenerhebung für eine Sicherstellung. Art. 55 Abs. 1 S. 2 PAG stellt letztlich auf den Betroffenen ab; beim Sofortvollzug nach Art. 53 Abs. 2 PAG ist das der im Rahmen der hypothetischen Primärmaßnahme Verantwortliche.[296]

a) Verantwortlicher im Sinne des Kostenrechts: Korrektur des Begriffs der Verantwortlichkeit gegenüber der Primärebene

» Bei der Korrektur des Begriffs der Verantwortlichkeit auf der Tertiärebene handelt es sich um einen Klausur-Klassiker! «

229 Beim Begriff des Verantwortlichen muss aber berücksichtigt werden, dass der bei polizeilichen Primärmaßnahmen maßgebliche Grundsatz der Effektivität der Gefahrenabwehr auf der Tertiärebene keine Bedeutung mehr hat. Störer im kostenrechtlichen Sinne ist daher nur derjenige, der aus einer ex-post-Sicht (also nach vollständiger Aufklärung des Sachverhalts; im Gegensatz zur ex-ante und ex-situatione Sicht bei der Bestimmung einer Gefahr) auch wirklich verantwortlich i.S.d. Art. 7 f. PAG ist. Das bedeutet:

230
- der nach **Art. 10 PAG Nicht-Verantwortliche** ist nicht kostenpflichtig; dies ergibt sich schon aus den einzelnen Kostenerhebungsbestimmungen, die die Kostenerhebung von den Verantwortlichen ermöglichen,
- der **Anscheinsstörer** ist nach BayVGH nur dann kostenpflichtig, wenn er den Anschein der Gefahr zurechenbar veranlasst hat[297] (Gleiches gilt für den sogenannten Verdachtsstörer[298]),
- der **Putativstörer** ist bereits auf Primärebene nicht verantwortlich (weil keine Gefahr i.S.d. PAG vorliegt) und ist dementsprechend natürlich auch nicht kostenpflichtig,
- nach Ansicht des VG Berlin[299] folgt aus der Möglichkeit der Inanspruchnahme **nicht geschäftsfähiger und schuldunfähiger Personen** auf Primärebene auch die Kostenpflicht dieser Personen.

b) Mehrheit von Kostenschuldnern

231 Mehrere Kostenschuldner (bei sachbezogenen Maßnahmen wegen Art. 8 Abs. 2 PAG oft möglich) haften nach Art. 2 Abs. 4 KG als Gesamtschuldner. Der Grundsatz der freien Auswahl

---

294 Vgl. *Berner/Köhler/Käß* Art. 76 Rn. 11.

295 *Berner/Köhler/Käß* Art. 76 Rn. 2.

296 Letztlich nur allgemein formuliert VollzB Nr. 55.3. und *Berner/Köhler/Käß* Art. 55 Rn. 9.

297 Vgl. *Wehr* Rn. 522; *Becker/Heckmann/Kempen/Manssen* Teil 3 Rn. 421; *Berner/Köhler/Käß* Art. 76 Rn. 6 etwas verwirrend; maßgeblich ist der erste Halbsatz: *„Nach Auffassung des BayVGH (BayVBl. 1995, 760) ist kostenpflichtiger Veranlasser, wer eine Gefahr für die öffentliche Sicherheit und Ordnung schafft*, nicht jedoch derjenige, der lediglich den Anschein einer Gefahr veranlasst."; Mit dem Erfordernis des „Schaffens" ist die Zurechenbarkeit der Veranlassung im Gegensatz zur bloßen nicht zurechenbaren Veranlassung gemeint.

298 Vgl. *Wehr* Rn. 527.

299 *VG Berlin* NJW 2001, 2489.

nach § 426 Abs. 1 S. 1 BGB wird dabei aber durch die Besonderheiten des Kostenrechts nach Art. 2 Abs. 1 S. 1 KG überlagert, der das sogenannte Veranlasserprinzip regelt.[300]

Dabei ist im Grundsatz ein Verhaltensverantwortlicher vor dem Zustandsverantwortlichen in Anspruch zu nehmen[301] (Grundsatz der Effektivität der Gefahrenabwehr hat auf der Ebene der Kostenpflicht keine Bedeutung mehr, da die Gefahr bereits beseitigt wurde[302]).

Zwischen mehreren Verhaltensverantwortlichen oder mehreren Zustandsverantwortlichen steht die Auswahl im freien Ermessen der Behörde.[303] Zulässiges Auswahlkriterium ist dabei die Solvenz der Schuldner.[304]

6. Das Absehen von der Kostenerhebung aus Billigkeitsgründen

Von der Erhebung von Kosten kann nach Art. 76 S. 4 PAG abgesehen werden, soweit dies der Billigkeit widerspricht. 232

Hinweis

Dazu sollten Ihnen insbesondere folgende Fälle bekannt sein:

- Bei der **nachträglichen Aufstellung von Verkehrszeichen** (die als Verwaltungsakt in Form der Allgemeinverfügung nach Art. 35 S. 2 BayVwVfG mit dem Aufstellen gegenüber jedermann Verbindlichkeit erlangen und daher auch von jedermann zu beachten sind) ist die Anordnung des Abschleppens (als Primärmaßnahme!) rechtmäßig, weil das Fahrzeug mit der Aufstellung des Verkehrsschildes zu einer Gefahr für die Sicherheit und Leichtigkeit des Verkehrs wird, die Belastung des Fahrers oder Halters mit den Kosten ist aber unzumutbar, solange das nachträglich aufgestellte Verkehrschild nicht bereits mindestens drei Werktage vorhanden war.[305]
- **Überlässt der Halter einem Fahrer sein KFZ** und wird dieses infolge verkehrswidrigen Parkens durch den Fahrer von der Polizei abgeschleppt, trifft den Halter die Pflicht, den Fahrer zu nennen; nennt er diesen nicht, haftet er nach Art. 8 Abs. 2 S. 1 PAG als Zustandsverantwortlicher für die Abschleppkosten, weitere Ermittlungen zur Feststellung des Fahrers hat die Polizei nicht durchzuführen, weil es sich regelmäßig um einen unangemessenen und unzumutbaren Verwaltungsaufwand handelt; diese Grundsätze gelten auch, wenn der Fahrer das KFZ abredewidrig und ohne Wissen des Halters in den die Störung der öffentlichen Sicherheit verursachenden Zustand gebracht hat.[306]

300 *Berner/Köhler/Käß* Art. 76 Rn. 14.
301 *Berner/Köhler/Käß* Art. 76 Rn. 15; *Becker/Heckmann/Kempen/Manssen* Teil 3 Rn. 422.
302 Dasselbe gilt deshalb auch bei den Entschädigungsansprüchen, siehe Rn. 238 ff.
303 *Berner/Köhler/Käß* Art. 76 Rn. 16.
304 Vgl. *Wehr* Rn. 529.
305 *Berner/Köhler/Käß* Art. 76 Rn. 21; die Rechtsprechung schafft also eine Pflicht, sich bei längerem Parken im öffentlichen Straßenverkehr regelmäßig über eine mögliche Änderung der Verkehrslage zu informieren.
306 *Berner/Köhler/Käß* Art. 76 Rn. 19.

II. Entschädigungsansprüche des Bürgers bei polizeilichem Handeln

233 In bestimmten Fällen steht dem Bürger ein Entschädigungsanspruch für Schäden zu, die ihm infolge von polizeilichen Handlungen entstanden sind. Als grundsätzliche Orientierungspunkte kann man sich dabei die bereits oben angesprochene Exklusivität des Bestehens eines Entschädigungsanspruchs und einer Kostenpflicht merken. Die Entschädigungsansprüche betreffen also (auch) die Fälle der fehlenden Kostenpflicht.

1. Überblick über die Entschädigungsansprüche und Konkurrenz der Ansprüche

234 Art. 70 ff. PAG stellen Regelungen für Entschädigungsansprüche zur Verfügung. Dabei handelt es sich um spezialgesetzliche Normierungen der allgemeinen aufopferungsrechtlichen Ansprüche auf der Grundlage der Einleitung zu §§ 74, 75 PrALR.[307]

Daneben können Ansprüche aufgrund Staatshaftung nach § 839 BGB i.V.m. Art. 34 S. 1 GG bestehen; zu diesen Ansprüchen besteht Idealkonkurrenz.[308]

Denkbar ist zudem eine Haftung analog § 280 BGB wegen Pflichtverletzung im verwaltungsrechtlichen Schuldverhältnis, sofern ein solches besteht.[309] Sofern eine solche Haftung gegeben ist, steht diese ebenfalls in Idealkonkurrenz.[310]

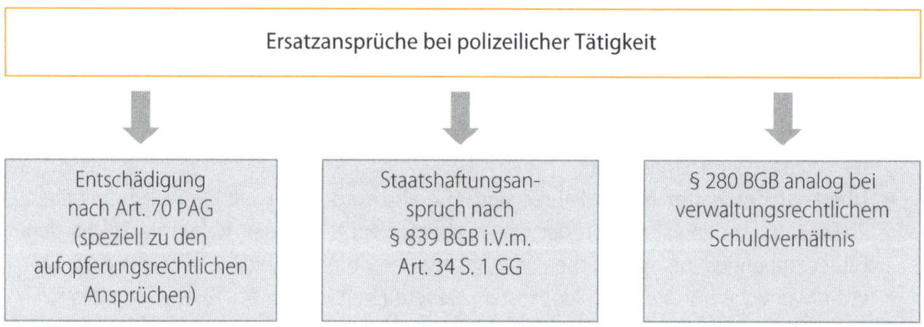

2. Entschädigungsanspruch nach Art. 70 PAG

a) Ansprüche nach Art. 70 Abs. 1 und Abs. 2 PAG

235 Art. 70 Abs. 1 PAG regelt zunächst den Anspruch des Nichtstörers. Gemeint ist in Abgrenzung zu Art. 70 Abs. 2 PAG derjenige, der als Nichtstörer aufgrund des Art. 10 PAG in Anspruch genommen wird und aufgrund der polizeilichen Maßnahme einen Schaden erlitten hat.

Art. 70 Abs. 2 PAG erfasst demgegenüber den Dritten als zufällig von einer polizeilichen Maßnahme in Anspruch Genommenen („Kollateralschäden"; z.B. die verirrte Kugel bei Schusswaffengebrauch). Erfasst werden beabsichtigte oder unbeabsichtigte Nebenfolgen der polizeilichen Maßnahmen, die bei Dritten eingetreten sind.[311]

307 *Becker/Heckmann/Kempen/Manssen* Teil 3 Rn. 450; *Berner/Köhler/Käß* Art. 70 Rn. 3 ist a.A.
308 *Berner/Köhler/Käß* Art. 70 Rn. 3.
309 *Palandt* § 280 BGB Rn. 10.
310 Auch ein Entschädigungsanspruch aufgrund anderer bundesrechtlicher Vorschriften.
311 *Becker/Heckmann/Kempen/Manssen* Teil 3 Rn. 476.

Während Art. 70 Abs. 1 PAG allein auf das Entstehen eines Schadens abstellt, besteht ein Ersatzanspruch nach Art. 70 Abs. 2 PAG nur in den Fällen der Tötung (siehe auch Abs. 3), Verletzung oder Erleidung eines sonstigen nicht zumutbaren Schadens. Ausgeschlossen werden damit geringere Beeinträchtigungen als Verwirklichung des allgemeinen Lebensrisikos.[312]

Maßgeblich ist bei Art. 70 Abs. 1 PAG allein die Inanspruchnahme einer Person als Nichtstörer **236** nach Art. 10 PAG; ob die polizeiliche Maßnahme rechtswidrig oder rechtmäßig war, ist dagegen ohne Bedeutung.[313] Der Anspruch ist nach Art. 70 Abs. 1 a.E. PAG ausgeschlossen, sofern der Geschädigte von einem anderen Ersatz verlangen kann. Erfasst sind dadurch insbesondere Versicherungsleistungen.[314] Andere Ansprüche gegen den Freistaat Bayern, etwa aus § 839 BGB i.V.m. Art. 34 S. 1 BGB oder § 280 BGB analog fallen aufgrund der Haftungseinheit der öffentlichen Hand dagegen nicht darunter.[315]

b) Ausschluss des Anspruchs nach Art. 70 Abs. 4 PAG

Nach Art. 70 Abs. 4 PAG besteht kein Anspruch, **soweit** die Maßnahme auch unmittelbar dem **237** Schutz der Person oder des Geschädigten gedient **hat**. Maßgeblich ist dabei nicht der polizeiliche Wille (also allein das Handeln zum Schutz des Einzelnen reicht nicht aus), sondern die objektiven Umstände. Nur im Falle eines tatsächlich verwirklichten Schutzes des Betroffenen kann also Art. 70 Abs. 4 PAG eingreifen.[316]

c) Erweiterung des Anwendungsbereichs des Art. 70 PAG

Bei der Frage, ob eine Person verantwortlich war, ist ebenso wie bei der Kostenerstattung der **238** Begriff der Verantwortlichkeit auf Tertiärebene zu modifizieren. Der Grundsatz der Effektivität der Gefahrenabwehr entfaltet insoweit wiederum keine Auswirkung mehr, weil die gegebene Gefahr bereits beseitigt wurde.

Deshalb ist der **Anscheinsstörer** in analoger Anwendung des Art. 70 Abs. 1 PAG ersatzberechtigt, sofern er die die Anscheinsgefahr begründenden Umstände nicht vorwerfbar verursacht hat.[317] Denn in diesem Fall unterscheidet sich seine Position nicht von der des Nichtverantwortlichen nach Art. 10 PAG.[318] Die gleichen Grundsätze gelten dabei wiederum für den Verdachtsstörer.[319]

Die Fälle des Putativstörers und des Adressaten einer rechtswidrigen polizeilichen Maß- **239** nahme, der nach Art. 7 oder 8 PAG verantwortlich ist, sind in Art. 70 PAG nicht geregelt.

---

312 *Becker/Heckmann/Kempen/Manssen* Teil 3 Rn. 477; *Berner/Köhler/Käß* Art. 70 Rn. 9.

313 *Becker/Heckmann/Kempen/Manssen* Teil 3 Rn. 452.

314 *Berner/Köhler/Käß* Art. 70 Rn. 5.

315 Vgl. zur parallelen Ausschlussnorm des § 839 I 2 BGB *Palandt* § 839 BGB Rn. 56.

316 *Berner/Köhler/Käß* Art. 70 Rn. 13; *Becker/Heckmann/Kempen/Manssen* Teil 3 Rn. 463.

317 *Becker/Heckmann/Kempen/Manssen* Teil 3 Rn. 456 f.; *Berner/Köhler/Käß* Art. 70 Rn. 3 und 8: hier wird auf entsprechende Anwendung des Art. 70 Abs. 2 PAG abgestellt, aber klargestellt, dass Ersatz verlangt werden kann, wie wenn sie nach Art. 10 PAG in Anspruch genommen worden wären. Nicht ganz klar ist, was damit gemeint ist. Die Verfasser verstehen *Berner/Köhler/Käß* Art. 70 Rn. 8 derart, dass sich der Anspruch nach Art. 70 Abs. 2 PAG als Anspruchsgrundlage richtet, inhaltlich aber den Grundsätzen des Art. 70 Abs. 1 PAG folgt. Dies ist als unnötig kompliziert abzulehnen und vielmehr direkt auf Art. 70 Abs. 1 PAG abzustellen.

318 *Berner/Köhler/Käß* Art. 70 Rn. 8.

319 Zu allem *Wehr* Rn. 539 sowie zum Verdachtsstörer *Schenke* Rn. 705.

Im Falle des **Putativstörers** wird überwiegend angenommen, dass dieser wie ein gänzlich Unbeteiligter anzusehen ist und diesem erst recht analog Art. 70 Abs. 2 PAG ein Anspruch zustehen müsste, da auch dem Anscheinsstörer unter Umständen ein Anspruch eingeräumt wird.[320]

240 Dieselbe Frage stellt sich letztlich bei dem nach **Art. 7 oder 8 PAG Verantwortlichen, gegen den eine rechtswidrige polizeiliche Maßnahme** ergangen ist. Auch insoweit erscheint eine Gleichstellung mit Art. 70 Abs. 2 PAG und deshalb in analoger Anwendung die Gewährung eines Ersatzanspruches sachgerecht.[321]

JURIQ-Klausurtipp

Da diese Frage sehr umstritten sind, wird es in der Klausur, sofern diese Frage einmal auftaucht (was nach Einschätzung der Verfasser auch eher unwahrscheinlich ist), ausreichen, wenn dargestellt wird, dass beide Fragen in Art. 70 PAG nicht ausdrücklich geregelt sind und weiterhin die Alternativen einer analogen Anwendung des Art. 70 PAG oder der Rückgriff auf das allgemeine Staatshaftungsrecht zur Verfügung stehen. In den meisten Fällen wird diese Frage auch dahingestellt bleiben können, da bei rechtswidrigen Maßnahmen (und dazu zählen ja auch die Maßnahmen gegen den Putativstörer) regelmäßig ein Anspruch auf Staatshaftung nach § 839 BGB i.V.m. Art. 34 S. 1 GG gegeben sein wird (vgl. Rn. 245 f.).

d) Inhalt des Anspruchs

241 Der Anspruch nach Art. 70 PAG ist nach Art. 70 Abs. 7 S. 1 PAG grundsätzlich auf den Ersatz von Vermögensschäden in Geld (Art. 70 Abs. 7 S. 4 PAG) gerichtet. Darunter fällt jede in Geld bewertbare Einbuße am Vermögen.[322] Damit werden immaterielle Schäden ausgeschlossen, die nach Art. 70 Abs. 7 S. 2 PAG nur bei Freiheitsentziehungen geltend gemacht werden können.

e) Anspruchsgegner

242 Entschädigungspflichtig und damit richtiger Anspruchsgegner ist nach Art. 70 Abs. 6 PAG i.V.m. Art. 1 Abs. 2 POG der Freistaat Bayern als Träger der Polizei.

f) Verhältnis zu Spezialregelungen

243 Spezielle gesetzliche Regelungen der Entschädigungen sind nach Art. 70 Abs. 5 PAG vorrangig: Gemeint sind damit nur solche Ansprüche, die speziell an Maßnahmen der Polizei anknüpfen, wie z.B. Art. 34b Abs. 4 PAG, nicht aber § 839 BGB oder § 280 BGB analog.[323]

---

320 Die gegenteiligen Stimmen verweisen darauf, dass dieser Fall nicht von Art. 70 PAG geregelt und deshalb mangels vorhandener spezieller Regelung insoweit auf die Rechtsinstitute des enteignenden/enteignungsgleichen und aufopferungsrechtlichen Anspruchs auf Grundlage der §§ 74, 75 EinALR zurückzugreifen sei: *Becker/Heckmann/Kempen/Manssen* Teil 3 Rn. 449 und wohl auch *Berner/Köhler/Käß* vor Art. 70 Rn. 3, der davon spricht „soweit das PAG Ansprüche ausdrücklich regelt", also auch von Ansprüchen ausgeht, die über diese allgemeinen Rechtsinstitute zu behandeln sind.

321 A.A. *Wehr* Rn. 543 sowie wiederum *Becker/Heckmann/Kempen/Manssen* Teil 3 Rn. 449, der wiederum auf die Rechtsinstitute des enteignenden/enteignungsgleichen und aufopferungsrechtlichen Anspruchs auf Grundlage der §§ 74, 75 EinALR zurückgreifen will und wohl auch wieder *Berner/Köhler/Käß* vor Art. 70 Rn. 3.

322 *Berner/Köhler/Käß* Art. 70. Rn. 17.

323 *Berner/Köhler/Käß* Art. 70 Rn. 15.

g) Rechtsweg

Die Entschädigungsansprüche sind nach Art. 73 Abs. 1 PAG vor den ordentlichen Gerichten geltend zu machen (abdrängende Sonderzuweisung i.S.d. § 40 Abs. 1 S. 2 VwGO). Ohne Rücksicht auf den Streitwert sind nach § 71 Abs. 3 GVG i.V.m. Art. 9 Nr. 1 bayerisches AGGVG[324] die Landgerichte zuständig. 244

3. Staatshaftungsanspruch nach § 839 BGB i.V.m. Art. 34 S. 1 GG

Bei rechtswidrigen Primärmaßnahmen der Polizei kommt auch ein Anspruch auf Staatshaftung nach § 839 BGB i.V.m. Art. 34 S. 1 GG wegen Verletzung der Amtspflicht zu rechtmäßigem Handeln in Betracht.[325] Dieser ist auf Schadensersatz gerichtet und erfasst nach § 253 Abs. 2 BGB eventuell auch immaterielle Schäden. Wichtig sind die Haftungsbeschränkungen nach § 839 Abs. 1 S. 2, Abs. 3 BGB, wobei aufgrund des Grundsatzes der Haftungseinheit des Staates wiederum andere Ansprüche gegen den Staat keine anderweitige Ersatzmöglichkeit darstellen.[326] 245

Hinweis

Über § 40 Abs. 2 S. 1 VwGO i.V.m. Art. 34 S. 3 GG ist der ordentliche Rechtsweg einschlägig.

Für den Bereich der Verschuldenshaftung stellt § 839 BGB i.V.m. Art. 34 S. 1 GG eine gegenüber den sonstigen deliktsrechtlichen Ansprüchen vorrangige und spezielle Regelung dar. Ein möglicher Anspruch auf Gefährdungshaftung stünde dagegen in Idealkonkurrenz zu den Ansprüchen aus § 839 BGB i.V.m. Art. 34 S. 1 GG. 246

Beispiel Der von einer polizeilichen Maßnahme Betroffene wird bei Vornahme der polizeilichen Amtshandlung von dem von einem Beamten mitgeführten Diensthund gebissen. Hierbei handelt es sich um ein dem Beruf des Tierhalters zu dienen bestimmtes Haustier i.S.d. § 833 S. 2 BGB, weshalb keine Gefährdungshaftung nach § 833 S. 1 BGB einschlägig ist, sondern (nur) eine Haftung für vermutetes Verschulden nach § 833 S. 2 BGB. Insoweit handelt es sich bei § 839 BGB i.V.m. Art. 34 S. 1 GG um die speziellere Regelung für den Bereich der Verschuldenshaftung, somit also auch gegenüber der Haftung für vermutetes Verschulden nach § 833 S. 2 BGB. Jedoch soll in diesem Fall die Wertung des § 833 S. 2 BGB, der ein Verschulden vermutet, dergestalt auf § 839 BGB i.V.m. Art. 34 S. 1 GG zu übertragen sein, dass auch dort von einer Vermutung des Verschuldens auszugehen ist. ■

324 *Ziegler/Tremel* 285.
325 *Becker/Heckmann/Kempen/Manssen* Teil 3 Rn. 449.
326 *Palandt* § 839 BGB Rn. 56.

4. Schadensersatzansprüche bei öffentlich-rechtlicher Verwahrung analog § 280 BGB

247 Durch die Sicherstellung einer Sache entsteht ein Verwahrverhältnis,[327] das eine öffentlich-rechtliche Sonderverbindung darstellt, auf die § 280 BGB analoge Anwendung findet.[328] Bei Pflichtverletzungen der Polizei kann also ein Schadensersatzanspruch analog § 280 BGB bestehen. Dabei finden grundsätzlich die §§ 688 ff. BGB sinngemäße Anwendung, nicht aber die Haftungsprivilegierung nach § 690 BGB.[329] Das Haftungsprivileg findet seine zivilrechtliche Rechtfertigung in der Tatsache der freiwilligen Weggabe der Sache in die Verwahrung. Dies ist mit der Konstellation der hoheitlich angeordneten Sicherstellung aber nicht vergleichbar.

Hinweis

Zu beachten ist die Zuweisung zu den ordentlichen Gerichten nach § 40 Abs. 2 S. 1 VwGO bei öffentlich-rechtlicher Verwahrung.

III. Kostenerhebung beim polizeilichen Abschleppen von Kraftfahrzeugen

248 Im Falle des durch die Polizei erfolgten Abschleppens eines Fahrzeuges wendet sich der Betroffene regelmäßig gegen den Kostenbescheid der Polizei, mit welchem diese die infolge des Abschleppvorgangs entstandenen Kosten ersetzt haben möchte. Insofern muss der Betroffene mit der Anfechtungsklage vorgehen, da der Kostenbescheid selbst bei Bezahlung durch den Bürger nicht erledigt ist, weil er weiterhin den Rechtsgrund für das Behaltendürfen des Geldes darstellt.

Auf der Ebene der Begründetheit kann bei der Rechtsgrundlage für den Kostenbescheid die genaue Qualifikation noch offen gelassen werden. Es reicht die Klarstellung, dass sich diese aus einer der Normen des Art. 1, 3 Abs. 1 Nr. 10 KG i.V.m. Art. 76 S. 1 PAG i.V.m. Art. 9 Abs. 2 S. 1, 28 Abs. 3 S. 1, 55 Abs. 1 S. 2 PAG ergibt.

Die genaue Abgrenzung wird dann erst bei der inzidenten Prüfung der Rechtmäßigkeit der Amtshandlung der Polizei (Rechtsgedanke Art. 16 Abs. 5 KG, vgl. oben) durchgeführt (vgl. auch zu den sonstigen Prüfungspunkten das obige Prüfungsschema zur Rechtmäßigkeit eines Kostenbescheids).

249 Diese Amtshandlung besteht in dem von der Polizei durchgeführten Abschleppvorgang und soll im Folgenden noch einmal in der Übersicht ebenso wie weitere typische Problemfelder, die bislang noch nicht behandelt wurden, dargestellt werden.

327 VollzB Nr. 25.2.
328 *Palandt* § 280 BGB Rn. 11.
329 *Berner/Köhler/Käß* Art. 26 Rn. 7.

1. Varianten in der Abschleppfall-Klausur

In Bezug auf die Amtshandlung der Polizei sind zwei verschiedene Varianten zu unterscheiden. 250

Hinweis

Die folgende Vorgehensweise und die dargestellten Probleme müssen Sie zwingend beherrschen. Arbeiten Sie die folgenden Ausführungen also noch einmal durch, wenn Sie das Gefühl haben sollten, nicht alles verstanden zu haben. Der Abschleppfall ist ein absoluter Klassiker und kann Ihnen immer begegnen, da er sich für jede Klausur eignet.

a) Fahrer oder Halter sind anwesend

In diesem Fall würde die Polizei als atypische Maßnahme nach Art. 11 Abs. 1 Hs. 1, Abs. 2 PAG 251
eine Primärmaßnahme gegen den Verantwortlichen in Form der Wegfahrverfügung erlassen. Sollte der Verantwortliche dieser Aufforderung nicht nachkommen, erfolgt die Vollstreckung nach Art. 53 Abs. 1 PAG im Wege der Ersatzvornahme nach Art. 54 Abs. 1 Nr. 1, 55 PAG. Aufgrund der durch den Vollzug der Maßnahmen eingetreten Erledigung ist in prozessualer Hinsicht der Anwendungsbereich der Fortsetzungsfeststellungsklage eröffnet.

b) Fahrer oder Halter sind abwesend

Bei der Qualifikation der polizeilichen Maßnahme stellt sich dabei das Problem der Abgren- 252
zung zwischen unmittelbarer Ausführung der Primärmaßnahme nach Art. 9 PAG und des Sofortvollzugs einer Sekundärmaßnahme nach Art. 53 Abs. 2 PAG.

- Zunächst ist entsprechend obigen Grundsätzen zwischen **unmittelbarer Ausführung und Sofortvollzug zu unterscheiden** (vgl. Rn. 206 ff.).
- Aufgrund der Rechtsprechung des BayVGH, wonach sich der **Bürger im Zweifel rechtstreu verhält**, kommen Sie zur Qualifikation als unmittelbare Ausführung (nur bei bekannten entgegenstehenden Willen wäre ein Sofortvollzug denkbar; allein der Verstoß gegen die verkehrsrechtlichen Vorschriften begründet dabei aber keinen solchen bekannten entgegenstehenden Willen).
- In einem zweiten Schritt muss nun aber geklärt werden, **welche Art einer hypothetischen Primärmaßnahme unmittelbar ausgeführt wurde**, da nach der Rechtsprechung des BayVGH die unmittelbare Ausführung bei allen Standardmaßnahmen möglich ist und nicht nur bei den atypischen Maßnahmen (vgl. Rn. 207).
- In Betracht kommen dabei die unmittelbare Ausführung einer **atypischen Maßnahme nach Art. 11 Abs. 1, 9 PAG oder einer Sicherstellung nach Art. 25, 9 PAG**.

Teilweise wird insoweit in der Literatur von einem engen Verständnis der Sicherstellung 253
ausgegangen, wonach es der Polizei gerade darauf ankommen muss, die Sache in Verwahrung zu nehmen **und auch dauerhaft in Verwahrung zu haben**. Nicht ausreichend ist danach, dass die Sache im Anschluss an die polizeiliche Maßnahme (bloß) tatsächlich verwahrt wird. Nach dieser Ansicht läge im Falle der Verwahrung des Fahrzeuges auf einem polizeilichen oder amtlichen Verwahrparkplatz nur dann eine Sicherstellung vor, wenn die Polizei das Fahrzeug zum Zwecke des Eigentumsschutzes (also z.B. ein unabgesperrtes Fahrzeug zum Schutz vor Sachbeschädigungen oder Diebstahl nach Art. 25 Nr. 2 PAG) sicherstellt. Keine Sicherstellung, sondern eine atypische Maßnahme, läge demnach in den Fällen des

Abschleppens wegen verkehrsordnungswidrigen Parkens (z.B. vor einer Feuerwehrzufahrt) vor, da die hier anschließende Verwahrung lediglich tatsächliche Folge des Abschleppvorganges ist, die Polizei mit ihrer Maßnahme aber allein das Ziel verfolgt, das verkehrsordnungswidrige Parken zu unterbinden.

Der **BayVGH**[330] **und ihm folgend der überwiegende Teil der Literatur** grenzen dagegen in überzeugender Weise wie folgt ab:

- Geht es der Polizei um die **Begründung (!) dauerhaften Gewahrsams** an dem Fahrzeug, liegt eine Sicherstellung nach Art. 25 PAG vor (dieser Wille der Polizei wird dabei insbesondere durch das Verbringen auf eine Verwahrstelle oder einen Verwahrparkplatz ausgedrückt).
- Ordnet die Polizei dagegen ein **bloßes „Versetzen" des Fahrzeuges** auf einen in der Nähe gelegenen freien Parkplatz i.S.d. StVO (also im öffentlichen Straßenverkehr zum Parken freigegebener Platz) an, liegt dagegen eine atypische Maßnahme vor.

Anders als die Gegenstimmen aus der Literatur stellt der BayVGH darauf ab, dass für eine Sicherstellung die **Begründung (!)** amtlichen Gewahrsams entscheidend sei und eine anschließende Verwahrung als rein tatsächliche Folge der Maßnahme ausreichend ist. Dieser Ansatz steht im Einklang mit der Definition der Sicherstellung als **Begründung (!)** eines öffentlich-rechtlichen Verwahrungsverhältnisses durch Sicherstellungsanordnung und deren Vollzug durch Realakt und ist daher vorzugswürdig. Zudem spricht für den Ansatz des BayVGH dessen klare und einfache Handhabbarkeit und damit seine hohe Praktikabilität.[331]

JURIQ-Klausurtipp

In der Klausur sollten Sie in jedem Fall der Ansicht des BayVGH und der überwiegenden Literatur folgen. Den Verfassern ist keine einzige Examensklausur bekannt, in der nicht entsprechend den Regeln des BayVGH abgegrenzt wurde.

- Letztlich prüfen Sie die **Rechtmäßigkeit der unmittelbaren Ausführung** nach den im Kapitel Sekundärmaßnahmen dargestellten Grundsätzen mit den jeweiligen hypothetischen Primärmaßnahmen nach Art. 11 oder Art. 25 PAG entsprechend ihrem Abgrenzungsergebnis.

2. Weitere Schwerpunkte bei den Abschleppfällen

254 Bei der Frage nach der sachlichen Zuständigkeit und dem **Handeln der Polizei im eingeschränkt institutionellen Sinne nach Art. 1 PAG** sind folgende Besonderheiten denkbar:

- Dass die Abschleppmaßnahme letztlich durch einen **privaten Abschleppunternehmer** ausgeführt wird, ist irrelevant: Maßgeblich ist insoweit die Anordnung der Polizei, das Fahrzeug abzuschleppen, womit die Polizei i.S.d. Art. 1 PAG gehandelt hat.
- **Zulässigkeit des Münchener Modells**: Ausreichend für das Handeln der Polizei nach Art. 1 PAG ist das sogenannte Münchner Modell, wonach letztlich auf Veranlassung eines kommunalen Parküberwachers als gemeindlichem Mitarbeiter abgeschleppt wird: Dabei melden die kommunalen Parküberwacher der Polizei über Funk Verstöße gegen straßen-

330 Vgl. z.B. *BayVGH* NVwZ 1990, 180 f.

331 Zu allem auch *Wehr* Rn. 284 ff.

verkehrsrechtliche Vorschriften und schildern den Standort den Fahrzeugs und gegebenenfalls die näheren Umstände. Die Anordnung zum Abschleppen trifft dann der Polizeibeamte, der Parküberwacher verständigt in Folge dessen den Abschleppdienst: Der BayVGH hat diese Vorgehensweise gebilligt, weil der Polizeibeamte durch seine eigene Ortskenntnis, Lagepläne und durch die übermittelten Informationen durch die Parküberwacher alle für die Entscheidung wesentlichen Umstände kennt und diesem auch die Letztentscheidungsbefugnis verbleibt.

Einige Probleme tauchen auch bei der **Verhältnismäßigkeit nach Art. 4 PAG der polizei-** 255
lichen Abschleppmaßnahme auf (diese Frage ist zu unterscheiden von einer etwaigen Unbilligkeit der Kostenerhebung nach Art. 76 S. 4 PAG; vorliegend geht es um die Frage, ob die inzidenter zu prüfende polizeiliche Amtshandlung unverhältnismäßig sein kann):

- Unerheblich ist, ob das Fahrzeug eine **konkrete Behinderung des Straßenverkehrs** verursacht hat: Zum einen entfaltet das Falschparken eine negative Vorbildfunktion,[332] zum anderen besteht letztlich kein anderes Mittel zur Beseitigung des rechtswidrigen Zustands, letztlich sind gerade Parkplätze im Bereich der Innenstädte für einen regelmäßigen Wechsel konzipiert.
- **Behindertenparkplätze** müssen immer allein aufgrund der Möglichkeit des Eintreffens eines behinderten Fahrers freigehalten werden; in diesem Fall soll auch in keinem Fall irgendein Aufwand zur Ermittlung des Fahrers erforderlich sein.
- Sehr strittig ist die Frage, welchen **Aufwand die Polizei in sonstigen Fällen zur Ermittlung der verantwortlichen Personen** betreiben muss, bevor sie das Fahrzeug abschleppen lässt:
  - Ein vorheriger Versuch der computergestützen Halterermittlung ist wegen der häufigen Divergenz von Fahrer und Halter wenig erfolgversprechend und daher grundsätzlich nicht durchzuführen.
  - Dasselbe gilt im Grundsatz für hinterlassene Nachrichten und Handynummern: Allein ein Anwohnerparkausweis oder vorgefertigte Zettel oder Aufkleber, die für eine Vielzahl von Fällen verwendet werden, sind nicht ausreichend, um Ermittlungen der Polizei erforderlich zu machen.
  - Anders kann dies lediglich sein, wenn aus dem Hinweis eindeutig hervorgeht, dass die Störung zeitnah beseitigt werden kann und hierzu auch die entsprechende Bereitschaft besteht (was wirklich der absolute Ausnahmefall sein dürfte).[333]
  - Anders kann es zudem sein, wenn aus den gegebenen Umständen ersichtlich ist, dass die Störung sehr zeitnah (insbesondere schneller als durch den Abschleppdienst; Effektivität der Gefahrenabwehr) beseitigt werden kann: Dabei handelt es sich ebenfalls um einen absoluten Ausnahmefall.

Beispiel Der Lieferwagen mit der Aufschrift des Restaurants parkt in der Innenstadt verkehrswidrig direkt vor dem Restaurant. Hier ist der Polizei eine kurze Nachfrage im Restaurant durchaus zumutbar. Ohne besondere Anhaltspunkte bleibt es aber dabei, dass grundsätzlich keine Ermittlungen aufgenommen werden müssen. ■

332 So auch *Schenke* Rn. 721.
333 Vgl. *Schenke* Rn. 720.

3. Übungsfall Nr. 3

256 „Der blockierte Behindertenparkplatz"

Am Vormittag des 26.3.2012 stellte Markus (M), Eigentümer und Halter des PKW BMW 530d, sein Fahrzeug auf einem Parkplatz in der Augsburger Innenstadt ab. Dieser Parkplatz war ordnungsgemäß i.S.d. StVO als Parkplatz mit dem Textzusatz „nur mit Parkausweis sichtbar im Fahrzeug" als Behindertenparkplatz gekennzeichnet. Markus war dabei nicht im Besitz eines entsprechenden Parkausweises. Kurze Zeit später kommt der kommunale Parküberwacher Kuno (K) bei seinem Kontrollgang am PKW des M vorbei. Bei seiner Kontrolle stellt er fest, dass kein Parkausweis im Auto ausliegt. Daraufhin setzt er sich mit der zuständigen Polizeiinspektion telefonisch in Verbindung und teilt dieser den Sachverhalt mit. Durch den diensthabenden Polizeibeamten, dem die Parkplatzsituation und die Ortsverhältnisse in der Augsburger Innenstadt bekannt sind, wird K das Abschleppen des PKW aufgetragen. K veranlasst daraufhin die Versetzung des PKW durch einen privaten Abschleppunternehmer auf einen 1 Kilometer entfernten öffentlichen Parkplatz, damit der Parkplatz Behinderten wieder zur Verfügung stehen kann. Am 11.6.2012 erhält M mit der Tagespost einen Bescheid des zuständigen Polizeipräsidiums Augsburg vom 8.6.2012, in dem er aufgefordert wird, 180 € zu bezahlen, bestehend aus 150 € für den Abschleppvorgang und einer Gebühr von 30 €.

M beschließt, den angeforderten Betrag zunächst zu zahlen, jedoch gerichtlich gegen den Bescheid vorzugehen. Am 20.6.2012 reicht er Klage beim Verwaltungsgericht Augsburg ein und beantragt, den Bescheid vom 8.6.2012 aufzuheben.[334] Er bringt dabei insbesondere vor, dass ein Abschleppvorgang nicht erforderlich gewesen sei; in der Augsburger Innenstadt seien generell keine Behinderten mit dem PKW unterwegs. Man solle nachweisen, dass er konkret einen Behinderten bei seiner Parkplatzsuche behindert habe.

Bearbeitervermerk: Die Entscheidung des Verwaltungsgerichts Augsburg ist gutachterlich vorzubereiten.

257 Lösung

Die Klage des M hat Aussicht auf Erfolg, wenn sie vor dem rechtswegzuständigen Gericht erhoben, zulässig und begründet ist.

A. Entscheidungskompetenz des Verwaltungsgerichts Augsburg

Das Verwaltungsgericht Augsburg ist zur Entscheidung berufen, wenn der Verwaltungsrechtsweg nach § 40 Abs. 1 S. 1 VwGO i.V.m. Art. 12 Abs. 1 POG eröffnet ist und dieses zuständig ist.

334 Die Rückzahlung der gezahlten 180 € wäre mittels des sogenannten Vollzugsfolgenbeseitigungsanspruchs nach § 113 Abs. 1 S. 2 VwGO auf dem Wege der allgemeinen Leistungsklage zu verfolgen. Als Anwalt müssten Sie insofern einen entsprechenden Antrag in Form der Eventualklagehäufung (also Antragsstellung unter der Bedingung des vorherigen Erfolges der Anfechtungsklage) stellen.

I. Eröffnung des Verwaltungsrechtswegs nach § 40 Abs. 1 S. 1 VwGO

Mangels aufdrängender Sonderzuweisung kommt nur die allgemeine Rechtswegeröffnung nach § 40 Abs. 1 S. 1 VwGO in Betracht.

1. Öffentlich-rechtliche Streitigkeit

Eine öffentlich-rechtliche Streitigkeit liegt vor, wenn die streitentscheidenden Normen gemäß der modifizierten Subjektstheorie ausschließlich solche des öffentlichen Rechts i.S.d. Sonderrechtstheorie sind. Streitentscheidend sind vorliegend insbesondere die Normen des PAG und KG, welche mit den Polizeibehörden ausschließlich einen Träger hoheitlicher Gewalt berechtigen und verpflichten.

2. Keine abdrängende Sonderzuweisung

Die abdrängende Sonderzuweisung nach § 23 EGGVG kommt vorliegend nicht in Betracht, da sich die Klage nicht gegen eine polizeiliche Maßnahme, sondern gegen den Kostenbescheid als Folge der polizeilichen Maßnahme richtet. Im Übrigen hatte die Polizei bei der zugrundeliegenden Maßnahme schwerpunktmäßig nicht zu repressiven, sondern zu präventiven Zwecken gehandelt. Primär ging es ihr darum, den Parkplatz wieder zur Verfügung zu stellen, also den ordnungswidrigen Zustand für die Zukunft zu beseitigen.

3. Nicht verfassungsrechtlicher Art

Mangels doppelter Verfassungsunmittelbarkeit liegt eine Streitigkeit nicht verfassungsrechtlicher Art vor.

II. Zuständiges Gericht

Das Verwaltungsgericht Augsburg ist nach §§ 45, 52 Nr. 3, 5 VwGO i.V.m. Art. 1 Abs. 2 Nr. 6 AGVwGO zuständig.

B. Zulässigkeit der Klage

Die Klage des M ist zulässig, wenn alle erforderlichen Sachentscheidungsvoraussetzungen gegeben sind.

I. Statthaftigkeit

Die statthafte Klageart beurteilt sich nach dem klägerischen Begehren gem. §§ 86, 88 VwGO.

M erstrebt zum einen die Aufhebung des Bescheids vom 13. Juni 2009. Dabei handelt es sich um eine Anfechtungsklage nach § 42 Abs. 1 Alt. 1 VwGO, da mit dem Kostenbescheid ein Verwaltungsakt i.S.d. Art. 35 S. 1 BayVwVfG gegeben ist. Eine Erledigung i.S.d. Art. 43 Abs. 2 BayVwVfG, der die Statthaftigkeit der Fortsetzungsfeststellungsklage nach § 113 Abs. 1 S. 4 VwGO zur Folge hätte, ist nicht gegeben. Auch nach der Zahlung durch M bleibt der Kostenbescheid weiterhin der rechtliche Grund für das Behalten des Geldes.

II. Klagebefugnis

Als Adressat eines mit der Zahlungsaufforderung belastenden Verwaltungsaktes ist der M zumindest möglicherweise zumindest in seinem Grundrecht der allgemeinen Handlungsfreiheit nach Art. 2 Abs. 1 GG verletzt und damit klagebefugt nach § 42 Abs. 2 VwGO.

III. Vorverfahren

Die Durchführung eines Vorverfahrens nach §§ 68 ff. VwGO ist nach § 68 Abs. 1 S. 2 Hs. 1 VwGO i.V.m. Art. 15 Abs. 2, 3 AGVwGO nicht erforderlich.

IV. Klagefrist

Nach § 74 Abs. 1 S. 2 VwGO muss die Klage innerhalb eines Monats ab Bekanntgabe des Bescheids erhoben werden. Fristauslösendes Ereignis i.S.d. § 57 Abs. 2 VwGO i.V.m. § 222 Abs. 1 ZPO i.V.m. § 187 Abs. 1 BGB ist dabei die Bekanntgabe an M. Nach der sogenannten Drei-Tages-Fiktion des Art. 41 Abs. 2 BayVwVfG gilt bei Bekanntgabe mit gewöhnlicher Post der Bescheid am 11.6.2012 als bekannt gegeben. Die nach § 57 Abs. 2 VwGO i.V.m. § 222 Abs. 1 ZPO i.V.m. § 187 Abs. 1 BGB am 13.6.2012 um 00.00 Uhr beginnende Frist von einem Monat endet damit gemäß § 188 Abs. 2 BGB am 11.7.2012 um 24.00 Uhr. Mit seiner Klage hat M die Frist somit gewahrt.

V. Beteiligten- und Prozessfähigkeit

M ist als natürliche Person nach § 61 Nr. 1 Alt. 1 VwGO beteiligten- und nach § 62 Abs. 1 Nr. 1 VwGO i.V.m. §§ 2, 104 ff. BGB prozessfähig. Der Freistaat Bayern ist nach § 61 Nr. 1 Alt. 2 VwGO beteiligtenfähig; er ist selbst nicht prozessfähig und muss daher gemäß § 62 Abs. 3 VwGO i.V.m. § 3 Abs. 1, Abs. 2 S. 1 LABV durch die Ausgangsbehörde vertreten werden.

Zwischenergebnis: Die Klage des M ist zulässig. (Von einer ordnungsgemäßen Klageerhebung nach §§ 81 f. VwGO ist mangels entgegenstehender Anhaltspunkte auszugehen)

C. Begründetheit der Klage

Die Klage ist begründet, wenn sie gegen den gemäß § 78 Abs. 1 Nr. 1 VwGO richtigen Beklagten gerichtet, der Bescheid vom 8.6.2012 rechtswidrig und M dadurch in seinen Rechten verletzt ist (§ 113 Abs. 1 S. 1 VwGO).

I. Passivlegitimation

Richtiger Beklagter ist nach § 78 Abs. 1 Nr. 1 VwGO i.V.m. Art. 1 Abs. 2 POG der Freistaat Bayern als Rechtsträger des Polizeipräsidiums Augsburg.

II. Rechtmäßigkeit des Bescheids vom 8.6.2012

Der Bescheid vom 8.6.2012 ist rechtmäßig, wenn er formell und materiell rechtmäßig ist.

1. Formelle Rechtmäßigkeit

Die Zuständigkeit des Polizeipräsidiums Augsburg gemäß Art. 1 Abs. 1 S. 1 KG ist nach den Angaben im Sachverhalt gegeben.

Im Hinblick auf Verfahren und Form sind keine Probleme ersichtlich. Zwar enthält der Sachverhalt keine Angaben zur Frage einer vorherigen Anhörung des M nach Art. 28 Abs. 1 BayVwVfG. Eine solche war bei dem belastenden Kostenbescheid erforderlich und auch nicht nach Art. 28 Abs. 2 Nr. 1 BayVwVfG entbehrlich; dieser gilt bei der polizeilichen Kostenerstattung nicht, da zu diesem Zeitpunkt bereits die Gefahr beseitigt wurde. Die fehlende Anhörung wird aber durch die Klageerhebung und die damit verbundene Stellungnahmemöglichkeit gemäß Art. 45 Abs. 1 Nr. 3, Abs. 2 BayVwVfG nachgeholt und damit geheilt.

2. Materielle Rechtmäßigkeit

Der Bescheid müsste zudem materiell rechtmäßig sein.

a) Rechtsgrundlage

Als belastender Bescheid bedarf dieser einer Rechtsgrundlage. Die Kostenerhebung der bayerischen Behörden beurteilt sich nach dem KG. Nach Art. 3 Abs. 1 Nr. 10 KG i.V.m. Art. 76 S. 1 PAG sind polizeiliche Amtshandlungen kostenfrei, sofern nichts anderes bestimmt ist. Bei einer adressatenlosen Maßnahme durch die Polizei wie vorliegend kommen dabei als anderweitige Bestimmungen die Art. 28 Abs. 3 S. 1 PAG, Art. 55 Abs. 1 S. 2 PAG oder Art. 9 Abs. 2 S. 1 PAG in Betracht. Dabei richtet sich die Frage der einschlägigen Rechtsgrundlage nach der Rechtsnatur der polizeilichen Maßnahme. Während Art. 55 Abs. 1 S. 2 PAG den Sofortvollzug einer Sekundärmaßnahme betrifft, regeln sowohl Art. 9 Abs. 2 S. 1 PAG und Art. 28 Abs. 3 S. 1, 9 Abs. 2 S. 1 PAG den Fall einer Kostenerhebung für die unmittelbare Ausführung einer Primärmaßnahme.

Mit der Rechtsprechung des BayVGH, wonach sich ein Bürger im Zweifel rechtstreu verhält, ist zunächst von der unmittelbaren Ausführung einer Primärmaßnahme auszugehen und nicht vom Sofortvollzug einer Sekundärmaßnahme, da dies zwingend ein Handeln gegen den Willen des Betroffenen erfordert.

Weiterhin stellt sich die Frage der Abgrenzung zwischen der unmittelbaren Ausführung einer Sicherstellung, was zur Kostenerhebung nach Art. 28 Abs. 3 S. 1, 9 Abs. 2 S. 1 PAG führt oder der unmittelbaren Ausführung einer atypischen Maßnahme nach Art. 11 Abs. 1 Hs. 2, Abs. 2 PAG, was zu einer Kostenerhebung nach Art. 9 Abs. 2 S. 1 PAG führt. Maßgebend für eine Sicherstellung ist dabei der Gewahrsamsbegründungswille der handelnden Polizei. Insoweit unterscheidet der BayVGH zwischen einem Verbringen des PKW in eine Verwahrstelle der Polizei und einem bloßen Versetzen oder Umsetzen im öffentlichen Straßenraum. Bei einer bloßen Versetzung/Umsetzung wie vorliegend handelt es sich mangels Gewahrsamsbegründungswillens der Polizei nicht um die unmittelbare Ausführung einer Sicherstellung, sondern um die unmittelbare Ausführung einer atypischen Maßnahme nach Art. 11 Abs. 1 Hs. 1, Abs. 2 PAG.

Rechtsgrundlage für den Kostenbescheid war nach alledem also Art. 9 Abs. 2 S. 1 PAG i.V.m. Art. 76 S. 1 PAG i.V.m. Art. 3 Abs. 1 Nr. 10 KG.

b) Rechtmäßigkeit der Amtshandlung

Nach Art. 16 Abs. 5 KG werden Kosten, die bei richtiger Sachbehandlung durch die Behörde nicht entstanden wären, nicht erhoben. Entscheidend ist damit die Rechtmäßigkeit der polizeilichen Amtshandlung „Abschleppen des PKW".

aa) Formelle Rechtmäßigkeit des Abschleppvorgangs

Der Abschleppvorgang müsste zunächst formell rechtmäßig gewesen sein.

(1) Sachliche und örtliche Zuständigkeit

Fraglich ist dabei zunächst, ob die Polizei im eingeschränkt institutionellen Sinn i.S.d. Art. 1 PAG gehandelt hat, da der konkrete Auftrag an das Abschleppunternehmen von K, einem Mitarbeiter der kommunalen Parküberwachung, erteilt wurde. Dieses sogenannte Münchener Modell wird aber als zulässig erachtet, sofern die Letztentscheidung über das Abschleppen bei der Polizei liegt und diese über die entsprechenden Ortskenntnisse verfügt, um die Situation einschätzen zu können. Dies leuchtet ein, da in diesem Fall der kommunale Parküberwacher, wie vorliegend K, nur als verlängerter Arm der Polizei tätig wird, welcher die eigentliche Entscheidung obliegt. Nach alledem liegt also ein Handeln der Vollzugspolizei i.S.d. Art. 1 PAG vor.

Das Abstellen eines PKW auf einem Behindertenparkplatz ohne entsprechenden Ausweis erfüllt den Tatbestand einer Ordnungswidrigkeit nach § 24 Abs. 1 StVG i.V.m. §§ 12 Abs. 3 Nr. 8 lit. e), 49 Abs. 1 Nr. 12 StVO; damit lag die erforderliche abstrakte Gefahr für die öffentliche Sicherheit in Form der Unversehrtheit der objektiven Rechtsordnung vor und die Aufgabeneröffnung zugunsten der Polizei nach Art. 2 Abs. 1 PAG ist gegeben. Eine rechtzeitige Abwehr der Gefahr durch die Sicherheitsbehörden nach Art. 3 PAG war nicht möglich.

In örtlicher Hinsicht ergibt sich aus Art. 3 Abs. 1 POG die örtliche Allzuständigkeit.

(2) Verfahren und Form

Eine vorherige Anhörung nach Art. 28 Abs. 1 BayVwVfG war aufgrund der konkreten Gefahr nach Art. 28 Abs. 2 Nr. 1 BayVwVfG entbehrlich.

bb) Materielle Rechtmäßigkeit des Abschleppvorgangs

(1) Befugnis und Tatbestand der Befugnisnorm

Die Voraussetzungen einer atypischen Maßnahme nach Art. 11 Abs. 1 Hs. 2, Abs. 2 Nr. 1 PAG lagen vor, da mit der „Räumung" des Behindertenparkplatzes die Ordnungswidrigkeit nach § 24 Abs. 1 StVG i.V.m. §§ 12 Abs. 3 Nr. 8 lit. e), 49 Abs. 1 Nr. 12 StVO unterbunden wurde. Die erforderliche konkrete Gefahr für die öffentliche Sicherheit in Form der Unversehrtheit der objektiven Rechtsordnung lag somit vor.

(2) Verantwortlichkeit

Als Halter und Eigentümer des PKW war der M nach Art. 8 Abs. 1 PAG Zustandsverantwortlicher. Zudem war er nach der Theorie der unmittelbaren Verursachung auch Verhaltensverantwortlicher nach Art. 7 Abs. 1 PAG, da er mit dem Parken des PKW die letzte steuerbare Ursache, welche die konkrete Gefahr begründet hat, gesetzt hat.

(3) Grundsatz der Verhältnismäßigkeit und ordnungsgemäße Ermessensausübung (polizeiliche Handlungsgrundsätze)

Letztlich wurden auch die polizeilichen Handlungsgrundsätze gewahrt. Eine Unverhältnismäßigkeit nach Art. 4 PAG ist entgegen der Ansicht des M nicht gegeben. Aufgrund der besonderen Schutzbedürftigkeit von behinderten Personen besteht ein besonderes öffentliches Interesse an der ständigen Freihaltung entsprechender Parkmöglichkeiten, um behinderten Menschen die möglichst barrierefreie Teilnahme am öffentlichen Leben zu ermöglichen. Ein konkreter Nachweis eines entsprechenden Parkbedürfnisses ist vor dem Hintergrund dieses Schutzzweckes gerade nicht erforderlich.

Aufgrund derselben Erwägungen ist bei einem Parken auf Behindertenparkplätzen ohne entsprechenden Parkausweis auch ein sofortiges Abschleppen ohne Wartezeit oder vorherige Bußgelderteilung möglich.

Auch gerichtlich überprüfbare Ermessensfehler nach Art. 5 PAG i.V.m. Art. 40 BayVwVfG und § 114 VwGO sind nicht ersichtlich.

c) richtiger Kostenschuldner

Die Kostenerhebung erfolgt nach Art. 9 Abs. 2 S. 1 PAG von dem nach Art. 7 oder 8 PAG Verantwortlichen; insofern ist M vorliegend richtiger Kostenschuldner.

d) richtige Kostenhöhe

Die zulässige Höhe der zu erhebenden Kosten beurteilt sich nach Art. 76 S. 3 PAG i.V.m. § 1

Nr. 1, 2 PolKV. Die Gebühr von 30 € liegt dabei innerhalb des Gebührenrahmens nach § 1 Nr. 1 PolKV. Im Umkehrschluss aus § 2 PolKV sind die Kosten des Abschleppunternehmens als „anderen Personen zustehende Beträge" nach Art. 10 Abs. 1 Nr. 5 KG mit der Gebühr noch nicht abgegolten, können also zusätzlich neben der Gebühr eingefordert werden.

e) keine Ermessensfehler

Ermessensfehler i.S.d. Art. 40 BayVwVfG, § 114 VwGO im Hinblick auf das nach Art. 76 S. 4 PAG bestehende Ermessen, wonach bei Unbilligkeit von der Kostenerhebung abgesehen werden kann, sind nicht ersichtlich.

Ergebnis

Nach alledem erweist sich die Kostenerhebung in dem Bescheid vom 13.6.2009 als rechtmäßig. Auf eine Rechtsverletzung des M kommt es daher nicht mehr an.

Die zulässige Anfechtungsklage ist damit unbegründet und hat somit keine Aussicht auf Erfolg.

3. Teil
Allgemeines Sicherheitsrecht[1]

A. Einführung in das Sicherheitsrecht

Nach dem oben bereits dargestellten dualen System der Gefahrenabwehr liegt bei einer **258**
gegebenen Gefahr sowohl eine Aufgabeneröffnung für die Polizei- als auch für die Sicherheitsbehörden vor.

Das Sicherheitsrecht lässt sich in das allgemeine Sicherheitsrecht nach dem LStVG und das spezielle Sicherheitsrecht, das in Spezialgesetzen geregelt ist, unterteilen. Für das Vorrangverhältnis gelten wiederum die bei den polizeilichen Befugnissen bereits dargestellten Derogationsregeln (Rn. 78), wonach insbesondere das speziellere Gesetz Vorrang vor dem allgemeinen Gesetz genießt („lex specialis derogat lex generalis"), was auch Art. 7 Abs. 1, Abs. 2 Hs. 1 LStVG für den Bereich der Einzelmaßnahmen ausdrücklich normiert.

B. Unterscheidung zwischen Einzelfallmaßnahmen und Rechtsverordnungen

Den Sicherheitsbehörden stehen zwei verschiedene Handlungsmöglichkeiten zur Verfügung. **259**
Zum einen können sie nach Spezialgesetzen oder Standardbefugnissen in den Art. 12 ff. LStVG oder letztlich der beschränkten Generalklausel des Art. 7 LStVG Einzelmaßnahmen erlassen; zum anderen steht die Möglichkeit des Erlasses von Rechtsverordnungen nach den Art. 12 ff., 42 ff. LStVG zur Verfügung. Für den Erlass von Rechtsverordnungen existiert dabei in Bayern keine allgemeine Ermächtigung; erforderlich ist also in jedem Fall die Einschlägigkeit einer der ausdrücklich normierten Ermächtigungen.

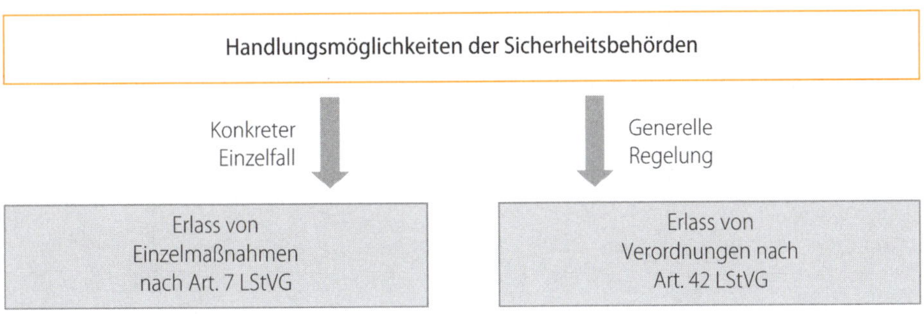

1 Für das Sicherheitsrecht steht Ihnen im zweiten Examen kein Kommentar zur Verfügung. Deshalb wurde bei der Darstellung des Skripts versucht, alle Fragen, die sowohl für das Polizeirecht als auch für das Sicherheitsrecht von Bedeutung sind, bereits im polizeirechtlichen Teil darzustellen und insoweit auf den *Berner/Köhler/Käß* zu verweisen.

C. Erlass von Einzelmaßnahmen

260 Nach Art. 6 LStVG haben die Gemeinden, Kreisverwaltungsbehörden (also nach Art. 37 Abs. 1 S. 2 LKrO das Landratsamt), Regierungen und das Staatsministerium des Inneren als Sicherheitsbehörde die Aufgabe, die öffentliche Sicherheit und Ordnung durch Abwehr von Gefahren aufrechtzuerhalten (zu den Begrifflichkeiten siehe die obigen Ausführungen zum Polizeirecht Rn. 30 ff.). Ausreichend ist dabei für die Aufgabeneröffnung wiederum eine abstrakte Gefahr.

261 Maßnahmen der Sicherheitsbehörde nach Art. 10 S. 1 LStVG schließen dabei widersprechende polizeiliche Maßnahmen aus. Maßgeblich ist dabei, dass das Ergebnis der jeweiligen Maßnahmen widersprechend ist.

Beispiel Anordnung der Sicherheitsbehörde, bei einem Unglücksfall zu helfen, sowie ein gleichzeitiger Platzverweis durch die Polizei. Hier hat die Anordnung der Hilfeleistung durch die Sicherheitsbehörde nach Art. 10 S. 1 LStVG Vorrang.[2] ■

262 Sofern die Sicherheitsbehörden Maßnahmen auf Grund des LStVG getroffen haben, ist nach Art. 11 LStVG die Entschädigungsregelung des Art. 70 PAG sinngemäß anzuwenden. Daneben kommt bei rechtswidrigen Maßnahmen auch ein Staatshaftungsanspruch nach § 839 BGB i.V.m. Art. 34 S. 1 GG in Betracht (vgl. dazu bereits die Ausführungen im polizeirechtlichen Teil Rn. 245 f.).

I. Prüfung der Rechtmäßigkeit einer sicherheitsrechtlichen Einzelmaßnahme

263 Bei der sicherheitsrechtlichen Einzelmaßnahme handelt es sich wiederum um einen Verwaltungsakt i.S.d. Art. 35 S. 1 BayVwVfG, der nach den allgemeinen Regeln den Erfordernissen der formellen und materiellen Rechtmäßigkeit unterliegt.

2 *Becker/Heckmann/Kempen/Manssen* Teil 3 Rn. 483.

Rechtmäßigkeit einer sicherheitsrechtlichen Einzelmaßnahme

PRÜFUNGSSCHEMA

I. Formelle Rechtmäßigkeit
1. Zuständigkeit
   a) Sachliche Zuständigkeit: Verbandskompetenz nach Art. 6 LStVG bzw. Art. 43 LStVG, Organkompetenz nach Art. 29 ff. GO bzw. Behördenhierarchie
   b) Subsidiaritätsprinzip nach Art. 44 Abs. 1 LStVG analog
   c) Örtliche Zuständigkeit nach Art. 3 Abs. 1 BayVwVfG
2. Verfahren: insb. Anhörung nach Art. 28 Abs. 1 BayVwVfG, die regelmäßig nach Art. 28 Abs. 2 Nr. 1 BayVwVfG entbehrlich ist
3. Form: formfrei nach Art. 37 Abs. 2 BayVwVfG

II. Materielle Rechtmäßigkeit
1. Rechtsgrundlage bei belastenden Maßnahmen = Befugnis
2. Tatbestand der Befugnisnorm
3. Verantwortlichkeit (richtiger Maßnahmeadressat nach Art. 9 LStVG)
4. Bestimmtheit nach Art. 37 Abs. 1 BayVwVfG
5. Grundsatz der Verhältnismäßigkeit nach Art. 8 LStVG
6. Rechtsfolge des erfüllten Tatbestands: ordnungsgemäße Ermessensausübung nach Art. 40 BayVwVfG i.V.m. § 114 VwGO (Entschließungs- und Auswahlermessen)

II. Formelle Rechtmäßigkeit der sicherheitsrechtlichen Einzelmaßnahme

1. Zuständigkeit für den Erlass von Einzelmaßnahmen

Anders als im Polizeirecht führt die Aufgabeneröffnung einer Sicherheitsbehörde nach Art. 6 LStVG auch zur sachlichen Zuständigkeit i.S.d. Verbandskompetenz, da sich die Frage der Subsidiarität des Art. 3 PAG nicht stellt. Wie sich auch aus dem Weisungsrecht des Art. 10 S. 2 LStVG i.V.m. Art. 9 Abs. 2 POG ergibt, ist die Sicherheitsbehörde immer zur Abwehr der Gefahr berufen. 264

» Kontrollieren Sie an dieser Stelle Ihr Wissen zu den Voraussetzungen einer Gefahr und den verschiedenen Typen einer Gefahr. «

Sofern eine sicherheitsrechtliche Verordnung vollzogen wird, beurteilt sich die Zuständigkeit nach der Regelung des Art. 43 Abs. 1 Nr. 1 LStVG.

Die sachliche Zuständigkeit i.S.d. Organkompetenz beurteilt sich bei der Gemeinde nach der Regelung des Art. 29 GO, bei den Landratsämtern, Regierungen, Staatsministerium nach der behördeninternen Aufgabenverteilung.

Bei der Gemeinde ist folglich nach Art. 29 GO grundsätzlich der Gemeinderat zuständig, sofern nicht der Bürgermeister nach Art. 37 GO zur eigenständigen Entscheidung berufen ist. Dabei ist insbesondere an die Kompetenz aufgrund von Dringlichkeit nach Art. 37 Abs. 3 GO zu denken.

Hinweis

Die Verletzung der behördeninternen Hierarchie bei den Staatsbehörden hat auf die Rechtmäßigkeit der sicherheitsrechtlichen Maßnahme keine Auswirkungen; bei der Gemeinde gelten die allgemeinen kommunalrechtlichen Grundsätze.

265 Die örtliche Zuständigkeit ergibt sich mangels spezieller Regelung aus Art. 3 Abs. 1 BayVwVfG.

JURIQ-Klausurtipp

Richtiger Klagegegner ist bei einer sicherheitsrechtlichen Einzelmaßnahme der Gemeinde immer (!) zwingend die Gemeinde; diese ist stets ihr eigener Rechtsträger.
Soweit das Landratsamt, die Regierung oder das Staatsministerium des Inneren eine sicherheitsrechtliche Einzelmaßnahme erlassen hat, ist der Freistaat Bayern als Rechtsträger dieser Behörden zu verklagen.

2. Exkurs: Funktion der Gemeinde

266 Insoweit fällt zunächst nach dem Wortlaut auf, dass neben der Gemeinde ausschließlich Staatsbehörden aufgeführt werden. Zudem handelt es sich bei der Frage der Gefahrenabwehr klassisch um eine Kompetenz, die nach der allgemeinen Regel des Art. 30, 70 GG in den Zuständigkeitsbereich der Länder fällt.

Demnach ist davon auszugehen, dass die Aufgaben der Gemeinde nach Art. 6 LStVG grundsätzlich Aufgaben des übertragenen Wirkungskreises sind.

267 Demgegenüber steht aber die Erwähnung des Begriffs der örtlichen Polizei in Art. 83 Abs. 1 BV. Der Verfassungsgeber geht also selbst davon aus, dass der Gemeinde die Aufgabe einer Polizeibehörde im funktionalen Sinn zukommen kann. Demzufolge besteht Einigkeit, dass die Tätigkeit als Sicherheitsbehörde auch eine Aufgabe des eigenen Wirkungskreises für die Gemeinde sein kann.

Davon ist dann auszugehen, wenn es sich um eine **örtlich begrenzte Gefahr** handelt; damit ist *eine solche Gefahr gemeint, deren Auswirkungen sich zwingend auf das Gebiet der Gemeinde beschränken.*

Beispiel Fels auf dem Gebiet der Gemeinde, der herabzustürzen droht (insoweit können lediglich Auswirkungen auf dem Gemeindegebiet eintreten) oder die Einweisung von Obdachlosen in Wohnungen im Gemeindegebiet. Die Problematik der Haltung und Züchtung von Kampfhunden ist dagegen eine Frage, die sich landesweit stellt; die Auswirkungen sind gerade nicht zwingend auf das Gebiet der Gemeinde beschränkt. ■

268 Keine örtlich begrenzte Gefahr ist dann gegeben, wenn die Gemeinde aufgrund eines Verstoßes gegen Vorschriften einschreitet, deren Verletzung durch Strafe oder Bußgeld aufgrund eines Gesetzes im Rang über Ortsrecht bewehrt ist. Insoweit handelt es sich nämlich um eine Problematik, die sich im gesamten Gebiet des Freistaats Bayern auswirken kann. Klassisches Beispiel ist dabei der Verstoß gegen die Normen des BayFTG[3] – Bayerisches Feiertagsgesetz, welcher nach Art. 7 BayFTG bußgeldbewehrt ist.

Der Vollzug von Ortsrecht durch die Gemeinde (vgl. Art. 43 Abs. 1 Nr. 1 LStVG), also insbe- **269**
sondere der Erlass von Maßnahmen aufgrund von der Gemeinde erlassener sicherheitsrechtlicher Verordnungen, fällt dagegen in den eigenen Wirkungskreis der Gemeinde. Da es sich um eine Verordnung der Gemeinde handelt, kann diese auch nur für das Gemeindegebiet Wirkung entfalten; Auswirkungen über die Gemeindegrenze hinaus sind damit nicht denkbar.

JURIQ-Klausurtipp

Relevant wird diese Frage nach der Funktion der Gemeinde zum einen bei der Klagebefugnis der Gemeinde nach § 42 Abs. 2 VwGO im Rahmen einer Anfechtungsklage gegen eine sicherheitsrechtliche Maßnahme, die von einer der drei staatlichen Sicherheitsbehörden erlassen wurde, nachdem die Gemeinde keine derartige Maßnahme erlassen hat. Nur bei der Gefahrenabwehr, die in den eigenen Wirkungskreis der Gemeinde fällt, ist das gemeindliche Recht zur Selbstverwaltung nach Art. 28 Abs. 2 GG bzw. Art. 11 Abs. 2 BV betroffen und damit eine Verletzung der Gemeinde in eigenen Rechten möglich. Nicht gemeint ist damit aber der Bereich der Aufsicht, sondern der Fall, dass eine der anderen Sicherheitsbehörden i.S.d. Art. 6 LStVG zur Gefahrenabwehr einschreitet. Insoweit ist besonders bedeutsam, dass Sie sich klar machen, dass das Vorliegen einer örtlich begrenzten Gefahr zwar fordert, dass die Auswirkungen der Gefahr zwingend auf das Gemeindegebiet beschränkt sind, aber nichts daran ändert, dass die Aufgabeneröffnung nach Art. 6 LStVG einschlägig ist und alle Sicherheitsbehörden dem Grunde nach zur Abwehr der Gefahr berufen sind. Ein anderes Ergebnis würde auch dem Grundsatz der Effektivität der Gefahrenabwehr deutlich zuwiderlaufen.

Zum anderen wird diese Frage bei der Aufsicht nach den Art. 108 ff. GO insoweit relevant, als differenziert werden muss, ob Rechtsaufsicht im eigenen Wirkungskreis der Gemeinde oder Fachaufsicht im übertragenen Wirkungskreis der Gemeinde einschlägig ist.[4]

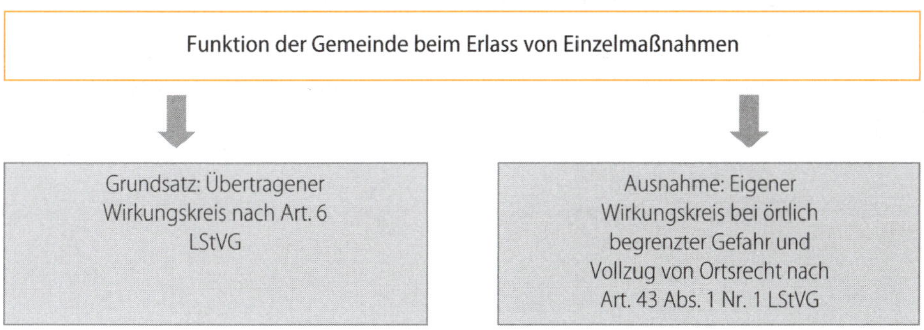

3 *Ziegler/Tremel* 190.
4 Vgl. zu allem *Becker/Heckmann/Kempen/Manssen* Teil 3 Rn. 480.

3. Verhältnis zwischen den Sicherheitsbehörden – Subsidiaritätsprinzip nach Art. 44 Abs. 1 LStVG analog

270 Das Vorliegen einer abstrakten Gefahr führt im Regelfall aufgrund der wachsenden Gebietshoheit der Sicherheitsbehörden zu einer Parallelzuständigkeit mehrerer Sicherheitsbehörden. Für den Erlass von Rechtsverordnungen ordnet das Subsidiaritätsprinzip nach Art. 44 Abs. 1 LStVG die grundsätzliche Zuständigkeit der untersten Einheit an.

Nach dem BayVGH[5] ist dieses Subsidiaritätsprinzip auf den Erlass von Einzelfallmaßnahmen analog anzuwenden. Dabei soll es sich dann aber nicht um eine echte Voraussetzung der Rechtmäßigkeit der Rechtsverordnung handeln, sondern lediglich um ein Ermessenskriterium, dass die handelnde Sicherheitsbehörde unter dem Gesichtspunkt der Effektivität der Gefahrenabwehr zu beachten haben soll.[6]

Hinweis

Relevant wird die Frage nach dem Subsidiaritätsprinzip analog Art. 44 Abs. 1 LStVG in der Klausur aber nur dann, wenn das Landratsamt, die Regierung oder das Innenministerium gehandelt hat. Sofern die Gemeinde als unterste Einheit gehandelt hat, kann sich die Frage nach dem Handeln einer höheren Behörde denknotwendig nicht stellen.

Die Berücksichtigung im Rahmen des Ermessens erfolgt in den Klausuren regelmäßig dadurch, dass z.B. das Landratsamt in seiner Maßnahme ausführt, dass es ein Einschreiten für geboten hält, da die Gemeinde, die auch zum Handeln berechtigt wäre, vorliegend nicht eingeschritten ist. Damit ist den Anforderungen der Rechtsprechung Genüge getan.

III. Materielle Rechtmäßigkeit der sicherheitsrechtlichen Einzelmaßnahme

1. Befugnisse bei sicherheitsrechtlichem Handeln

271 Wie im Polizeirecht bedürfen die Sicherheitsbehörden für den Erlass von den Bürger belastenden Maßnahmen einer Befugnis zum Handeln. Hier existieren wiederum drei Arten von Befugnissen.

---

5 *BayVGH* BayVBl. 1974, 471 ff., 1989, 370.

6 *Becker/Heckmann/Kempen/Manssen* Teil 3 Rn. 488.

PRÜFUNGSSCHEMA

Arten der sicherheitsrechtlichen Befugnisse samt Prüfungsreihenfolge:

I. Spezialbefugnisse nach speziellen sicherheitsrechtlichen Gesetzen oder sicherheitsrechtlicher Verordnung

- BayBO
- BayVersG
- BayImSchG
- GewO
- BBodSchG

II. Spezielle Befugnisse für den Erlass von Einzelmaßnahmen (!) nach den Art. 12 ff. LStVG

III. beschränkte Generalklausel nach Art. 7 Abs. 2 LStVG

a) Spezialbefugnisse nach speziellen sicherheitsrechtlichen Gesetzen oder nach einer sicherheitsrechtlichen Verordnung

272 Spezielle sicherheitsrechtliche Gesetze wie z.B. die BayBO mit den baupolizeilichen Maßnahmen, das BayVersG (vgl. dazu unten den ausführlichen Anhang) enthalten einzelne Befugnisse und gehen den Regelungen des LStVG nach den oben dargestellten Derogationsregeln (insbesondere bei Bundesrecht und bei Spezialmaterien) vor. Dabei ist auch immer zu beachten, ob eventuell auch die Zuständigkeit in dem speziellen Gesetz mitgeregelt ist.

Denkbare Grundlage für den Erlass einer sicherheitsrechtlichen Einzelmaßnahme ist auch eine zuvor erlassene sicherheitsrechtliche Verordnung, in der eine Sicherheitsbehörde zum Erlass von Einzelmaßnahmen berechtigt wird.

JURIQ-Klausurtipp

Diese Konstellation bringt nichts Ungewöhnliches, ist aber deshalb in der Klausur so beliebt, weil unter dem Prüfungspunkt der Befugnis zum Erlass der Einzelmaßnahme die sicherheitsrechtliche Verordnung auftaucht und bei entsprechenden Anhaltspunkten diese inzident auf ihre Rechtmäßigkeit überprüft werden kann. So lassen sich die Probleme beim Verordnungserlass und beim Erlass von Einzelmaßnahmen in der Klausur miteinander verknüpfen.

b) Spezielle Befugnisse nach den Art. 12 ff. LStVG

273 Wie im Polizeirecht auch existieren spezielle sicherheitsrechtliche Befugnisse, die Befugnisse für bestimmte Lebenssachverhalte speziell regeln. Dabei müssen die Normen der Art. 12 ff. LStVG genau untersucht werden, ob diese zum Erlass einer Verordnung oder einer Einzelmaßnahme berechtigen.

» Vgl. zur Kampfhundeproblematik auch den Übungsfall 3 im Skript „Kommunalrecht Bayern". «

Beispielsweise berechtigt Art. 18 Abs. 2 LStVG zum Schutz der in Art. 18 Abs. 1 LStVG genannten Rechtsgüter zum Treffen von Anordnungen für den Einzelfall zur Haltung (!) von Hunden.

Hinweis

Mit dem Begriff der Haltung wird dabei vorausgesetzt, dass der Hundehalter den Hund weiterhin behalten darf. Eine Verpflichtung zur Abgabe oder Tötung eines Hundes kann dabei nicht auf Art. 18 Abs. 2 LStVG gestützt werden; da Art. 18 Abs. 2 LStVG somit den Lebenssachverhalt der Abgabe oder Tötung von Hunden nicht regelt, kann auf die beschränkte Generalklausel nach Art. 7 Abs. 2 LStVG zurückgegriffen werden, wonach eine solche Anordnung im Einzelfall gerechtfertigt sein kann.

c) Beschränkte sicherheitsrechtliche Generalklausel

» Hierbei handelt es sich um einen sehr wichtigen Unterschied zum Polizeirecht! «

274 Anders als im Polizeirecht besteht im Sicherheitsrecht nur eine beschränkte Generalklausel dergestalt, dass ein Einschreiten auf deren Grundlage nur dann in Betracht kommt, wenn eine der in Art. 7 Abs. 2 LStVG aufgeführten Nummern 1–3 erfüllt ist.[7] Der Begriff der verfassungsfeindlichen Handlung nach Art. 7 Abs. 2 Nr. 1 LStVG wird dabei in Art. 7 Abs. 5 LStVG definiert.

Wichtig ist dabei die Beachtung der Grenze des Art. 7 Abs. 4 LStVG, wonach die Freiheit der Person und die Unverletztlichkeit der Wohnung durch Maßnahmen nach Art. 7 Abs. 2 LStVG nicht eingeschränkt werden dürfen. Dabei ist zu beachten, dass aufgrund des Schutzzweckes (Schutz der Privatsphäre) nur die vom Maßnahmebetroffenen selbst bewohnte Wohnung von Art. 7 Abs. 4 LStVG erfasst ist. Möglich ist dagegen demnach eine Anordnung gegen den Vermieter einer Wohnung.

Hinweis

Sofern sich danach keine Befugnis der Sicherheitsbehörden ergibt, können diese die Polizei nach Art. 10 S. 2 LStVG i.V.m. Art. 9 Abs. 2 POG zum Erlass der entsprechenden Maßnahmen anweisen.[7]

2. Verantwortlichkeit nach Art. 9 LStVG

275 Bezüglich der Verantwortlichkeit nach Art. 9 LStVG kann auf die polizeirechtlichen Ausführungen verwiesen werden. Zu beachten ist, dass im LStVG keine dem Art. 7 Abs. 4 PAG entsprechende Vorschrift existiert.

Hinweis

Anders als das PAG regelt das LStVG nicht den Fall der Dereliktion. Nach allgemeiner Ansicht gilt der Rechtsgedanke des Art. 8 Abs. 3 PAG aber auch im Bereich des Art. 9 LStVG, wonach sich der Zustandsverantwortliche durch die Eigentumsaufgabe seiner Zustandsverantwortlichkeit nicht entziehen kann.[8]

7 *Becker/Heckmann/Kempen/Manssen* Teil 3 Rn. 491.

8 *Becker/Heckmann/Kempen/Manssen* Teil 3 Rn. 492, der insoweit die a.A. vertritt, in der Fn. 210 aber als a.A. auf die wohl h.L. verweist.

3. „Tatmaßnahme" nach Art. 7 Abs. 3 LStVG[9]

Prüfungsaufbau bei der Tatmaßnahme

PRÜFUNGS-SCHEMA

I. Rechtmäßigkeit einer hypothetischen sicherheitsrechtlichen Anordnung
in Bezug auf eine vertretbare Handlung gegen einen Verantwortlichen nach Art. 9 LStVG

II. Spezielle Voraussetzungen des Art. 7 Abs. 3 LStVG:
Anordnungen nach Art. 7 Abs. 2 LStVG sind nicht möglich, nicht zulässig oder versprechen keinen Erfolg

Ähnlich wie im Falle der unmittelbaren Ausführung einer Maßnahme im Polizeirecht besteht auch im allgemeinen Sicherheitsrecht die Möglichkeit des Erlasses einer adressatenlosen Maßnahme. **276**

Wichtig ist, dass die Tatmaßnahme dabei – ähnlich wie bei der unmittelbaren Ausführung im Polizeirecht – einen einstufigen Charakter hat. Es wird zeitlich vorhergehend keine sicherheitsrechtliche Einzelmaßnahme erlassen, sondern die Gefahr wird direkt durch die Sicherheitsbehörden (bzw. durch die Polizei als Fall der Vollzugshilfe nach Art. 2 Abs. 3, 50 PAG) abgewehrt bzw. die Störung beseitigt.

Beispiel Vor einer Hauseinfahrt, die sich an der Kurve einer öffentlichen Straße befindet, lagert ein Haufen von Baumaterialien. Aufgrund eines geplanten Festtagsumzugs durch die anliegende Straße wird diese voraussichtlich deutlich stärker frequentiert, weshalb die Sicherheitsbehörde der Meinung ist, die Baumaterialien müssten zur Sicherheit der Straßennutzer entfernt werden. Der Eigentümer des entsprechenden Hauses befindet sich nach den Ermittlungen der Sicherheitsbehörde für mehrere Wochen im Urlaub und ist nicht erreichbar. Um Gefahren zu vermeiden, lässt die Sicherheitsbehörde die Baumaterialien beseitigen.

In dieser Konstellation fehlt es an einer zeitlich vorhergehenden Anordnung der Sicherheitsbehörde gegenüber dem Hauseigentümer als Zustandsstörer. Die Sicherheitsbehörde handelt sofort anstelle des Hauseigentümers, anstatt zuerst eine Anordnung an diesen zu erlassen. Letzteres wäre aufgrund der Nichterreichbarkeit des Hauseigentümers auch gar nicht möglich. ■

JURIQ-Klausurtipp

Teilweise wird der Klausurersteller in einer solchen Situation versuchen, Sie auf die falsche Fährte zu locken, in dem im Sachverhalt auf Art. 32 BayVwZVG oder Art. 35 BayVwZVG als Grundlage der Maßnahme verwiesen wird. Bei beiden handelt es sich um Maßnahmen der Zwangsvollstreckung, die aber nur dann in Betracht kommen, wenn zuvor eine Anordnung der Sicherheitsbehörde als vollziehbarer Verwaltungsakt (vgl. die allgemeine Vollstreckungsvoraussetzung nach Art. 18 Abs. 1, 19 Abs. 1 BayVwZVG) erlassen wurde. Dies ist bei der oben beschriebenen Konstellation aber nicht der Fall, weshalb es sich nicht um eine Vollstreckungshandlung handeln kann.

9 *Becker/Heckmann/Kempen/Manssen* Teil 3 Rn. 493.

Fraglich ist, ob die Tatmaßnahme einen Verwaltungsakt i.S.d. Art. 35 S. 1 BayVwVfG darstellt. Problematisch ist dabei die fehlende Bekanntgabe nach Art. 41, 43 BayVwVfG. Insoweit kann aber die Regelung des Art. 9 Abs. 1 S. 2 PAG entsprechend herangezogen werden, wonach die nachträgliche Unterrichtung des Betroffenen die vorherige Bekanntgabe ersetzt. Damit ist vom Vorliegen eines Verwaltungsakts auszugehen.

4. Übungsfall Nr. 4

„Friedberger Felssturz“ 277

Berthold Braun (B) , Eigentümer des Grundstücks Flurnummer 600 der Gemarkung der Gemeinde Friedberg, fand am 10.2.2012 in seinem Garten einen abgestürzten Felsbrocken mit einem Gewicht von 50 kg. Dieser Felsbrocken war von einer Felsböschung abgestürzt, die an der nördlichen Seite seines Grundstücks bis zu 10 Meter hoch, zum Teil fast senkrecht, aufsteigt. Das Grundstück des B ist mit einem Einfamilienwohnhaus, das er mit seiner Familie zusammen bewohnt, bebaut und entsprechend bauaufsichtlich genehmigt.

Als die Gemeinde Friedberg von dem Felssturz Kenntnis erhielt, wurde am 16.2.2012 eine Ortsbesichtigung durch einen Geologen der Landesgewerbeanstalt Bayern angeordnet: Nach dem dadurch erstellten Gutachten besteht aufgrund von eingetretenen geologischen Bodenveränderungen die Gefahr, dass weitere Felsteile von nicht unerheblichem Gewicht auf das Grundstück des B herabstürzen.

Am 23.2.2012 übersandte die Gemeinde Friedberg dem B das Gutachten und kündigte an, dass eine Auferlegung der erforderlichen Felssicherungsmaßnahmen an den B beabsichtigt sei, dem hiermit die Gelegenheit zur Stellungnahme gegeben werde.

B wandte sich in einem Schreiben an die Gemeinde Friedberg und führte insbesondere aus, dass er nicht verantwortlich sei. Durch die Errichtung des Hauses unterhalb der Felsböschung habe er nicht die Gefahr für Leben und Gesundheit von Personen, die sich auf dem Grundstück befinden, verursacht. Zum anderen sei sein Bauvorhaben schließlich bauaufsichtlich genehmigt worden, wobei auch die Frage der Geeignetheit des Grundstückes geprüft worden sei. Letztlich hätte er in jedem Fall auch schuldlos gehandelt, da er bei Errichtung des Hauses nicht vorhersehen konnte, dass einmal Felsteile auf sein Grundstück stürzen könnten. Auch könne er nicht als Zustandsstörer angesehen werden, da die Gefahr ausschließlich auf Naturereignissen beruhe.

Die Gemeinde Friedberg reagierte mit Bescheid vom 16.3.2012, wonach B verpflichtet wurde, „die im beiliegenden Gutachten der Landesgewerbeanstalt Bayern genau bezeichneten Felssicherungsmaßnahmen an den auf dem Grundstück Flurnummer 600 der Gemarkung Friedberg liegenden Felsteilen vorzunehmen.“ In den Gründen wurde ausgeführt, dass der B als Zustandsstörer die Gefahr, die sich aus dem Gutachten ergebe, abzuwehren habe.

Gegen diesen Bescheid erhob der B form- und fristgerecht Klage zum Verwaltungsgericht Augsburg:

Bearbeitervermerk: Prüfen sie in einem Gutachten die Begründetheit der Klage des B.

278 **Lösung**

Die Klage ist begründet, wenn sie gegen den gemäß § 78 Abs. 1 Nr. 1 VwGO richtigen Beklagten gerichtet ist, der Bescheid vom 16.3.2012 rechtswidrig ist und der B dadurch in seinen Rechten verletzt ist (§ 113 Abs. 1 S. 1 VwGO).

A. Passivlegitimation

Richtiger Beklagter ist nach § 78 Abs. 1 Nr. 1 VwGO die Gemeinde Friedberg als ihr eigener Rechtsträger.

B. Rechtmäßigkeit des Bescheids vom 16.3.2012

Der Bescheid vom 16.3.2012 ist rechtmäßig, wenn er formell und materiell rechtmäßig ist.

I. Formelle Rechtmäßigkeit

1. Sachliche Zuständigkeit

Die sachliche Zuständigkeit der Gemeinde Friedberg ergibt sich nach Art. 6 LStVG. Danach hat die Gemeinde die Aufgabe, die öffentliche Sicherheit und Ordnung durch Abwehr von Gefahren aufrechtzuerhalten. Mit dem drohenden Herabstürzen von Felsteilen auf ein Grundstück liegt nach der erforderlichen typisierten Betrachtungsweise eine abstrakte Gefahr für die öffentliche Sicherheit in Form der Unversehrtheit der Individualrechtsgüter Leben und Gesundheit vor.

Dabei handelte es sich vorliegend um eine örtlich begrenzte Gefahr i.S.d. Art. 83 Abs. 1 BV („örtliche Polizei"), da die Auswirkungen der Gefahr i.S.d. Herabstürzens von Felsteilen sich ausschließlich auf das Gebiet der Gemeinde Friedberg beschränken. Insoweit handelte die Gemeinde Friedberg als Sicherheitsbehörde im eigenen Wirkungskreis.[10]

2. Örtliche Zuständigkeit

Die örtliche Zuständigkeit ergibt sich aus Art. 3 Abs. 1 Nr. 1 BayVwVfG.

3. Verfahren und Form

B wurde vor Erlass des Bescheides gemäß Art. 28 Abs. 1 BayVwVfG ordnungsgemäß angehört; weitere formelle Probleme sind nicht ersichtlich.

II. Materielle Rechtmäßigkeit

Der Bescheid müsste weiterhin auch materiell rechtmäßig sein.

1. Befugnis

Als belastende Maßnahme bedarf der Bescheid vom 16.3.2012 einer sicherheitsrechtlichen Befugnis zum Erlass. Mangels einer einschlägigen speziell geregelten Befugnis kommt dabei nur die beschränkte sicherheitsrechtliche Generalklausel nach Art. 7 Abs. 2 Nr. 3 LStVG in Betracht.

2. Tatbestand der Befugnisnorm

Nach Art. 7 Abs. 2 Nr. 3 LStVG können die Sicherheitsbehörden für den Einzelfall Anordnungen treffen, um Gefahren abzuwehren, die Leben, Gesundheit oder die Freiheit von Menschen oder Sachwerte, deren Erhaltung im öffentlichen Interesse geboten erscheint, bedrohen oder verletzen.

Insoweit ist eine konkrete Gefahr für eines der aufgezählten Rechtsgüter erforderlich. Darunter versteht man einen Zustand, der nach verständigen Ermessen in näherer Zeit den Eintritt einer Störung der öffentlichen Sicherheit und Ordnung (insbesondere eines Schadens) mit hinreichender Wahrscheinlichkeit erwarten lässt. An den Grad der Wahrscheinlichkeit des Schadenseintritts sind dabei vorliegend geringere Anforderungen zu stellen, da die gefährdeten Rechtsgüter (Leben und Gesundheit) einen besonders hohen Rang aufweisen.

Die konkrete Gefahr ist hier aufgrund des Absturzrisikos von Felsteilen, wodurch es zu erheblichen Verletzungen von auf dem Grundstück des B befindlichen Personen kommen kann, gegeben.

10 Obwohl diese Frage an dieser Stelle letztlich kaum von Bedeutung ist, hat es sich im Gutachten (!) eingebürgert, die Frage der Tätigkeit der Gemeinde im eigenen oder übertragenen Wirkungskreis darzustellen. Entsprechend den Lösungen der Examensklausuren wird deshalb von den Verfassern in einer Gutachtensklausur auch eine kurze Darstellung des Funktionsbereichs empfohlen.

3. Verantwortlichkeit nach Art. 9 LStVG

Weiterhin müsste der B Verantwortlicher nach Art. 9 LStVG sein.

Handlungsverantwortlicher ist nach Art. 9 Abs. 1 S. 1 LStVG gemäß der Theorie der unmittelbaren Verursachung derjenige, der die letzte steuerbare Ursache für den Eintritt der Gefahr gesetzt hat.

Im Hinblick auf die Errichtung des Hauses auf dem Grundstück Flurnummer 600 ist zunächst unerheblich, dass der B hierbei ohne Verschulden mangels Vorhersehbarkeit der Absturzgefahr gehandelt hat. Der Zweck des Sicherheitsrechts besteht in der effektiven Abwehr von Gefahren für die öffentliche Sicherheit und Ordnung. Ein Verschulden ist vor dem Hintergrund dieses Schutzzweckes irrelevant und keine Voraussetzung für die Inanspruchnahme als Verantwortlicher.

Darüber hinaus kann der B aber nicht als Verhaltensverantwortlicher nach Art. 9 Abs. 1 S. 1 LStVG angesehen werden. Durch die Errichtung seines Hauses hat er gerade nicht die letzte steuerbare Ursache für die Gefahr des Absturzes der Felsteile gesetzt, was schließlich die Ursache der Gefahr ist. Er hat damit lediglich das Potential der Gefährdung dadurch erhöht, dass sich auf dem Grundstück dauerhaft Menschen aufhalten; er hat damit aber nicht die Gefahr hervorgerufen, dass Felsteile abstürzen. Ursache sind insoweit Naturvorgänge.

Fraglich ist zudem der Einwand des B, der Bau seines Hauses sei bauaufsichtlich genehmigt worden. Sofern die Geeignetheit des Grundstücks nach Art. 4 BayBO von der Feststellungswirkung der Baugenehmigung erfasst ist, entstünde ein Wertungswiderspruch, wenn B für das Gebrauchen der Baugenehmigung, die ihm die entsprechende Errichtung des Hauses gestattet, sicherheitsrechtlich zur Verantwortung gezogen werden könnte. Entscheidend muss in diesen Fällen also die Frage nach der Reichweite der Feststellungswirkung der Baugenehmigung sein.[11] Nach dem Vortrag des B wurde auch die Geeignetheit des Grundstücks vor Erteilung der Baugenehmigung geprüft, weshalb vorliegend auch deshalb eine Behandlung als Verhaltensverantwortlicher ausscheiden würde.

B könnte allerdings Zustandsverantwortlicher nach Art. 9 Abs. 2 S. 1 LStVG sein. Nach Art. 9 Abs. 2 S. 2 LStVG können Maßnahmen neben den Inhaber der tatsächlichen Gewalt auch gegen den Eigentümer gerichtet werden.

B ist Eigentümer des Grundstücks, von welchem eine Gefahr ausgeht und damit grundsätzlich als Zustandsverantwortlicher anzusehen. Fraglich ist aber, wie sich die Tatsache auswirkt, dass die Gefahr letztlich auf von B nicht beherrschbaren Naturereignissen (geologische Bodenveränderungen) beruht (sogenannte „Opferlage" des Grundstückseigentümers). Dabei ist im Zivilrecht im Bereich der Zustandshaftung nach § 1004 BGB anerkannt, dass bei einer reinen Verursachung durch Naturereignisse eine Störereigenschaft ausscheidet. Insoweit könnte man überlegen, diese Wertung unter dem Gesichtspunkt der Einheit der Rechtsordnung auf den Bereich des Sicherheitsrechts zu übertragen. Dann bliebe aber unberücksichtigt, dass der Schutzzweck des Sicherheitsrechtes mit der effektiven Abwehr von Gefahren anders ausgestaltet ist als im Zivilrecht, bei dem es um die Beseitigung einer eingetretenen Beeinträchtigung geht.

Anerkannt ist deshalb, dass eine Zustandsverantwortlichkeit im Sicherheitsrecht auch bei solchen Gefahren besteht, die durch Naturereignisse hervorgerufen wurden. Sofern dadurch im Einzelfall Unbilligkeiten entstehen, arbeitet die Rechtsprechung mit einer Korrektur auf der Rechtsfolgenseite.[12]

Nach alledem ist der B damit als Zustandsverantwortlicher nach Art. 9 Abs. 2 LStVG anzusehen.

11 Relevant ist insoweit insbesondere die Frage nach dem Prüfumfang der Baugenehmigungsbehörde, welcher durch die Einschlägigkeit des vereinfachten oder des normalen Genehmigungsverfahrens beeinflusst wird.

12 Insoweit erhält der Fall vorliegend keine Angaben; vgl. die obigen Ausführungen: Die Maßnahme kann unverhältnismäßig i.S.d. Art. 8 LStVG sein, wenn die Kosten, die dem Betroffenen durch die Maßnahme auferlegt werden, den Wert des Grundstücks (dabei ist der Wert maßgeblich, der ohne diese Zustandsverantwortlichkeit bestehen würde) überschreiten.

4. Bestimmtheit

Auch wahrt der Bescheid die Anforderungen der Bestimmtheit nach Art. 37 Abs. 1 BayVwVfG. Unerheblich ist dabei, dass für die vorzunehmenden Felssicherungsmaßnahmen auf das mitgesandte Gutachten verwiesen wird. Die Anforderungen einer behördlichen Maßnahme müssen für den Adressaten ohne weiteres erkennbar sein. Dabei wird es aber als allgemein ausreichend gesehen, auf dem Betroffenen zugängliche Unterlagen zu verweisen. Das war vorliegend mit dem übersandten Gutachten der Fall.

5. Verhältnismäßigkeit und ordnungsgemäße Ermessensausübung

Im Hinblick auf die Verhältnismäßigkeit und die ordnungsgemäße Ermessensausübung bestehen keine Bedenken.

Ergebnis

Nach alledem erweist sich der Bescheid vom 16.3.2012 als rechtmäßig. Auf eine Rechtsverletzung des B kommt es daher gar nicht mehr an. Die Klage des B ist damit unbegründet.

D. Erlass von Rechtsverordnungen

Neben der Möglichkeit, Maßnahmen für den Einzelfall zu erlassen, besteht nach den Art. 12 ff. 279
LStVG auch die Möglichkeit, Rechtsverordnungen zur Gefahrenabwehr zu erlassen.

Hinweis

Bei Rechtsverordnungen handelt es sich um sogenannte Rechtsnormen im materiellen Sinne. Sie werden aufgrund einer vom Parlament abgeleiteten Ermächtigung durch Stellen der Exekutive (z.B. Landratsamt) oder durch Gebietskörperschaften (z.B. Gemeinde) erlassen. Jede Rechtsverordnungen bedarf zwingend einer vom Parlament erlassenen gesetzlichen Ermächtigung (z.B. die Regelungen der Art. 12 ff. BayLStVG als vom bayerischen Landtag als Parlament erlassene Ermächtigungen). Dabei werden Rechtsverordnungen auch denknotwendig immer im Bereich des übertragenen Wirkungskreises erlassen, da es sich an sich um die Aufgabe des Parlaments handelt, welches dieses mit dem Erlass von Verordnungsermächtigungen an andere Stellen delegiert. Der Grund für diese Delegation an andere Stellen liegt in der höheren Fachkompetenz in Bezug auf die jeweiligen von der Rechtsverordnung betroffenen Lebenssachverhalte.[13]

Dabei enthalten die Art. 12 ff. LStVG einzelne Ermächtigungen für den Verordnungserlass bei 280
bestimmten Lebenssachverhalten. Wichtig ist dabei, dass in Bayern keine allgemeine Verordnungsbefugnis besteht, sondern jeweils eine Spezialermächtigung eingreifen muss. Daneben sind auch in speziellen Gesetzen einzelne Ermächtigungen zum Erlass von Verordnungen enthalten, z.B. in Art. 14 BayImSchG oder Art. 22 BayWG.

Art. 42 ff. LStVG enthalten dabei Vorschriften zum Verfahren beim Erlass von Verordnungen, die nach Art. 48 LStVG auch für die Änderung und die Aufhebung von Verordnungen gelten.

Hinweis

Sofern ein bayerisches Landesgesetz eine Ermächtigung zum Verordnungserlass enthält (z.B. Art. 7 Abs. 3 BayNatSchG) ergibt sich die Zuständigkeit aus dem Spezialgesetz selbst (z.B. Art. 45 BayNatSchG). Regelmäßig enthalten die Spezialgesetze aber keine Verfahrensvorschriften für den Verordnungserlass; hier ist dann auf die Art. 42 ff. LStVG zurückzugreifen.

JURIQ-Klausurtipp

Die Konstellation der direkten oder inzidenten Überprüfung einer Verordnung in der Klausur ist wirklich sehr dankbar, da in allen den Verfassern bekannten Klausuren immer wieder dieselben Probleme auftauchten!

13 Vgl. zur Rechtsverordnung und deren Abgrenzung zur Satzung auch im Skript „Kommunalrecht Bayern" Rn. 186.

I. Prüfung der Rechtmäßigkeit einer sicherheitsrechtlichen Verordnung

281 Eine sicherheitsrechtliche Verordnung ist – wie jede Verordnung – dann rechtmäßig, wenn sie sowohl in formeller als auch in materieller Hinsicht rechtmäßig erlassen worden ist.

PRÜFUNGSSCHEMA

Rechtmäßigkeit einer sicherheitsrechtlichen Verordnung

I. Formelle Rechtmäßigkeit

1. Zuständigkeit:
   a) Sachliche Zuständigkeit: Verbandskompetenz nach der speziellen Verordnungsermächtigung; Organkompetenz nach Art. 42 Abs. 1 S. 1 LStVG
   Eilkompetenz des ersten Bürgermeisters nach Art. 37 Abs. 3 GO Rn. 284
   b) Örtliche Zuständigkeit nach der jeweiligen Gebietshoheit
2. Verfahren: (am Beispiel der Gemeinde)
   a) Ordnungsgemäßer Gemeinderatsbeschluss nach den Art. 45 ff. GO
   b) Ausfertigung nach Art. 26 Abs. 2 GO
   c) Bekanntmachung nach Art. 51 LStVG, Art. 26 Abs. 2 GO, BekVO
   d) Inkrafttreten nach Art. 50 LStVG
3. Form:
   a) Zitiergebot, Art. 45 Abs. 2 LStVG, Art. 4 Abs. 1 LStVG
   Rechtsfolge bei Verstoß gegen Art. 4 Abs. 1 und Art. 45 Abs. 2 LStVG Rn. 291
   b) Angabe der Geltungsdauer bei bewehrten Verordnungen nach Art. 50 Abs. 2 LStVG

II. Materielle Rechtmäßigkeit

1. Ermächtigungsgrundlage nach den Art. 12 ff. LStVG oder Spezialgesetz
2. Gültigkeit der Ermächtigungsgrundlage (nur bei entsprechenden Anhaltspunkten im Sachverhalt)
3. Tatbestand der Ermächtigungsgrundlage
4. Vereinbarkeit der Verordnung mit höherrangigem Recht

II. Formelle Rechtmäßigkeit

1. Zuständigkeit

a) Sachliche Zuständigkeit[14]

282 Die sachliche Zuständigkeit der Verbandskompetenz beurteilt sich nach der jeweiligen Ermächtigungsgrundlage. In den Art. 12 ff. LStVG werden dabei fast ausschließlich die Gebietskörperschaften zum Verordnungserlass ermächtigt (erkennbar z.B. an der Formulierung „Landkreis“ oder „Bezirk“ statt den Staatsbehörden Kreisverwaltungsbehörden oder Regierungen).

283 Nach Art. 42 Abs. 1 S. 1 LStVG obliegt die Organkompetenz auf Gemeindeebene dem Gemeinderat, auf Landkreisebene dem Kreistag und auf Bezirksebene dem Bezirkstag. Nach

14 *Becker/Heckmann/Kempen/Manssen* Teil 3 Rn. 502 ff.

Art. 32 Abs. 2 S. 2 Nr. 2 GO bzw. Art. 30 Abs. 1 Nr. 9 LKrO bzw. Art. 29 Nr. 1 BezO kann der Erlass der Rechtsverordnungen nicht auf beschließende Ausschüsse übertragen werden.

284 Die Eilkompetenz des ersten Bürgermeisters gemäß kommunalrechtlichen Grundsätzen nach Art. 37 Abs. 3 GO erstreckt sich nach allgemeiner Ansicht nicht auf den Fall des Erlasses von Rechtsverordnungen; hierbei wird mit dem Rechtsgedanken des Art. 37 Abs. 2 1 Hs. 2 GO argumentiert, der auch eine entsprechende Übertragung der Angelegenheit zur selbstständigen Erledigung ausschließt (entsprechende Regelungen finden sich in Art. 34 Abs. 3, Abs. 2 S. 2 LKrO und Art. 33 Abs. 3, Abs. 2 S. 2 BezO). Art. 42 Abs. 2 LStVG macht von diesem Grundsatz eine Ausnahme und ermächtigt den Bürgermeister, Kreistagspräsidenten und Bezirkstagpräsidenten unter den dort bezeichneten Voraussetzungen zum Erlass einer Notverordnung.

Hinweis

Für die Frage der Mehrfachzuständigkeit verschiedener Gebietskörperschaften regelt Art. 44 Abs. 1 LStVG das sogenannte Subsidiaritätsprinzip. Ein Verstoß führt allerdings nicht zur Unwirksamkeit der Verordnung; die Vorschrift des Art. 44 Abs. 1 LStVG („soll") enthält keine Zuständigkeitsschranke.

b) Exkurs: Wirkungskreise bei Erlass

285 Der Erlass der Rechtsverordnungen fällt fast ausschließlich (vgl. Rn. 282) in die Zuständigkeit der Gebietskörperschaften. Nach Art. 42 Abs. 1 S. 2 LStVG erfolgt der Erlass der Rechtsverordnungen im übertragenen Wirkungskreis.

JURIQ-Klausurtipp

Das hat insbesondere zur Folge, dass ein Bürgerbegehren zum Erlass einer Verordnung nicht möglich ist, da dieses nach Art. 18a Abs. 1 GO nur über Angelegenheiten des eigenen Wirkungskreises stattfindet.

c) Örtliche Zuständigkeit

286 Die örtliche Zuständigkeit bestimmt sich nach der Gebietshoheit der jeweils ermächtigten Gebietskörperschaft.[15]

2. Verfahren[16]

287 Da abgesehen von der Ausnahme des Art. 42 Abs. 2 LStVG für den Erlass von Rechtsverordnungen die Kollegialorgane Gemeinderat, Kreistag, Bezirkstag zuständig sind, müssen diese nach kommunalrechtlichen Grundsätzen beschlussfähig gewesen sein und eine ordnungsgemäße Beschlussfassung nach kommunalrechtlichen Grundsätzen vorliegen.

15 *Becker/Heckmann/Kempen/Manssen* Teil 3 Rn. 505.
16 *Becker/Heckmann/Kempen/Manssen* Teil 3 Rn. 508 ff.

> **Hinweis**
>
> Im Falle der Eilkompetenz nach Art. 42 Abs. 2 LStVG sind deren Voraussetzungen zu prüfen; wichtig ist dabei, dass die Mitteilungspflicht nach Art. 42 Abs. 2 S. 2 LStVG als bloße Ordnungsvorschrift zu verstehen ist und ein Verstoß deshalb unbeachtlich ist.

288 Für die Bekanntmachung verweist Art. 51 Abs. 1 LStVG auf die kommunalrechtliche Vorschrift des Art. 26 GO. Aus rechtsstaatlichen Gründen muss dieser Bekanntmachung aber zwingend eine Ausfertigung durch den Bürgermeister (bzw. Kreistags-, Bezirkstagspräsident) vorausgehen, um die Authentizität und Legalität zu bekunden (vgl. dazu näher die Ausführungen im Skript „Kommunalrecht Bayern"). Diese richtet sich mangels entsprechender Regelung nach Art. 26 Abs. 2 GO. Dabei muss die Ausfertigung zwingend zeitlich vor der Bekanntmachung erfolgen.

> **Hinweis**
>
> Beachten Sie auch Art. 51 Abs. 2 LStVG bei bewehrten Verordnungen und Art. 51 Abs. 3 LStVG, der die Bezugnahme auf eine Karte zur Bestimmung des Geltungsbereichs einer Verordnung erlaubt. Beliebtes Klausurproblem ist insoweit, dass die Karte als Anhang der Verordnung nicht unterschrieben wurde und deshalb nun ein Verstoß gegen das Ausfertigungserfordernis gerügt wird. Insoweit stehen zwei Möglichkeiten zur Verfügung, um den Erfordernissen einer ordnungsgemäßen Ausfertigung gerecht zu werden. Zum einen kann die Karte selbst ausgefertigt werden; insoweit wäre die Unterschrift (auch) auf dieser erforderlich. Möglich ist aber auch, dass die Karte durch den Normtext der Verordnung explizit zum Normbestandteil erklärt wird; in diesem Fall ist die Ausfertigung (nur) der Verordnung ausreichend.

289 Bei der Ausfertigung und Bekanntmachung sowie deren Reihenfolge handelt es sich um zwingende Erfordernisse; der Verstoß führt zur Unwirksamkeit der Verordnung. Die Regelungen der Art. 52, 53 LStVG stellen dagegen bloße Ordnungsvorschriften dar, weshalb ein Verstoß auf die Wirksamkeit der Verordnung keinen Einfluss hat.

290 Art. 50 Abs. 1 LStVG regelt letztlich das Inkrafttreten von bewehrten, also bußgeldbedrohten Verordnungen und verbietet ein rückwirkendes Inkrafttreten der bewehrten Verordnung. Für nicht bewehrte Verordnungen gilt Art. 26 Abs. 1 GO entsprechend.[17]

3. Form

291 Beliebtes Problem bei der Form ist die Frage nach dem Zitiergebot, also des Erfordernisses der Angabe der Rechtsgrundlage in der Verordnung. Hier ist zwischen bewehrten (also bußgeldbedrohten) und nicht bewehrten Vorschriften der Rechtsverordnung zu unterscheiden:

- Für die **bewehrten Vorschriften ergibt sich das Erfordernis des Zitiergebots aus Art. 4 Abs. 1 LStVG;** sofern das Zitiergebot nicht gewahrt wird, liegt sowohl ein Verstoß gegen Art. 4 Abs. 1 LStVG als auch gegen Art. 104 BV vor.[18]

---

17 Vgl. im Skript „Kommunalrecht Bayern".

18 *Becker/Heckmann/Kempen/Manssen* Teil 3 Rn. 513, der diese Frage als Anforderung der materiellen Rechtmäßigkeit behandelt. Beide Lösungen, also sowohl die Behandlung innerhalb der formellen als auch innerhalb der materiellen Rechtmäßigkeit sind dabei gut vertretbar.

- Für **nicht bewehrte Vorschriften gilt Art. 45 Abs. 2 LStVG**: Danach *soll* die Rechtsgrundlage angegeben werden. Die Nichtangabe ist dabei aber für die Rechtmäßigkeit der Verordnung nach allgemeiner Ansicht ohne Bedeutung.[19]
  Die Regelung des Art. 80 Abs. 1 S. 3 GG gilt direkt nur für bundesrechtliche Verordnungen. Denkbar wäre insoweit eine Geltung nach Art. 28 GG über das sogenannte Homogenitätsprinzip, wonach die verfassungsmäßige Ordnung in den Bundesländern denen auf Bundesebene entsprechen soll: Man ist sich aber einig, dass es sich bei dem Erfordernis des Art. 80 Abs. 1 S. 3 GG nicht um eine zwingende durch das Homogenitätsgebot in das Landesrecht zu transformierende Anforderung handelt. Es reicht zur Wahrung des Homogenitätsgebotes vielmehr aus, wenn überhaupt eine Ermächtigungsgrundlage vorhanden ist.
  Damit ergibt sich im Ergebnis bei nicht bewehrten Vorschriften kein Zitiergebot.

JURIQ-Klausurtipp

Die Angabe der Geltungsdauer bei bewehrten Verordnungen hat wegen der Regelung des Art. 50 Abs. 2 S. 2 LStVG kaum Klausurbedeutung.

4. Exkurs: Spezialregelung der Aufsicht in Art. 46 und 49 LStVG

Für den Bereich des Erlasses von Verordnungen sind mit den Regelungen nach Art. 46 und 49 LStVG spezielle Regelungen vorgesehen, welche die Art. 108 ff. GO (und entsprechenden Regelungen in LKrO und BezO) verdrängen. **292**

Die allgemeine Aufsicht obliegt nach Art. 49 LStVG der Rechtsaufsichtsbehörde. Zuständig ist dabei nach dem eindeutigen Wortlaut immer die Rechtsaufsichtsbehörde, weshalb nach allgemeiner Ansicht nach den Regeln der Rechtsaufsicht auch nur eine Rechtmäßigkeitskontrolle erfolgt.

Hinweis

Dies ist insofern bedeutsam, als der Verordnungserlass nach Art. 42 Abs. 1 S. 2 LStVG ja in den übertragenen Wirkungskreis fällt.

Art. 46 LStVG enthält die Ermächtigung der Rechtsaufsichtsbehörde zur Ersatzvornahme des Erlasses einer Verordnung anstelle der Gebietskörperschaft. Sie schafft damit unter den normierten Voraussetzungen eine Zuständigkeit der Rechtsaufsichtsbehörde zum Verordnungserlass.

19 *Becker/Heckmann/Kempen/Manssen* Teil 3 Rn. 511.

PRÜFUNGSSCHEMA

Ersatzvornahmemöglichkeit nach Art. 46 LStVG

I. Nichterlass einer Verordnung
durch Gemeinde, Landkreis oder Bezirk, zu deren Erlass diese ermächtigt sind = Hier ist zu prüfen, ob die Gebietskörperschaft überhaupt ermächtigt wäre, die entsprechende Verordnung zu erlassen; andernfalls würde die Rechtsaufsichtsbehörde etwas rechtlich Unmögliches verlangen

II. Untätigkeit trotz Aufforderung und Setzung angemessener Frist

III. Zwingendes Erfordernis des Allgemeinwohls
= das ist nach der Rechtsprechung der Fall, wenn für eine Vielzahl von Personen ein Schaden an erheblichen Rechtsgütern droht

Hinweis

Prüfungsort dieser Ausführungen ist der Bereich der sachlichen Zuständigkeit. Da mit der Rechtsaufsichtsbehörde in diesem Fall eine Staatsbehörde handelt, ergibt sich die örtliche Zuständigkeit nicht aus einer Regelung der Gebietshoheit, sondern nach der allgemeinen Regel des Art. 3 BayVwVfG.

293 Nach dem Wortlaut des Art. 46 LStVG steht der Erlass im Ermessen der Rechtsaufsichtsbehörde („kann"). Sofern allerdings die strengen Voraussetzungen gegeben sind, insbesondere ein zwingendes Erfordernis des Allgemeinwohls vorliegt, ist regelmäßig von einer Reduktion dieses Ermessens auf Null auszugehen.

Hinweis

Umstritten ist dabei noch die Frage, wer richtiger Antragsgegner bei einem Normenkontrollantrag nach § 47 Abs. 2 S. 2 VwGO ist. Zwar handelt die Rechtsaufsichtsbehörde anstelle der Gemeinde. Die besseren Argumente sprechen aber für den Freistaat Bayern als Rechtsträger der Rechtsaufsichtsbehörde als richtigen Antragsgegner. Zum einen wird die Verordnung vom Landratsamt erlassen, welches insoweit als Normgeber gegenüber dem Bürger auftritt (Gedanke des effektiven Rechtsschutzes nach Art. 19 Abs. 4 GG); zudem soll die Gemeinde nicht verpflichtet sein, im Verfahren eine Verordnung zu verteidigen, welche sie selbst trotz Aufforderung mit Fristsetzung nicht erlassen wollte.

III. Materielle Rechtmäßigkeit

1. Tatbestand der Ermächtigungsgrundlage

294 Zum Erlass der jeweiligen Verordnung müssen die Anforderungen nach dem Tatbestand der Ermächtigungsgrundlage gegeben sein. Bedeutend sind dabei regelmäßig das Vorliegen einer Gefahr (wobei aufgrund der Eigenschaft der Verordnung als abstrakt-generelle Regelung eine abstrakte Gefahr[20] gemeint ist) für die in der Ermächtigungsgrundlage aufgeführ-

20 Vgl. *Wehr* Rn. 477.

ten Rechtsgüter. Beispielsweise fordert Art. 18 Abs. 1 LStVG das Handeln zur Verhütung von Gefahren für Leben, Gesundheit, Eigentum oder die öffentliche Reinlichkeit.

Hinweis

Die Verordnungsermächtigungen sind als „Kann"-Vorschriften ausgestaltet und vermitteln damit ein sogenanntes „Normsetzungsermessen". Eine Art Ermessensfehler ist dabei aber nicht denkbar, da dem jeweiligen Normgeber beim Normerlass eine weite Einschätzungsprärogative zukommt. Zu beachten ist aber die Regelung des Art. 46 Abs. 1 LStVG. Sofern die Rechtsaufsichtsbehörde die Gebietskörperschaft zum Erlass einer Verordnung auffordert, wird dies zur Pflichtaufgabe der Gebietskörperschaft, ein Ermessen steht ihr nicht mehr zu. Sofern sie trotzdem keine Verordnung erlässt, kann die Rechtsaufsichtsbehörde diese anstelle der Gebietskörperschaft erlassen. Ein subjektiver Anspruch von Bürgern auf Erlass der Verordnung besteht dagegen nicht, weil der Verordnungserlass allein im öffentlichen Interesse erfolgt.[21]

JURIQ-Klausurtipp

Die Klausurerfahrung der Verfasser zeigt, dass in den Klausuren regelmäßig auf eine besondere Verordnungsermächtigung in den Art. 12 ff. LStVG oder Spezialgesetzen hingewiesen wurde, sofern diese relevant waren. Trotzdem sollten Sie die Art. 12 ff. LStVG einmal überblicksmäßig anschauen.

2. Vereinbarkeit der Verordnung mit höherrangigem Recht

Letztlich muss die Verordnung mit höherrangigem Recht vereinbar sein. Hier ist ein Verstoß **295**
gegen höherrangige Normen des Bundes- und/oder Landesrechts denkbar sowie ein Verstoß gegen Grundrechte nach dem GG oder der BV (sehr beliebt in Klausuren).

Aber auch die Einhaltung allgemeiner rechtsstaatlicher Grundsätze wie des Grundsatzes der Verhältnismäßigkeit und das Bestimmtheitsgebot werden an dieser Stelle relevant.[22]

JURIQ-Klausurtipp

Beliebtes Klausurproblem ist insoweit auch die Höhe des Bußgeldrahmens bei bewehrten Verordnungen. Dieser bestimmt sich nach Art. 3 LStVG i.V.m. § 17 Abs. 1, Abs. 2 OWiG, wobei ein Verstoß zur Unwirksamkeit der Verordnung führt.[23]

21 *Becker/Heckmann/Kempen/Manssen* Teil 3 Rn. 507.

22 Vgl. *Wehr* Rn. 485 sowie *Becker/Heckmann/Kempen/Manssen* Teil 3 Rn. 511.

23 *Becker/Heckmann/Kempen/Manssen* Teil 3 Rn. 514.

IV. Übungsfall Nr. 5[24]

296 „Tauchverbot von oben"

Im südlichen Gemeindegebiet der Gemeinde Friedberg liegt der sogenannte Schatzsee, ein beliebtes Ausflugsziel und Naherholungsgebiet für die umliegenden Anwohner. Der Schatzsee besitzt in einem südlichen Bereich eine ständige Verbindung mit dem unterliegenden Grundwasser. Hier kam es in den Jahren 2009–2012 zu starken geologischen Veränderungen; dies führte zur Bildung von starken Strudeln und unterirdischen Strömungen, die selbst gute Schwimmer unter Wasser ziehen können. Zu Beginn des Jahres 2011 hatte die Gemeinde entsprechende Warnschilder aufgestellt. Da es trotzdem weiterhin zu Unfällen kam, wurde von Mitgliedern des Gemeinderats der Antrag gestellt, das Baden im südlichen Bereich des Sees zu verbieten. Dieser Antrag fand jedoch nicht die Zustimmung der Mehrheit der Gemeinderatsmitglieder. Im Wesentlichen war man der Auffassung, dass ja jeder Schwimmer selbst wissen müsse, ob er sich in Gefahr begibt oder nicht. Zudem seien ja bereits Warnschilder aufgestellt worden.

Daraufhin wandten sich einige der Gemeinderatsmitglieder an das Landratsamt Aichach-Friedberg. Dieses forderte die Gemeinde Friedberg im März 2012 auf, bis zum 30.6.2012 durch Erlass einer Verordnung das Baden im südlichen Bereich des Sees zu verbieten; sonst werde es selbst die erforderliche Verordnung erlassen. Da keine Reaktion der Gemeinde erfolgte, wurde am 10.7.2012 vom Landratsamt Aichach-Friedberg „im Wege der Ersatzvornahme" eine Verordnung erlassen, wonach gemäß § 1 das Baden im genau bezeichneten südlichen Bereich des Schatzsees verboten wurde und nach § 2 eine Zuwiderhandlung mit einer Geldbuße bis zu 2000 € bedroht wurde.

Bearbeitervermerk: Überprüfen Sie die Rechtmäßigkeit der Verordnung.[25] Dabei wird auf Art. 27 Abs. 1 LStVG und auf Art. 22 BayWG hingewiesen. Auf welcher Grundlage die Verordnung erlassen wurde, sei mangels näherer Angaben nicht erkennbar.

297 Lösung

Die Verordnung ist rechtmäßig, wenn sie formell und materiell rechtmäßig ist.

A. Formelle Rechtmäßigkeit

Vorab muss hierbei untersucht werden, auf welcher Ermächtigungsgrundlage die erlassene Verordnung beruht. Vorliegend kommen sowohl Art. 27 Abs. 1 LStVG in Betracht, der das Verbot des Badens an bestimmten Orten ermöglicht als auch Art. 22 BayWG (der nach Art. 27 Abs. 3 LStVG unberührt bleibt), der das Verbot oder die Beschränkung des wasserrechtlichen Gemeingebrauchs (zu dem nach Art. 21 Abs. 1 S. 1 BayWG auch die Nutzung des Gewässers zum Baden gehört) ermöglicht.

Zwar ist nach den Angaben im Sachverhalt nicht genau erkennbar, auf welcher Grundlage das LRA Aichach-Friedberg gehandelt hat, doch ist zu beachten, dass das LRA Aichach-Friedberg die Verordnung „im Wege der Ersatzvornahme" erlassen hat, also *anstelle der Gemeinde* gehandelt hat. Damit scheidet Art. 22 BayWG aus, da hiernach die Gemeinde gar nicht zuständig wäre, sondern nur das Landratsamt als Kreisverwaltungsbehörde nach Art. 37 Abs. 1 S. 2 LKrO. Die Verordnung erging damit auf der Grundlage des Art. 27 Abs. 1 LStVG.

I. Sachliche Zuständigkeit

Die sachliche Zuständigkeit steht im Rahmen des Art. 27 Abs. 1 LStVG nur den Gemeinden zu.

24 Diesen Fall des Badeverbots kann man mittlerweile schon als Klassiker bezeichnen, vgl. auch den entsprechenden Fall 6 mit Tauchverbot bei *Seiler* Rn. 153 ff.

25 Zu den Möglichkeiten des Rechtsschutzes gegen die erlassene Verordnung vgl. die nach dem Übungsfall 3 folgenden Ausführungen: „Rechtsschutz gegen Verordnungen" (Rn. 298 ff.).

II. Voraussetzungen des Art. 46 Abs. 1 LStVG

Eine Zuständigkeit des LRA Aichach-Friedberg könnte sich allerdings nach Art. 46 Abs. 1 LStVG ergeben. Danach kann die Rechtsaufsichtsbehörde eine Verordnung erlassen, wenn die Gemeinde eine Verordnung, zu deren Erlass sie ermächtigt ist, trotz Aufforderung der Rechtsaufsichtsbehörde zum Erlass binnen angemessener Frist nicht erlässt, obwohl es das Wohl der Allgemeinheit zwingend erfordert.

Die Gemeinde Friedberg hat vorliegend die Verordnung zum Verbot des Badens im südlichen Bereich des Schatzsees nicht erlassen, obwohl ihr mit Art. 27 Abs. 1 LStVG eine entsprechende Ermächtigung zur Verfügung stand. Weiterhin lag eine Aufforderung im März 2012 und mit der Fristsetzung bis Ende Juni 2012 eine angemessene Frist zum Erlass derselben vor.

Das zwingende Erfordernis des Allgemeinwohls ist nach der Rechtsprechung zu bejahen, wenn für eine Vielzahl von Personen ein Schaden an erheblichen Rechtsgütern droht. Das ist vorliegend der Fall; durch die Bildung der Strudel und Strömungen besteht für alle Schwimmer im südlichen Bereich des Schatzsees die Gefahr einer Schädigung an Leben und Gesundheit. Dabei handelt es sich auch um erhebliche Rechtsgüter; der besondere Stellenwert wird insbesondere mit der staatlichen Schutzpflicht nach Art. 2 Abs. 2 S. 1 GG betont.

Damit lagen die Voraussetzungen des Art. 46 LStVG vor und das Landratsamt Aichach-Friedberg war für den Erlass der Verordnung sachlich zuständig.

III. Örtliche Zuständigkeit

Die örtliche Zuständigkeit ergibt sich mangels spezieller Regelung aus Art. 3 Abs. 1 Nr. 4 BayVwVfG.

IV. Verfahren und Form

Im Hinblick auf die Form ist problematisch, dass nicht erkennbar ist, auf welche Ermächtigungsgrundlage die Verordnung gestützt wurde. Im Hinblick auf das Erfordernis der Einhaltung des sogenannten Zitiergebotes ist zwischen den einzelnen Vorschriften der Verordnung zu differenzieren.

Bei der Bußgeldvorschrift, die (nach Art. 27 Abs. 4 Nr. 1 LStVG) von der Ermächtigungsgrundlage umfasst ist, muss nach Art. 4 Abs. 1 LStVG zwingend auf die zugrundeliegende Straf- oder Bußgeldvorschrift verwiesen werden. Dies bezweckt vornehmlich den Schutz des betreffenden Bürgers, der erkennen können soll, ob sich die Bußgeldbewehrung auf eine Ermächtigungsgrundlage stützen kann. Im Hinblick auf diese Bedeutung führt ein Verstoß gegen Art. 4 Abs. 1 LStVG zur Nichtigkeit der entsprechenden Bußgeldvorschrift; nach allgemeiner Ansicht liegt in diesen Fällen auch ein Verstoß gegen das Bestimmtheitsgebot nach Art. 104 Abs. 1 BV vor.

Bei den sonstigen Vorschriften der Verordnung gilt Art. 45 Abs. 2 LStVG, wonach die besondere Rechtsgrundlage in der Verordnung angegeben werden „soll". Bei Art. 45 Abs. 2 LStVG handelt es sich aber – wie sich auch aus dem Wortlaut ergibt – um eine bloße Ordnungsvorschrift, deren Nichteinhaltung nicht zur Ungültigkeit der Verordnung führt.

Auch aus der Regelung des Art. 80 Abs. 1 S. 3 GG ergibt sich nicht direkt die Unwirksamkeit der entsprechenden Vorschriften. Danach ist die Rechtsgrundlage zwar zwingend in der Verordnung anzugeben, eine direkte Anwendung ist aber dabei nur für bundesrechtliche Verordnungen gegeben. Denkbar wäre aber, dass die Anforderung nach Art. 80 Abs. 1 S. 3 GG über das sogenannte Homogenitätsgebot des Art. 28 Abs. 1 S. 1 GG, wonach die verfassungsmäßige Ordnung in den Ländern den Grundsätzen auf Bundesebene entsprechen muss, Geltung erlangt. Insoweit entspricht es aber allgemeiner Ansicht, dass über das Homogenitätsgebot des Art. 28 Abs. 1 S. 1 GG zwar die Anforderungen nach Art. 80 Abs. 1 S. 2 und 4 GG in den Ländern Geltung beanspruchen, nicht aber die Regelung des Art. 80 Abs. 1 S. 3 GG. Als entsprechender Grundsatz auf Landesebene wird dabei als ausreichend angesehen, dass eine entsprechende Rechtsgrundlage objektiv vorhanden ist.

Zwischenergebnis

Die Bußgeldvorschrift der Verordnung ist bereits aufgrund Verstoßes gegen das Zitiergebot nach Art. 4 Abs. 1 LStVG und das Bestimmtheitsgebot des Art. 104 Abs. 1 BV formell rechtswidrig.

Das Verbot des Badens ist dagegen formell rechtmäßig.

B. Materielle Rechtmäßigkeit

Die Vorschriften der Verordnung müssten weiterhin materiell rechtmäßig sein.

I. Tatbestand der Ermächtigungsgrundlage

Nach Art. 27 Abs. 1 LStVG können die Gemeinden zur Verhütung von Gefahren für Leben und Gesundheit durch Verordnung das Baden an bestimmten Orten verbieten. Gemäß Art. 27 Abs. 4 Nr. 1 LStVG kann mit Geldbuße belegt werden, wer einem nach Art. 27 Abs. 1 LStVG angeordneten Verbot des Badens an bestimmten Orten zuwiderhandelt.

Aufgrund der gebildeten Strudel und unterirdischen Strömungen, die bereits zu Unfällen von Schwimmern geführt haben, ist die erforderliche Gefahr für Leben und Gesundheit gegeben. § 1 der Verordnung kann somit zulässigerweise auf Art. 27 Abs. 1 LStVG gestützt werden.

Die Bußgeldandrohung nach § 2 der Verordnung findet ihre Grundlage in Art. 27 Abs. 4 Nr. 1 LStVG.

II. Vereinbarkeit des Badeverbots nach § 1 der Verordnung mit höherrangigem Recht

Die Verordnung müsste weiterhin mit höherrangigem Recht vereinbar sein.

1. Bestimmtheitsgebot

Keine Bedenken bestehen dabei im Hinblick auf das allgemeine aus dem Rechtsstaatsprinzip (Art. 20 Abs. 3 GG bzw. Art. 3 Abs. 1 BV) abgeleitete Erfordernis der Bestimmtheit, da der Geltungsbereich des Verbots nach den Angaben im Sachverhalt genau bezeichnet wurde.

2. Vereinbarkeit mit Art. 2 Abs. 1 GG

Das Badeverbot könnte aber gegen das „Recht auf Selbstgefährdung" als Ausfluss der allgemeinen Handlungsfreiheit nach Art. 2 Abs. 1 GG bzw. Art. 101 BV verstoßen. Von den Gemeinderatsmitgliedern wurde vorgebracht, dass jeder selbst wissen müsse, ob er sich in Gefahr begebe oder nicht. Die allgemeine Handlungsfreiheit schützt nach dem Elfes-Urteil die Entfaltung der Persönlichkeit im weiten Sinne in Form eines „Jeder kann tun und lassen, was er will". Dazu gehört auch ein Recht auf Selbstgefährdung; dieses findet seine Schranken allerdings in der staatlichen Schutzpflicht für Leben und körperliche Unversehrtheit nach Art. 2 Abs. 2 S. 1 GG.

Soweit der Einzelne die Tragweite seines Handelns nicht mehr wahrnehmen kann, muss das Recht auf Selbstgefährdung zurücktreten: Das ist insbesondere der Fall, wenn – wie vorliegend – eine Lebensgefahr besteht. Hier ist offensichtlich, dass der Einzelne nicht mehr fähig ist, die Tragweite seiner Handlungen vernünftig einzuschätzen. Im vorliegenden Fall besteht entsprechende Lebensgefahr, soweit den Schwimmern durch Strudel und Strömungen unter Wasser gerissen zu werden droht.

Zum anderen findet das Recht auf Selbstgefährdung dort seine Grenze, wo durch das eigene Verhalten zugleich andere Personen gefährdet werden. Auch damit muss vorliegend gerechnet werden, da durchaus zu erwarten ist, dass andere Schwimmer versuchen werden, in einen Strudel oder eine Strömung geratene Schwimmer zu retten und dadurch ebenfalls in Gefahr zu geraten.

Nach alledem findet das Grundrecht der Selbstgefährdung vorliegend seine Schranken, weshalb ein Verstoß gegen dasselbe nicht gegeben ist.

3. Grundsatz der Verhältnismäßigkeit

Weiterhin stellt sich aber die Frage nach der Verhältnismäßigkeit des Badeverbotes. Insoweit handelt es sich wiederum um ein aus dem allgemeinen Rechtsstaatsprinzip (Art. 20 Abs. 3 GG bzw. Art. 3 Abs. 1 BV) abgeleitetes Gebot.

Mit dem Schutz von Leben und Gesundheit dient das Badeverbot einem legitimen Zweck. Zur Erreichung dieses Zwecks ist es auch geeignet.

Fraglich ist aber die Erforderlichkeit. Diese ist zu bejahen, wenn keine gleich effektiven milderen Mittel zur Verfügung stehen. Insoweit stellen die von der Gemeinde aufgestellten Warnschilder für den südlichen Bereich des Sees zwar ein milderes Mittel dar; dieses kann aber nicht als gleich effektiv angesehen werden, da es trotz der Warnschilder im letzten Jahr weiterhin zu Unfällen gekommen ist.

Im Hinblick auf die Angemessenheit bestehen angesichts der hohen Bedeutung der Schutzgüter Leben und Gesundheit keine Bedenken.

III. Vereinbarkeit der Bußgeldvorschrift nach § 2 der Verordnung mit höherrangigem Recht

Nach Art. 3 LStVG gilt für die Ordnungswidrigkeiten des Landesrechts das Gesetz über Ordnungswidrigkeiten (OWiG), soweit gesetzlich nichts anderes bestimmt ist. Gemäß Art. 3 LStVG i.V.m. § 17 Abs. 1 OWiG beträgt die Geldbuße mangels anderweitiger gesetzlicher Bestimmung höchstens 1000 €. Mit der Überschreitung dieser Grenze und der vorliegenden Androhung einer Geldbuße bis zu 2000 € hat das LRA Aichach-Friedberg gegen Art. 3 LStVG i.V.m. § 17 Abs. 1 OWiG verstoßen, was zur materiellen Unwirksamkeit der Bußgeldvorschrift führt.

Ergebnis

Damit erweist sich das Badeverbot nach § 1 der Verordnung als rechtmäßig. Sowohl formell als auch materiell rechtswidrig ist dagegen die Bußgeldvorschrift nach § 2 der Verordnung. Da das Badeverbot nach § 1 aber auch isoliert ohne eine entsprechende Bußgeldvorschrift Sinn macht (und im Hinblick auf die erheblichen Gefahren für Leben und Gesundheit wohl auch geboten ist), ist nicht von einer Gesamtunwirksamkeit der Verordnung, sondern von einer zulässigen Teilwirksamkeit des § 1 auszugehen.

V. Rechtsschutz gegen Rechtsverordnungen

» Überlegen Sie sich vorab eigenständig, welche Möglichkeiten des Rechtsschutzes gegen Verordnungen Ihnen einfallen und welche Voraussetzungen diese erfordern! «

298 Nachfolgend sollen die verschiedenen Möglichkeiten der Erlangung von Rechtsschutz gegen eine Verordnung überprüft werden.

1. Prinzipale Normenkontrolle nach § 47 VwGO[26]

299 Die Normenkontrolle ist gegen Verordnungen über Art. 5 BayAGVwGO, § 47 Abs. 1 Nr. 2 VwGO **statthaft**[27]. **Zuständiges Gericht** ist in Bayern über § 184 VwGO, Art. 1 Abs. 1 AGVwGO der Bayerische Verwaltungsgerichtshof (BayVGH).

Dieser entscheidet aber nur **im Rahmen seiner Gerichtsbarkeit**. Dieser ist nach der sogenannten Vollzugsfolgenformel aber nur dann gegeben, wenn aus dem Vollzug der Vorschriften im Verwaltungsrechtsweg zu entscheidende Streitigkeiten entstehen.[28] Das ist bei den Bußgeldvorschriften (aber nur bei diesen!) in Verordnungen nicht der Fall, da hier nach § 68 Abs. 1 OWiG der Rechtsweg zu den ordentlichen Gerichten gegeben ist. Sofern der Antrag sich auch gegen Bußgeldvorschriften richtet, ist er teilweise als unzulässig abzuweisen (eine Verweisung nach § 17 GVG erfolgt nicht, da kein entsprechendes Parallelverfahren zur Normenkontrolle vor den ordentlichen Gerichten existiert).

JURIQ-Klausurtipp

Das schließt aber nicht aus, dass der VGH die Unwirksamkeit der gesamten Verordnung feststellt. Insofern handelt es sich um eine Frage der Teilwirksamkeit der Verordnung, sofern andere Vorschriften der Verordnung unwirksam sind.[29] Sollte Ihnen in der Klausur der Fall begegnen, dass alle anderen Vorschriften unwirksam sind, ist der Antrag zwar im Hinblick auf die Bußgeldvorschrift unzulässig; trotzdem kann der VGH aber die Unwirksamkeit der gesamten Verordnung auf Begründetheitsebene feststellen, da die Aufrechterhaltung allein einer Bußgeldvorschrift keinen Sinn macht und damit kein Fall zulässiger Teilwirksamkeit vorliegt.

300 Die **Antragsberechtigung** steht natürlichen und juristischen Personen sowie Behörden zu.[30]

Im Bereich der **Antragsbefugnis** müssen natürliche und juristische Personen die mögliche Verletzung eigener Rechte durch die Rechtsvorschrift darlegen (vergleichbar der Klagebefugnis in § 42 Abs. 2 VwGO).[31] Für die behördliche Normenkontrolle reicht es, mit der Anwendung der Norm befasst und betroffen zu sein.[32] Die **Antragsfrist** beträgt mittlerweile 1 Jahr nach Bekanntmachung der Norm.

Der Antrag ist begründet, wenn er gegen den richtigen Antragsgegner nach § 47 Abs. 2 S. 2 VwGO[33] gerichtet ist und die angegriffene Rechtsvorschrift gegen zwingendes höherrangiges formelles oder materielles Recht verstößt.[34]

26 Vgl. dazu *Schenke* Rn. 631 ff.
27 *Kopp/Schenke* § 47 Rn. 21 ff.
28 *Kopp/Schenke* § 47 Rn. 17 ff.
29 *Kopp/Schenke* § 47 Rn. 122.
30 *Kopp/Schenke* § 47 Rn. 38.
31 *Kopp/Schenke* § 47 Rn. 43 ff.
32 *Kopp/Schenke* § 47 Rn. 82, 94.
33 *Kopp/Schenke* § 47 Rn. 39, der dies als Frage der Zulässigkeit behandelt.
34 *Kopp/Schenke* § 47 Rn. 112.

Der **Prüfungsmaßstab ist § 47 Abs. 3 VwGO** zu entnehmen.[35] Der BayVGH prüft die Vereinbarkeit der Norm umfassend (Bundes- und Landesrecht, GG) mit Ausnahme der Grundrechte der Bayerischen Verfassung, da insofern die Popularklage aus Art. 98 S. 4 BV abschließenden Rechtsschutz gewährleistet.

Kommt der BayVGH zum Ergebnis, die Norm ist wegen Rechtsfehlern nichtig, so erklärt er sie mit allgemein verbindlicher Wirkung (inter omnes) für unwirksam. Auf die Frage der Rechtsverletzung ist dabei nicht einzugehen, da das Normenkontrollverfahren ein objektives Rechtsbeanstandungsverfahren darstellt.

2. Popularklage, Art. 98 S. 4 BV, Art. 2 Nr. 7, 55 BayVerfGHG[36]

Art. 98 S. 4 BV schafft einen Jedermann-Rechtsbehelf. Antragsberechtigt ist jede natürliche wie juristische Person des öffentlichen Rechts/Privatrechts, unabhängig von Fragen wie Staatsangehörigkeit, Wohnsitz und Aufenthalt. Gefordert wird lediglich das substantiierte Bezeichnen der Verletzung eines Grundrechts der Bayerischen Verfassung, das aber nicht dem Antragsteller selbst zustehen muss. Materieller Prüfungsmaßstab im Verfahren vor dem Bayerischen Verfassungsgerichtshof (Art. 1 VerfGHG) sind zunächst die Grundrechte der BV, aber auch das objektive Verfassungsrecht, insbesondere die Beachtung des Grundsatzes der Rechtsstaatlichkeit, Art. 3 Abs. 1 BV. Wichtig ist dabei, dass die gesamte Verordnung eine Rechtsvorschrift des bayerischen Landesrechts darstellt und damit auch eventuelle Bußgeldvorschriften mit der Popularklage überprüft werden können. Die Frage nach dem Bestehen einer Ermächtigungsgrundlage und der Wahrung der Verfahrensvorschriften für den Erlass der Verordnung werden dabei ebenfalls überprüft. Bei einem entsprechenden Fehler liegt ein Verstoß gegen das Rechtsstaatsgebot nach Art. 3 Abs. 1 BV vor. **301**

3. Gerichtliche Inzidentkontrolle[37]

Sofern Streitgegenstand ein auf einer Verordnung basierender Verwaltungsakt ist, kann die Verordnung mittels einer gegen den Verwaltungsakt gerichteten verwaltungsgerichtlichen Klage, §§ 40 Abs. 1, 42 Abs. 1 VwGO überprüft werden. Dem Verwaltungsgericht steht (anders als der Verwaltung mit Ausnahme der Rechtsaufsichtsbehörde nach Art. 49 LStVG[38]) eine Normprüfungs- und Normverwerfungskompetenz zur Seite. **302**

4. Bundesverfassungsbeschwerde[39], Art. 93 Abs. 1 Nr. 4a GG, §§ 13 Nr. 8a, 90 ff. BVerfGG

Eine Bundesverfassungsbeschwerde wird regelmäßig an zwei Punkten scheitern. Erstens ist eine Rechtsverletzung durch die Verordnung i.S. einer Betroffenheit selbst, gegenwärtig und unmittelbar problematisch, da Verordnungen regelmäßig Vollzugsakte bedürfen, die ihrer- **303**

35 *Kopp/Schenke* § 47 Rn. 100 ff.

36 Vgl. dazu *Becker/Heckmann/Kempen/Manssen* Teil 1 Rn. 220.

37 Vgl. dazu *Schenke* Rn. 637 f.

38 Argument für die grundsätzlich fehlende Normverwerfungskompetenz ist zum einen die Rechtssicherheit (Bedürfnis nach einer allgemeinverbindlichen Klärung der Frage der Rechtmäßigkeit der Verordnung) und die den Behörden in § 47 Abs. 2 VwGO eingeräumte privilegierte Antragsbefugnis im Normenkontrollverfahren.

39 Vgl. dazu *Schenke* Rn. 639 ff.

seits erst die Rechtsverletzung begründen. Zum anderen bedarf es nach § 90 Abs. 2 S. 1 BVerfGG der vorherigen Erschöpfung des Rechtsweges, d.h. vor Erheben der Verfassungsbeschwerde muss insbesondere das Verfahren nach § 47 Abs. 1 VwGO durchlaufen werden.

5. Bayerische Verfassungsbeschwerde, Art. 120, 66 BV, Art. 2 Nr. 6, 51 ff. VerfGHG[40]

» Gehen Sie gedanklich noch einmal die verschiedenen Möglichkeiten des Rechtsschutzes gegen eine sicherheitsrechtliche Verordnung durch! «

304 Eine Verfassungsbeschwerde nach der BV ist nur zulässig gegen behördliche und richterliche Einzelakte, nicht aber gegen abstrakt-generelle Rechtssetzungsakte wie Verordnungen.

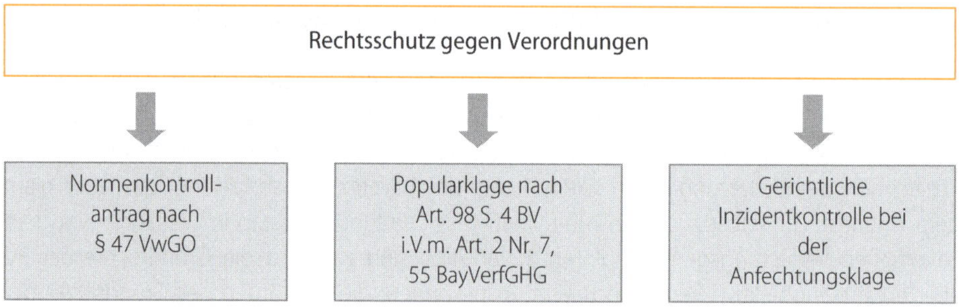

Online-Wissens-Check

Wonach richtet sich das Verfahren zum Erlass von Verordnungen in Bayern?

Überprüfen Sie jetzt online ihr Wissen zu den in diesem Abschnitt erarbeiteten Themen. Unter **www.juracademy.de/skripte/login** steht Ihnen ein Online-Wissens-Check speziell zu diesem Skript zur Verfügung, den Sie mit dem Zugangscode auf der letzten Seite kostenlos nutzen können.

40 *Becker/Heckmann/Kempen/Manssen* Teil 1 Rn. 221.

4. Teil
Versammlungsrecht als besonderes Sicherheitsrecht

Aufgrund seiner erheblichen Klausurbedeutung soll das Versammlungsrecht als speziell geregelte Materie des Sicherheitsrechts eigenständig dargestellt werden. 305

A. Einführung

Bei dem Versammlungsrecht, das im BayVersG geregelt ist, handelt es sich um sogenanntes spezielles Sicherheitsrecht. Soweit sein Anwendungsbereich reicht, stellt es gegenüber dem PAG und LStVG vorrangiges Recht dar (mehr dazu unten Rn. 318 ff.). Nach dem allgemeinen Teil (Art. 1–9 BayVersG) werden Versammlungen in geschlossenen Räumen (Art. 10–12 BayVersG) sowie unter freiem Himmel (Art. 13–16 BayVersG) unterschieden. Art. 20–22 BayVersG enthalten Straf- und OWi-Tatbestände und die Art. 23–28 BayVersG Schlussbestimmungen. Art. 17-19 BayVersG integriert die Vorschriften zur Befriedung des Landtaggebäudes. 306

Hinweis

Die Versammlungsfreiheit nach Art. 8 GG bzw. Art. 113 BV stellt vor dem Hintergrund negativer Erfahrungen in der Zeit des Nationalsozialismus ein besonders bedeutendes Grundrecht dar. Das BVerfG betrachtet das Recht der Versammlungsfreiheit als konstituierend für eine freiheitliche demokratische Grundordnung.

Mit der Föderalismusreform ging die Gesetzgebungskompetenz des Bundes für das Versammlungsrecht, auf dessen Grundlage das (alte) (Bundes-)Versammlungsgesetz erlassen wurde, auf die Länder über (Art. 30, 70 GG). 307

Bayern hat als erstes Bundesland von dieser Gesetzgebungskompetenz Gebrauch gemacht und in diesem Zuge das BayVersG erlassen, dass gemäß Art. 28 Abs. 1 S. 1 BayVersG am 1.1.2008 in Kraft getreten ist. Dieses regelt nunmehr abschließend das Versammlungsrecht in Bayern.

B. Rechtliche Grundlagen und Begrifflichkeiten

Verfassungsrechtlich garantiert wird das Versammlungsrecht durch Art. 8 GG und Art. 113 BV. 308
Ergänzt wird dies durch die einfachgesetzliche Gewährleistung nach dem BayVersG, das auf der durch die Föderalismusreform geschaffenen Landesgesetzgebungskompetenz nach Art. 30, 70 GG erlassen wurde. Mit dem bayerischen Versammlungsgesetz wird nunmehr sowohl formelles als auch materielles Versammlungsrecht geregelt. Das früher vorhandene Ausführungsgesetz zum Bundesversammlungsgesetz und das bayerische Gesetz zur Befriedung des Landtagsgebäudes gehen nach Art. 28 Abs. 1 S. 3 Nr. 1–3 BayVersG darin auf.

Hinweis

Art. 8 GG schafft ein Deutschengrundrecht und gilt wie Art. 113 BV sowohl für öffentliche als auch nicht öffentliche Versammlungen. Art. 113 BV enthält darüber hinaus eine Gewährleistung für alle Bewohner Bayerns, stellt also nicht auf die Nationalität ab.

309 Das bayerische Versammlungsgesetz[1] erweitert die Gewährleistung der Versammlungsfreiheit in Art. 1 BayVersG auf „jedermann". Unter diesen Begriff fallen alle natürlichen Personen unabhängig von der Nationalität, juristische Personen des Privatrechts sowie auch sonstige nichtrechtsfähige Personenvereinigungen, soweit diese eine hinreichend verfestigte Organisationsstruktur aufweisen.

Bezüglich juristischer Personen des öffentlichen Rechts ergeben sich die bekannten Probleme der Grundrechtsfähigkeit.

I. Begriff der Versammlung

310 Eine **Versammlung** ist eine Zusammenkunft mehrerer Personen, die in innerer Verbundenheit stehen, zum Zwecke gemeinsamer Meinungsbildung und -kundgabe.[2]

Diese Definition entspricht der bisher allgemeinen Meinung in Rechtsprechung und Literatur.

Der bayerische Gesetzgeber hat sich dagegen in Art. 2 Abs. 1 BayVersG für eine (höchst unglückliche) eigenständige Definition entschieden. Nach Art. 2 Abs. 1 BayVersG ist eine Versammlung eine Zusammenkunft von mindestens zwei Personen zur gemeinschaftlichen, überwiegend auf die Teilhabe an der öffentlichen Meinungsbildung gerichteten Erörterung oder Kundgebung.

Die sogenannte „innere Verbundenheit", welche die Grundlage zur Abgrenzung zur bloßen Ansammlung (die in jedem Fall nach Art. 23 LStVG bzw. PAG zu beurteilen ist) ist dieser Definition wohl immanent. Maßgebliche Voraussetzung muss auch weiterhin sein, dass die Personen nicht zufällig, sondern bewusst zu dem beschriebenen Zwecke zusammentreten.

Hinweis

Mit Hinsicht auf die Grundsätze des BVerfG zu Art. 8 Abs. 1 GG, wonach keine bestimmte Qualität der Meinungsbildung (also z.B. nicht nur bei öffentlichen Angelegenheiten) für das Vorliegen einer Versammlung erforderlich ist, ist nicht davon auszugehen, dass der bayerische Gesetzgeber im Rahmen seiner unglücklichen Definition der Versammlung in Art. 2 Abs. 1 BayVersG mit dem Wort „öffentlichen" eine bestimmte Qualität der Meinungsbildung fordern wollte. Vielmehr sollte damit wohl lediglich der Charakter der Versammlung dargestellt werden, der nach Ansicht des BVerfG lediglich in einer gemeinschaftlichen kollektiven Ausübung der Meinungsfreiheit nach Art. 5 Abs. 1 GG zu sehen ist (Diese Charakterisierung der Versammlungsfreiheit als kollektive Ausübung der Meinungsfreiheit ist auch der entscheidende Grund, warum keine bestimmte Qualität der Meinungsbildung gefordert wird. Auch

1 *Ziegler/Tremel* 865.

2 Vgl. *BVerfGE* 104, 92 ff.; *Becker/Heckmann/Kempen/Manssen* Teil 3 Rn. 517.

die Meinungsfreiheit nach Art. 5 Abs. 1 GG stellt nicht auf eine bestimmte Qualität der Meinung ab).

Nach Ansicht der Rechtsprechung schützt Art. 8 Abs. 1 GG dabei nicht nur Diskussionsveran- 311
staltungen, sondern überhaupt alle Formen gemeinsamen Verhaltens bis hin zu **nicht verbalen Ausdrucksformen**, welche der Meinungskundgabe dienen sollen.[3] Diese Grundsätze sind dabei auch auf das BayVersG zu übertragen. Unter den Begriff der Erörterung und Kundgebung in Art. 2 Abs. 1 BayVersG fällt deshalb auch die non-verbale Meinungskundgabe (Trauermarsch).[4]

Hinweis

Veranstaltungen, die der bloßen Zurschaustellung eines Lebensgefühls dienen oder die eine **reine Spaßveranstaltung i.S. einer Massenparty** sind (insbesondere Love-Parade oder Union Move), **fallen nicht unter den Begriff der Versammlung**.[5]

II. Öffentliche und nicht öffentliche Versammlung

Eine **Versammlung ist nach Art. 2 Abs. 2 BayVersG** öffentlich, wenn die Teilnahme nicht auf 312
einen individuell feststehenden Personenkreis beschränkt ist.

Maßgeblich ist also der Teilnehmerkreis.[6] Eine geschlossene oder nicht öffentliche Versammlung liegt demnach vor, wenn nicht jedermann die Möglichkeit der Teilnahme zusteht (z.B. Parteitag, bei dem nur Delegierte Zugang haben; Zugang nur auf Einladung oder nur für Mitglieder einer Vereinigung).

Nach Art. 2 Abs. 3 BayVersG gilt das BayVersG nur für öffentliche Versammlungen, soweit im BayVersG nicht anderes bestimmt ist (Art. 7 und 8 BayVersG und die dazugehörigen Straf- und OWi-Vorschriften). Im Übrigen gelten für die nicht öffentlichen Versammlungen das LStVG und das PAG.[7]

III. Versammlung in geschlossenen Räumen und unter freiem Himmel

Beim Begriff der Versammlung ist weiterhin zu unterscheiden zwischen der **Versammlung in** 313
geschlossenen Räumen und der **Versammlung unter freiem Himmel.** Maßgeblich für die Unterscheidung ist dabei das Vorhandensein seitlicher Begrenzungen, nicht entscheidend ist dagegen die Frage der Überdachung (ein nach oben geöffnetes Stadion stellt demnach einen geschlossenen Raum dar).[8]

3 Vgl. *Berner/Köhler/Käß* vor Art. 16 Rn. 2 mit Hinweis auf *BVerwG* NJW 1989, 2411.
4 *Becker/Heckmann/Kempen/Manssen* Teil 3 Rn. 517.
5 Vgl. *Schenke* Rn. 361 und *Berner/Köhler/Käß* vor Art. 16 Rn. 2.
6 Vgl. auch *Becker/Heckmann/Kempen/Manssen* Teil 3 Rn. 524.
7 Vgl. *Wehr* Rn. 265 und *Schenke* Rn. 343.
8 *Becker/Heckmann/Kempen/Manssen* Teil 3 Rn. 533.

Eine **Versammlung in geschlossenen Räumen** liegt vor, wenn der Ort der Versammlung durch seitliche Begrenzungen umschlossen ist.

Eine **Versammlung unter freiem Himmel** liegt vor, wenn der Ort der Versammlung nicht durch seitliche Begrenzungen umschlossen ist.

Der Gesetzesvorbehalt des Art. 8 Abs. 2 GG (dessen Grundsätze auch auf das Grundrecht nach Art. 113 BV anzuwenden sind) gilt dabei nach seinem Wortlaut nur für Versammlungen unter freiem Himmel; für die Versammlungen in geschlossenen Räumen gelten dagegen die verfassungsimmanenten Schranken, die allen Grundrechten ohne geschriebenen Gesetzesvorbehalt innewohnen (Grundrechte Dritter und objektive Verfassungsprinzipien; dagegen nicht allein Gesetzgebungskompetenzen).[9]

Hinweis

Der Begriff des **Aufzugs** taucht im BayVersG nicht (mehr) eigenständig auf, er ist vom Begriff der Versammlung erfasst.

Unter einem **Aufzug** versteht man eine sich fortbewegende Versammlung (vgl. Art. 13 Abs. 2 S. 2 BayVersG).

IV. Spontan- und Eilversammlung

314 **Spontanversammlung** ist nach Art. 13 Abs. 4 BayVersG die Versammlung, die sich aus einem unmittelbaren Anlass ungeplant und ohne Veranstalter entwickelt.

Eilversammlung ist nach Art. 13 Abs. 3 BayVersG die Versammlung, deren Anlass kurzfristig entsteht. Damit ist gemeint, dass sich der Anlass der Versammlung innerhalb der 48 Stunden-Anzeigefrist (Art. 13 Abs. 1 BayVersG) ergibt. Die Anzeigefrist kann also nicht mehr gewahrt werden, dem Veranstalter wird aber abverlangt, die Versammlung spätestens mit der Bekanntgabe innerhalb der 48-Stundenfrist anzuzeigen.

Hinweis

Anders als das frühere Bundesversammlungsgesetz (in § 15 Abs. 3 VersG) enthält das BayVersG keinen eigenständigen Auflösungsgrund für die fehlende Anzeige mehr. Dabei handelt es sich um eine Konsequenz des Brokdorf-Urteils des BVerfG (vgl. Rn. 324). Da es sich bei der Veranstaltung einer Versammlung unter freiem Himmel ohne Anzeige nach Art. 13 Abs. 1 BayVersG um einen Bußgeldtatbestand des Veranstalters und/oder Leiters nach Art. 21 Abs. 1 Nr. 7 BayVersG handelt, könnte man über die Gefährdung der öffentlichen Sicherheit an eine Einschlägigkeit des Art. 15 Abs. 1 BayVersG denken. Allein die Verletzung der Anzeigepflicht kann dabei aber aufgrund der hohen Bedeutung der Versammlungsfreiheit nicht für eine Anwendung des Art. 15 Abs. 1 BayVersG ausreichen.

9 Vgl. *Wehr* Rn. 257.

Vor diesem Hintergrund soll an dieser Stelle kurz die Anzeige- und Mitteilungspflicht nach Art. 13 BayVersG dargestellt werden. Eine geplante Versammlung unter freien Himmel hat 48 Stunden vor Bekanntgabe (!) der Versammlung zu erfolgen. Maßgeblich ist also nicht eine 48 Stundenfrist vor der Durchführung der Versammlung, sondern vor deren Bekanntgabe (die in Art. 13 Abs. 1 S. 4 BayVersG definiert ist). Bei überörtlichen Versammlungen, gemäß Art. 24 Abs. 3 S. 1 BayVersG solche, die über das Gebiet einer Kreisverwaltungsbehörde hinausgeht (also in Bayern nach Art. 37 Abs. 1 S. 1, 7 LKrO über das Gebiet eines Landkreises oder einer kreisfreien Gemeinde (Art. 9 I GO) hinausgehend), genügt nach Art. 24 Abs. 3 S. 1 BayVersG i.V.m. Art. 37 Abs. 1 S. 2 LKrO (und eventuell Art. 9 Abs. 1 GO) die Anzeige gegenüber einem Landratsamt/kreisfreien Gemeinde. 315

Art. 13 Abs. 2 BayVersG regelt den erforderlichen Inhalt der Anzeige.

C. Befugnisse nach dem Versammlungsrecht

I. Überblick

Das BayVersG enthält Befugnisse zum sicherheitsrechtlichen und polizeilichen Einschreiten bei oder im Zusammenhang mit Versammlungen. Zentrale Befugnisse sind das Verbot, die Auflösung oder Beschränkung der Versammlung nach Art. 12 bzw. 15 BayVersG. Bei dem Verbot einer Versammlung handelt es sich um eine Maßnahme, die zeitlich im Vorfeld im Hinblick auf eine geplante Versammlung erfolgt. Die **Auflösung der Versammlung** betrifft dabei das zeitlich spätere Stadium einer bereits begonnenen Versammlung (vgl. insoweit auch den Wortlaut des Art. 12 Abs. 2 und Art. 15 Abs. 4 BayVersG). 316

II. Zuständigkeit

Bezüglich der Zuständigkeit unterscheidet das BayVersG zwischen der „zuständigen Behörde" und der „Polizei" (z.B. beim „Videographieren" nach Art. 9 BayVersG). Die zentralen Maßnahmen des Verbots und der Beschränkung der Versammlung obliegen nach Art. 24 Abs. 2 S. 1 BayVersG den Kreisverwaltungsbehörden (also nach Art. 37 Abs. 1 S. 2 LKrO die Landratsämter und nach Art. 9 Abs. 1 GO die kreisfreien Gemeinden), ab Beginn der Versammlung der Polizei (nach Art. 24 Abs. 1 BayVersG die Vollzugspolizei nach Art. 1 PAG). 317

Hinweis

Diese Regelung der Zuständigkeit beinhaltet zugleich die Aufgabeneröffnung der Polizei in Verbindung mit Art. 2 Abs. 4 PAG; möglich wäre in diesem Falle aber auch der Schluss der Befugnis auf die Aufgabe (dieser Rückschluss ist innerhalb des gesamten Polizei- und Sicherheitsrechts zulässig, jedoch niemals der Schluss von der Aufgabe auf die Befugnis!).

III. Polizeifestigkeit der Versammlung

318 Soweit versammlungsspezifische Gefahren vorliegen, handelt es sich bei den Befugnissen nach den Art. 12 bzw. 15 BayVersG um abschließende und damit auch gegenüber den Befugnissen nach PAG vorrangige Befugnisse für die Auflösung oder Beschränkung einer Versammlung (sogenannte **Polizeifestigkeit der Versammlung**[10]). Dabei handelt es sich letztlich nur um die Anwendung der Derogationsregel „lex specialis derogat lex generalis".[11] Diese Spezialität der Befugnisse des BayVersG gilt dabei vom Beginn bis zur Beendigung der Versammlung.

Unter den dabei erfassten versammlungsspezifischen Gefahren fallen insbesondere Unfriedlichkeiten, gesetzeswidrige Inhalte und Themen der Versammlung und Verstöße gegen die speziellen Verbote nach den Art. 6–8, 16 BayVersG.

319 Dieser **Grundsatz der Polizeifestigkeit der Versammlung enthält jedoch einige Ausnahmen**, in denen die Polizei wiederum Befugnisse auf der Grundlage des PAG ergreifen kann (soweit der Grundsatz der Polizeifestigkeit nicht eingreift, kann die Polizei selbstverständlich auch mit allen anderen Befugnissen außerhalb des BayVersG einschreiten; zudem besteht außerhalb des Grundsatzes der Polizeifestigkeit auch die Möglichkeit für die Sicherheitsbehörden, auf der Grundlage des LStVG einzugreifen. Lediglich aufgrund der extremen Relevanz in der Praxis hat sich der Begriff der Polizeifestigkeit eingebürgert).

Hinweis

Grenzen und Ausnahmen vom Grundsatz der Polizeifestigkeit der Versammlung:

- Nach **Beendigung der Versammlung (Auflösung)** sind die Befugnisse nach dem BayVersG nach den obigen Ausführungen nicht mehr vorrangig.[12] Maßnahmen können auf das PAG gestützt werden, insbesondere der Platzverweis nach Art. 16 PAG kommt in Betracht.[13] Deren Einschreiten rechtfertigt sich über eine Gefahr für die öffentliche Sicherheit in Ausprägung der objektiven Rechtsordnung. Nach Art. 5 Abs. 3 BayVersG haben sich nämlich alle Teilnehmer nach einer Auflösung unverzüglich zu entfernen.[10] Der Verstoß stellt eine Ordnungswidrigkeit nach Art. 21 Abs. 2 Nr. 3 BayVersG dar. Art. 5 Abs. 3 BayVersG stellt dabei auf eine wirksame Auflösung der Versammlung ab. Auch der Verstoß gegen eine vollziehbare Anordnung (also der Fall des Sofortvollzugs nach § 80 Abs. 2 Nr. 3 VwGO i.V.m. Art. 25 BayVersG) stellt nach Art. 20 Abs. 2 Nr. 4 BayVersG für den Veranstalter und Leiter eine Straftat und nach Art. 21 Abs. 1 Nr. 6 BayVersG eine Ordnungswidrigkeit für die Teilnehmer dar und rechtfertigt damit das Einschreiten der Polizei nach Art. 2 Abs. 1 PAG.
- **Weniger einschneidende polizeiliche Maßnahmen (mildere Mittel)** im Vergleich zu einem Verbot oder einer Auflösung der Versammlung können auf das PAG gestützt werden:[14] In Ausführung des Grundsatzes der Verhältnismäßigkeit ermöglicht das PAG solche milderen Maßnahmen zur Beseitigung von Gefahren anstatt der weiterreichenden Maßnahmen des Verbots oder der Auflösung der Versammlung nach dem BayVersG. Dabei

10 *Berner/Köhler/Käß* vor Art. 16 Rn. 6.

11 *Becker/Heckmann/Kempen/Manssen* Teil 3 Rn. 525.

12 Vgl. *Wehr* Rn. 268 sowie *Becker/Heckmann/Kempen/Manssen* Teil 3 Rn. 531.

13 Diese Konstellation des Platzverweises nach Auflösung der Versammlung behandelt auch knapp: *Seiler* Fall 7, Teil 2, Rn. 196 ff.

14 Vgl. *Schenke* Rn. 377 sowie *Berner/Köhler/Käß* vor Art. 16 Rn. 9.

kommt insbesondere der Ausschluss einzelner unfriedlicher Teilnehmer in Betracht.[15] Hierbei stellt das BayVersG bei Versammlungen unter freien Himmel mit Art. 15 Abs. 5 BayVersG die Möglichkeit dar, einzelne teilnehmende Personen, die die Ordnung erheblich stören, auszuschließen. Soweit also eine erhebliche Störung der Ordnung vorliegt (was m.E. im Einzelfall zu prüfen ist), handelt es sich auch bei Art. 15 Abs. 5 BayVersG um eine abschließende Vorschrift.

- Mit den Verboten nach Art. 6–8 und 16 BayVersG und den Straf- und OWi-Vorschriften nach Art. 20 Abs. 1 Nr. 1–3, Abs. 2 Nr. 2–3, 5 sowie Art. 21 Abs. 1 Nr. 2, 8, 9, Abs. 2 Nr. 4, 7 stehen weiterhin auch, soweit der Anwendungsbereich nach Art. 15 Abs. 4 BayVersG nicht eröffnet ist, spezielle Anknüpfungspunkte für eine Gefährdung der öffentlichen Sicherheit und damit ein Einschreiten der Polizei dar.
- Art. 11 BayVersG enthält dabei lediglich eine Befugnis für den Versammlungsleiter und gilt gerade nicht für die Polizei.
- Alle **nicht versammlungsspezifischen Gefahren**[16] können von der Polizei auf Grundlage des PAG bekämpft werden. Der Grund liegt darin, dass sich die Bekämpfung aller nicht versammlungsspezifischer Gefahren nicht gegen den grundrechtlichen Gewährleistungsgehalt des Art. 8 GG bzw. Art. 113 BV richtet. Schulbeispiel ist die einsturzgefährdete Brücke, die die Versammlung überqueren will. Aber auch alle anderen Gefahren für Leib, Leben und Gesundheit sind erfasst.
- Sofern **das BayVersG keine Regelungen enthält,**[17] kann ebenfalls auf die Vorschriften des PAG zurückgegriffen werden. Die oben dargestellte Derogationsregel kann nur insoweit eingreifen, als auch spezielle Regelungen vorhanden sind. Beispielsweise enthält das BayVersG keinerlei Regelungen über den Vollzug von Maßnahmen. Die Zwangsanwendung der Polizei beurteilt sich deshalb nach den Art. 53 ff. PAG.
- Als allgemeiner Grundsatz hat sich zudem herausgebildet, dass weder Art. 8 Abs. 1 GG noch Art. 113 BV oder das BayVersG vor der **Verfolgung von Straftaten** schützen.[18] Soweit also Straftaten begangen (!) (dieser Grundsatz kann natürlich **nicht** auf präventive Maßnahmen zur Verhinderung von künftigen Straftaten übertragen werden) wurden, sind Strafverfolgungsmaßnahmen der Polizei in jedem Fall zulässig. Dies gilt selbst dann, wenn dies faktisch zur Auflösung der Versammlung führen sollte.
- Bei den sogenannten **Vorfeldmaßnahmen** ist zu unterscheiden.[19] Unter Vorfeldmaßnahmen versteht man alle Maßnahmen, die zeitlich vor dem Beginn der Versammlung (klassischer Fall: im Zug auf dem Weg zur Versammlung) durchgeführt werden.
- Hier ist zunächst zu prüfen, ob eine Versammlung vorliegt. Es ist dabei durchaus denkbar, dass bereits die Fahrt mit dem Bus oder dem Zug von mehreren Teilnehmern eine Versammlung darstellt. Das könnte man insbesondere bei der Plakatierung eines Busses annehmen.

---

15 Gegen Nicht-Teilnehmer der Versammlung können dabei in jedem Falle Maßnahmen nach dem PAG ergriffen werden, da diese sich nicht auf den Schutz des Art. 8 Abs. 1 GG berufen können und insoweit der Grundsatz der Polizeifestigkeit der Versammlung keine Anwendung findet. Wichtig ist dabei, dass nach Ansicht des BVerfG (NJW 1991, 2694) auch diejenigen als Teilnehmer der Versammlung anzusehen sind, die derselben kritisch oder ablehnend gegenüberstehen und dies in der Versammlung zum Ausdruck bringen wollen. Der Schutz des Art. 8 Abs. 1 GG und damit die Eigenschaft als Teilnehmer soll erst dort enden, wo es nicht mehr um die – kritische – Teilnahme an der Versammlung geht, sondern allein um deren Verhinderung.

16 Vgl. dazu auch *Wehr* Rn. 255 und *Schenke* Rn. 382.

17 Vgl. *Schenke* Rn. 378 sowie *Berner/Köhler/Käß* vor Art. 16 Rn. 8, 10.

18 *Berner/Köhler/Käß* vor Art. 16 Rn. 12.

19 Vgl. *Wehr* Rn. 269 ff.

- Sofern in zeitlicher Hinsicht noch keine Versammlung vorliegt, stellt sich das Problem der sogenannten Vorfeldmaßnahmen wie z.B. die Durchsuchung oder die Identitätskontrolle auf dem Weg zur Versammlung. Eine nach dem BayVersG geregelte Vorfeldmaßnahme findet sich in Art. 16 Abs. 5 BayVersG, wonach die zuständige Behörde Personen, die den Verboten nach Art. 16 Abs. 1, Abs. 2 BayVersG zuwiderhandeln, von der Versammlung ausschließen kann. Die Verbote nach Art. 16 Abs. 1, Abs. 2 BayVersG gelten dabei „bei Versammlungen [...] oder auf dem Weg dorthin", also auch bereits im Vorfeld. In diesem Anwendungsbereich kann ausschließlich nach dem BayVersG vorgegangen werden.

Für andere Vorfeldmaßnahmen existieren keine Befugnisse im BayVersG, weshalb im Grundsatz auf das PAG zurückgegriffen werden kann, insbesondere die Identitätskontrolle richtet sich z.B. nach Art. 13 PAG. Bei diesen Maßnahmen hat die Polizei aber die bereits vorwirkende Gewährleistung der Versammlungsfreiheit nach Art. 8 GG bzw. Art. 113 BV zu beachten. Die polizeilichen Handlungsgrundsätze nach Art. 4 f. PAG sind im Lichte der Versammlungsfreiheit anzuwenden. Eine Maßnahme darf nach diesen Grundsätzen nicht dazu führen, dass die Teilnahme an der Versammlung unmöglich gemacht bzw. unverhältnismäßig erschwert wird.[20] Denn in diesen Fällen käme die Maßnahme einem faktischen Verbot der Teilnahme an der Versammlung gleich.

IV. Befugnisse nach dem BayVersG

1. Befugnisse bei Versammlungen in geschlossenen Räumen

320 Die Befugnisse bei Versammlungen in geschlossenen Räumen nach dem BayVersG gelten nach Art. 2 Abs. 3 BayVersG nur für öffentliche Versammlungen.

Mangels entsprechender Regelungen für nicht öffentliche Versammlungen kann bei diesen auf die Befugnisse nach dem LStVG und dem PAG zurückgegriffen werden.[21]

Die Beschränkung und das Verbot der öffentlichen Versammlung in geschlossenen Räumen richtet sich nach Art. 12 BayVersG. Die Art. 12 Abs. 1 Nr. 1, 2, 3 und Abs. 2 Nr. 2, 3, 4 BayVersG stellen dabei letztlich auf die Einschlägigkeit und den Gewährleistungsgehalt des Art. 8 Abs. 1 GG bzw. Art. 113 BV ab.

Wie oben bereits aufgeführt, gilt der Gesetzesvorbehalt des Art. 8 Abs. 2 GG (dessen Grundsätze auch bei Art. 113 BV anzuwenden sind) nur bei Versammlungen unter freiem Himmel. Alle Beschränkungen von Versammlungen in geschlossenen Räumen rechtfertigen sich deshalb über die tatbestandsimmanenten Schranken des Art. 8 Abs. 1 GG bzw. Art. 113 BV sowie über die verfassungsimmanenten Schranken der Grundrechte Dritter, die bei einer Abwägung mit dem Grundrecht der Versammlungsfreiheit den Vorrang genießen.

20 *Becker/Heckmann/Kempen/Manssen* Teil 3 Rn. 531; *Berner/Köhler/Käß* vor Art. 16 Rn. 4.
21 *Berner/Köhler/Käß* vor Art. 16 Rn. 11.

Hinweis

Der im Bundesversammlungsgesetz vor der Föderalismusreform benutzte Begriff der Auflage wurde im BayVersG nicht aufrechterhalten; es wurde allgemein von Beschränkungen (in Art. 12 bzw. 15 BayVersG) gesprochen, welche die Fälle der Auflage beinhalten.

Wichtig ist, dass die Versammlung unter freiem Himmel nach Art. 13 BayVersG der Anzeige bedarf, bei der Versammlung in geschlossenen Räumen ist nicht einmal dies erforderlich. In Ausprägung der grundrechtlichen Gewährleistung der Versammlungsfreiheit ist also keine Erlaubnis erforderlich. Etwaige Beschränkungen, die den Teilnehmern auferlegt werden, stellen also immer selbstständige Regelungen und damit selbstständige Verwaltungsakte i.S.d. Art. 35 BayVwVfG dar. Es handelt sich bei den Beschränkungen somit nicht um Nebenbestimmungen i.S.d. Art. 36 BayVwVfG.

Das Verbot bzw. die Auflösung stellen den stärksten Eingriff in das Recht der Versammlungs- 321
freiheit dar und sollen deshalb in jedem Fall erst **ultima ratio** ergriffen werden.[22] Es ist also insbesondere immer zu prüfen, ob der Erlass von Beschränkungen als milderes Mittel in Betracht kommt, welche dann vorrangig zu erlassen sind. Insoweit handelt es sich um die Anwendung des Grundsatzes der Verhältnismäßigkeit, der mit dem Prüfungsschritt der Erforderlichkeit das Nichtvorhandensein von gleich effektiven milderen Maßnahmen verlangt. Denkbare mildere Maßnahme ist dabei insbesondere eine Verlegung der Versammlung in zeitlicher und/oder örtlicher Hinsicht in einer Weise, welche zu keiner besonderen Erschwerung der Versammlung führt.[23]

2. Befugnisse bei Versammlungen unter freiem Himmel

Bei öffentlichen Versammlungen unter freiem Himmel stellt Art. 15 Abs. 1–6 BayVersG die 322
zentrale Befugnisnorm dar.

Sollte eine nicht öffentliche Versammlung unter freiem Himmel vorliegen (was schwer vorstellbar, aber theoretisch möglich ist), könnte – wie bei den Versammlungen in geschlossenen Räumen – wiederum auf LStVG und PAG zurückgegriffen werden.

Art. 15 BayVersG ermöglicht dabei wiederum ein Verbot, eine Auflösung und eine Beschränkung der Versammlung. Das Verbot nach Art. 15 Abs. 1, Abs. 2 BayVersG betrifft wiederum den zeitlichen Bereich vor dem Beginn der Versammlung, vgl. auch Art. 15 Abs. 3 BayVersG. Die Auflösung nach Art. 15 Abs. 4, Abs. 6 BayVersG ist – bereits ausweislich des Wortlauts – erst nach Versammlungsbeginn anwendbar.

a) Verbot der Versammlung nach Art. 15 Abs. 1 BayVersG

Nach Art. 15 Abs. 1 BayVersG kann die zuständige Behörde die Versammlung beschränken 323
oder verbieten, wenn nach den zur Zeit des Erlasses der Verfügung erkennbaren Umständen die öffentliche Sicherheit oder Ordnung bei Durchführung der Versammlung unmittelbar gefährdet ist oder ein Fall des Art. 12 Abs. 1 vorliegt. Dabei handelt es sich insbesondere in der Klausur um die zentrale Befugnisnorm.

22 *Berner/Köhler/Käß* vor Art. 16 Rn. 14.

23 Die Verlegung ist auch die Konstellation bei *Seiler* Fall 7 Teil 1, Rn. 172 ff.

324 Zu diesen Voraussetzungen gibt es zahlreiche Rechtsprechung, aus der sich spezielle Anforderungen ergeben können. Wegweisend war insoweit das **Brokdorf-Urteil des BVerfG**, das als Reaktion auf die verbreitete Behördenpraxis erging, generell Versammlungen bestimmter Gruppierungen mit dem Hinweis auf die allgemeine Straftatengefahr (Sachbeschädigung an öffentlichen Eigentum und Beleidigungen) zu verbieten.

Hinweis

Die wesentlichen Aussagen des Brokdorf-Urteils[24] müssen Sie unbedingt kennen:

- Eine **Gefährdung der öffentlichen Sicherheit und Ordnung** liegt nur bei Gefahren für Rechtsgüter vor, die gegenüber der Versammlungsfreiheit höherrangig oder zumindest gleichrangig sind; nicht ausreichend sind damit insbesondere bloße Belästigungen (kleine Sachbeschädigungen und Beleidigungen) und grundsätzlich auch keine Gefährdungen der öffentlichen Ordnung (letzteres ist eindeutig gegen den Wortlaut des Art. 15 Abs. 1 BayVersG, war aber zu dem inhaltsgleichen Wortlaut des § 15 Abs. 1 Bundesversammlungsgesetzes gefestigte Rechtsprechung[25] und sollte deshalb auch in der Klausur zugrundegelegt werden).
- Eine **unmittelbare Gefährdung** verlangt das Vorliegen von konkreten Tatsachen und Sachverhalten. Die Äußerung bloßer Vermutungen ist nicht ausreichend (zulässig ist es aber weiterhin, das Verhalten in der Vergangenheit als Indiz für zukünftiges Verhalten zu werten) – zudem ist eine gegenüber dem normalen Gefahrenbegriff erhöhte Wahrscheinlichkeit als eine mit „an Sicherheit grenzender Wahrscheinlichkeit" erforderlich.

325 Wie bereits bei den Befugnissen bei Versammlungen in geschlossenen Räumen ausgeführt, gilt auch im Rahmen des Art. 15 BayVersG, dass das Verbot oder die Auflösung der Versammlung nur ultima ratio ist.[26] Es muss wiederum zwingend geprüft werden, ob nicht mildere Mittel – insbesondere in Form von Beschränkungen – ausreichend und möglich sind.

326 Bei Art. 15 BayVersG handelt es sich bis auf die Regelung des Art. 15 Abs. 6 BayVersG um Ermessensvorschriften. Das Gericht kann somit nach § 114 VwGO die Ermessensausübung der Behörde nur auf Ermessensfehler kontrollieren. Maßgeblicher Faktor der Ermessensausübung der Behörde ist das **sogenannte Kooperationsprinzip**, das von der Rechtsprechung entwickelt[26] und in Art. 14 BayVersG geregelt wurde. Wichtig ist dabei, dass Art. 14 Abs. 1 S. 2 BayVersG ausdrücklich klarstellt, dass der Veranstalter nicht zur Mitwirkung verpflichtet ist.

Obwohl nach Art. 14 Abs. 2 BayVersG lediglich das Recht zur Berücksichtigung („kann") eingeräumt wurde, ist davon auszugehen, dass die Rechtsprechung die Frage der Kooperationsbereitschaft (die bereits zum früheren Bundesversammlungsgesetz, dass keine dem Art. 14 BayVersG entsprechende Vorschrift enthielt, erging) auch weiterhin derart aufrechterhalten wird, dass diese Frage von der Behörde zwingend in jedem Fall zu berücksichtigen ist.

---

24 *BVerfG* NJW 1985, 2395 ff.; *Berner/Köhler/Käß* vor Art. 16 Rn. 3, vor Art. 12 Rn. 12.

25 Den Grundsatz, dass eine Gefährdung allein der öffentlichen Ordnung nicht ausreichen soll, um ein Verbot der Versammlung zu rechtfertigen, hat das *BVerfG* in NJW 2001, 2069 ff. bestätigt und insoweit konkretisiert, dass mit den §§ 86a, 90a, b, 130, 185 ff. StGB spezielle Strafgesetze existieren, welche die Freiheit der Meinungsäußerung nach Art. 5 Abs. 1 GG beschränken. Sofern ein solcher Straftatbestand nicht erfüllt sei, dürfe ein Versammlungsverbot nicht über den Begriff der öffentlichen Ordnung aufgrund zu erwartender verfassungsfeindlicher Meinungsäußerungen ausgesprochen werden; vgl. auch *Berner/Köhler/Käß* Art. 2 Rn. 12.

26 *Berner/Köhler/Käß* vor Art. 16 Rn. 14.

Oft wird eine Versammlung mit der Begründung verboten, es seien Gegendemonstrationen zu erwarten und die Abschirmung der Versammlung gegen die Gegendemonstrationen übersteige die personellen Möglichkeiten der Polizei. Zu dieser Frage hat sich der Grundsatz des Erfordernisses des **„polizeilichen Notstands"** herausgebildet.[27] Entsprechend den Grundsätzen des Nichtverantwortlichen nach Art. 10 PAG bzw. Art. 9 Abs. 3 LStVG ist in diesem Fall ein Verbot nur als letztes Mittel im Falle eines polizeilichen Notstands möglich. Dieser liegt nur dann vor, wenn die Polizei darlegt, dass sie auch keine Möglichkeiten hat, bundesweit Polizeikräfte anderer Länder zur Hilfe anzufordern. Allein die (in der Praxis und natürlich in der Klausur häufige) Verweisung auf nicht genügend Dienstkräfte reicht dagegen nicht aus. 327

Dieser Grundsatz der Rechtsprechung, wonach eine Versammlung grundsätzlich gegen Gegendemonstrationen zu schützen ist, kommt auch in Art. 8 BayVersG zum Ausdruck, welcher gegen Versammlungen gerichtete Gegenmaßnahmen verbietet.

Hinweis

Wichtig ist in diesem Zusammenhang noch, dass eine Versammlung niemals mit einem **Ansehensverlust für die Gemeinde**, in deren Gebiet diese veranstaltet wird, begründet werden kann. Hintergrund ist dabei, dass (wie bereits dargelegt; vgl. Rn. 310) die Versammlungsfreiheit als kollektive Ausübung der Meinungsfreiheit angesehen wird und die Geltendmachung eines Ansehensverlustes letztlich wiederum zu einer Bewertung der Qualität des Versammlungsthemas führen würde.

Oft wird in der Klausur auch einer Partei die Durchführung der Versammlung mit dem Argument verweigert, die Partei verfolge verfassungsfeindliche, insbesondere rechtsradikale, Ziele. Insoweit wird das sogenannte **Parteienprivileg des Art. 21 Abs. 2 S. 2 GG** relevant. Danach entscheidet über die Frage der Verfassungswidrigkeit einer Partei (ausschließlich) das BVerfG. Solange eine entsprechende Entscheidung dabei noch nicht vorliegt, muss die Partei wie jede andere Partei behandelt werden. Sie darf gerade nicht wegen vermeintlich verfassungswidriger Ausrichtung in irgendeiner Weise benachteiligt werden. 328

Denkbar ist diese Fallgestaltung auch in der Variante eines **Vereins**, den die Behörde als verfassungsfeindlich einordnet. Im Vereinsrecht regelt § 3 Abs. 1 S. 1 VereinsG ausdrücklich, dass der Verein erst dann als verboten behandelt werden darf, wenn ein entsprechendes Verbot ergangen ist. Im Umkehrschluss muss also auch jeder Verein bis zum Erlass eines entsprechenden Verbots gleich behandelt werden. Eine Benachteiligung wegen vermeintlich verfassungswidriger Ausrichtung ist nicht zulässig.

b) Verbot der Versammlung nach Art. 15 Abs. 2 BayVersG

Als Reaktion auf die jahrelange Rechtsprechung, wonach bei einer bloßen Gefährdung der öffentlichen Ordnung regelmäßig kein Versammlungsverbot gerechtfertigt sei, hat der Gesetzgeber die Regelung des Art. 15 Abs. 2 BayVersG geschaffen. Wichtig ist dabei insbesondere die Regelung des Art. 15 Abs. 2 Nr. 2 BayVersG, die in weitem Umfang das Verbot von Versammlungen nationalsozialistischer Vereinigungen ermöglicht, was nach dem bisherigen Bundesversammlungsgesetz nicht möglich war (dieses enthielt mit § 15 Abs. 2 VersG nur die Möglichkeit des Verbotes der Versammlung an Orten von bestimmter historischer Bedeutung). 329

27 Vgl. *Schenke* Rn. 310 ff. sowie *Becker/Heckmann/Kempen/Manssen* Teil 3 Rn. 522.

c) Auflösung der Versammlung nach Art. 15 Abs. 4 BayVersG

330 Nach Beginn der Versammlung besteht die Möglichkeit der Auflösung der Versammlung. Bezüglich der Voraussetzungen wird auf Art. 15 Abs. 1, Abs. 2 BayVersG und das Zuwiderhandeln gegenüber gerichtlichen Beschränkungen verwiesen.

Hinweis

Die Auflösung führt nach Art. 5 Abs. 3 BayVersG zur Entfernenspflicht aller Teilnehmer, was bei Nichtbefolgen nach Art. 21 Abs. 2 Nr. 3 BayVersG die Möglichkeit des polizeilichen Einschreitens eröffnet (siehe dazu Rn. 319).

d) Auflösung der Versammlung nach Art. 15 Abs. 6 BayVersG

331 Nach Art. 15 Abs. 6 BayVersG ist eine verbotene Versammlung aufzulösen. Dabei kommt es allein auf die Wirksamkeit inbesondere die Bekanntgabe nach Art. 41, 43 BayVwVfG eines Verbotes an, die Rechtmäßigkeit ist dagegen irrelevant. Die Vollziehbarkeit ergibt sich dabei entweder aus der bestandskräftigen Auflösungsverfügung bzw. dem gesetzlich angeordneten Sofortvollzug nach § 80 Abs. 2 Nr. 3 VwGO i.V.m. Art. 25 BayVersG.

Hinweis

Über Art. 5 Abs. 3 BayVersG und Art. 21 Abs. 2 Nr. 3 BayVersG ergibt sich wiederum die Möglichkeit zum polizeilichen Einschreiten.

3. Befriedeter Bezirk

332 In den Art. 17 ff. BayVersG wird ein befriedeter Bezirk in der Landeshauptstadt München geregelt. Dabei handelt es sich um die Integration der bereits bestehenden Regelungen nach dem Gesetz über die Befriedung des Landtagsgebäudes und der entsprechenden Durchführungsverordnung (vgl. Art. 28 Abs. 1 S. 3 Nr. 1 und 2 BayVersG).

Nach Art. 18 BayVersG sind Versammlungen in diesem Bezirk grundsätzlich verboten. Nach Art. 19 BayVersG kann allerdings eine Ausnahme zugelassen werden.

Innerhalb des befriedeten Bezirks wird also das Regel-Ausnahme-Verhältnis der Versammlungsfreiheit umgedreht.

D. Rechtsschutz

333 Der Rechtsschutz gegen Maßnahmen im Bereich des Versammlungsrechts stellt im Grundsatz die Anfechtung einer belastenden Maßnahme mittels Anfechtungsklage dar. Zu beachten ist dabei die Vorschrift nach Art. 25 BayVersG i.V.m. § 80 Abs. 2 S. 1 Nr. 3 VwGO, wonach eine Klage gegen Entscheidungen nach dem BayVersG keine aufschiebende Wirkung hat. Insoweit handelt es sich um eine gegenüber § 80 Abs. 2 S. 1 Nr. 2 VwGO, der allgemein das Handeln der Polizei betrifft, spezielle Anordnung des Fortfalls der aufschiebenden Wirkung.

JURIQ-Klausurtipp

Wichtigster Rechtsbehelf in der Praxis und in der Klausur ist deshalb aufgrund der enormen zeitlichen Dauer des Hauptsacheverfahrens der einstweilige Rechtsschutz in Form des Antrags an die Behörde nach § 80 Abs. 4 VwGO auf Aussetzung der Vollziehung oder an das Gericht nach § 80 Abs. 5 S. 1 Alt. 1 VwGO auf Anordnung der aufschiebenden Wirkung.

E. Kosten

Nach Art. 26 BayVersG sind Amtshandlungen nach dem BayVersG mit Ausnahme der Ent- **334**
scheidungen über Erlaubnisse nach Art. 6 BayVersG kostenfrei. Insoweit handelt es sich um eine spezielle Anordnung, welche die Kostenfreiheit nach Art. 3 BayKG ergänzt. Diese Regelung bezieht sich lediglich auf die Verwaltungskosten.

Hinweis

Sie besagt dagegen nicht, dass eine Versammlung für den Veranstalter überhaupt keine Kosten hervorrufen darf. Über die Frage, ob dem Veranstalter einer Versammlung die Kosten für die Müllbeseitigung auferlegt werden dürfen, bestand lange Uneinigkeit. Mittlerweile wurde entschieden, dass eine solche Beschränkung zulässig ist, sofern sie sich im Rahmen des Angemessenen hält. Das bedeutet, dass eine Pflicht zur Kostentragung für Müllbeseitigung legitim ist. Es darf sich dabei aber nicht um ein verkapptes Versammlungsverbot handeln. Ob dies der Fall ist, bestimmt sich einerseits nach der Frage, ob Kosten zu erwarten sind und andererseits nach der Höhe der veranschlagten Kosten.

Für polizeiliche Maßnahmen im Zusammenhang mit der Versammlung, die nicht von Art. 26 **335**
BayVersG erfasst werden (z.B. begleitende Polizeibeamte, Schutz vor Gegendemonstrationen), dürfen nach Art. 3 Abs. 1 Nr. 10 BayKG i.V.m. Art. 76 S. 1 PAG grundsätzlich keine Kosten erhoben werden.

Online-Wissens-Check

Was besagt der Grundsatz der Polizeifestigkeit der Versammlung?

Überprüfen Sie jetzt online ihr Wissen zu den in diesem Abschnitt erarbeiteten Themen. Unter **www.juracademy.de/skripte/login** steht Ihnen ein Online-Wissens-Check speziell zu diesem Skript zur Verfügung, den Sie mit dem Zugangscode auf der letzten Seite kostenlos nutzen können.

Sachverzeichnis

Die Zahlen verweisen auf die Randnummern.

abdrängende Sonderzuweisung 125, 163
Abgabe eines Hundes 273
Abschleppfälle 222, 248
Absehen von der Kostenerhebung 232
abstrakte Gefahr 34, 294
abstrakte polizeiliche Verantwortlichkeit 104
Adressat einer rechtswidrigen polizeilichen Maßnahme 239
Alkohol in der Öffentlichkeit 59
allgemeine Feststellungsklage 122
allgemeine Vollstreckungsvoraussetzungen 186
allgemeines Persönlichkeitsrecht 77
Allgemeinverfügung 232
Altlasten 99
Amtsermittlungspflicht 43
Amtshaftungsprozesses 134
Amtshandlung 222, 226, 248, 257
Amtshilfe 7, 64
Androhung 184, 196, 215, 220
Anfechtungsklage 211, 248, 269, 333
Annexantrag 224
Anscheinsgefahr 37
Anscheinsstörer 91, 230, 238
Ansehensverlust 327
Antrag auf Anordnung der aufschiebenden Wirkung 333
Antragsbefugnis 300
Antragsberechtigung 300
Antragsfrist 300
Antragsgegner 293
Anwohnerparkausweis 255
atypische Maßnahme 83, 253, 257
Aufgabe 21, 75, 317
Auflage 320
Auflösung der Versammlung 316, 319, 330 f.
Aufopferungshaftung 234
Aufzug 313
Ausfertigung 281, 288
Auskunftspflicht 138
Auswahl der Verantwortlichen 106
Auswahlermessen 112, 115
Auswahlkriterium 106, 231
Ausweispflicht 84
Authentizität 288

Bayerische Verfassungsbeschwerde 304
Bayerischer Aufbau 16
Bayerisches Feiertagsgesetz 268
befriedeter Bezirk 332
Befugnis 75, 78, 271, 316
Behindertenparkplätze 255 f.
Behinderung des Straßenverkehrs 255
Bekanntgabe 276
Bekanntmachung 281, 288
Beobachtung 77
Bescheinigung nach Art. 26 Abs. 2 S. 1 PAG 178
beschließende Ausschüsse 283
Beschlussfähigkeit 287
beschränkte sicherheitsrechtliche Generalklausel 274, 278
besondere Vollstreckungsvoraussetzungen 186
Bestandskraft 226
Bestimmtheit 110, 278, 295
Betteln 59
Beugefunktion 185
bewehrte Vorschriften 281, 290 f., 299, 301
Billigkeit 232
Brokdorf-Urteil 314, 324
Bundesverfassungsbeschwerde 303
Bürgerbegehren 285
Bußgeld 268
Bußgeldrahmen 295, 297

computergestütze Haltermittlung 255

Datenerhebung 77
dauerhafte Aufenthaltsverbote 154
Dauerverwaltungsakt 164, 181
Derogationsregeln 78, 258, 272, 318 f.
Diensthund 246
doppelfunktionale Behörde 10
dringende Gefahr 44
Dringlichkeit 264
Druckwerke 20

Duales System der Gefahrenabwehr 7
Duldungsanordnung 184, 217
Durchsetzungsgewahrsam 161
Durchsuchung 169, 173
– von Personen 169
– von Sachen 169

Effektivität der Gefahrenabwehr 106, 229, 231, 278
Ehe und Familie 157
eigener Wirkungskreis 267, 269
Eigentumsaufgabe 94, 275
Eilkompetenz 284, 287
Eilversammlung 314
eingeschränkt institutionellen Polizeibegriff 3, 18
Einschätzungsprärogative 294
Einschätzungsspielraum 108
einstufige Vollstreckung 182, 212
Einzelmaßnahmen 259, 263
Einzelrechtsnachfolge 104
Entschädigung 233, 262
Entschädigungsanspruch 235
Entscheidungskompetenz 124
Entschließungsermessen 112
erhebliche Gefahr 44
erhöhte abstrakte Gefahr 44, 172
erkennungsdienstliche Maßnahmen 147
Erledigung 129, 179, 224
Ermächtigung 280, 294, 301
Ermessen 111, 194, 204, 216, 220
Ermessensreduktion 113
Ermittlungen vor dem Abschleppen 232, 255
Ersatzansprüche 233
Ersatzvornahme 200, 292, 297
erwerbswirtschaftlichen Tätigkeit 102
Europarecht 51

Fachaufsicht 269
Fesseln 202
Feststellungsinteresse 134
Feststellungswirkung der Baugenehmigung 278
fiskalischen Tätigkeit 102
Folter 202
Fortsetzungsfeststellungsinteresse 134
Fortsetzungsfeststellungsklage 116, 123, 129, 211, 218, 251, 257
Freiheit der Person 156
Freiheitsbeschränkung 126
Freiheitsentziehung 126, 161, 241
Freizügigkeit 158

Gefahr 30
Gefahr im Verzug 44, 102
Gefährdungshaftung 246
Gefahrenverdacht 41
Gefahrerforschungsmaßnahmen 42
Gegendemonstration 327
gegenwärtige Gefahr 44
Geltungsdauer 281, 291
Gemeinderat 283
Generalbefugnis 83
Generalklausel 78
Gesamtrechtsnachfolge 104
Gesamtschuldner 231
Gesetzgebungskompetenz 148
gesetzliche Handlungspflichten 138
Gewahrsam 161; *siehe auch* Ingewahrsamnahme
Gewaltschutzgesetz 159
grenzüberschreitende Kriminalität 143
grundlegende Einrichtungen des Staates 47

Haftungseinheit der öffentlichen Hand 236
Haftungsprivilegierung 247
Halter 232
handlungsbegrenzende Tatbestandselemente 172
Handlungsgrundsätze 107
Handlungsstörer 86
Handschellen 202
Handynummer 255
häusliche Gewalt 157
Heilung von Zustellungsfehlern 197
höchstpersönliche Verpflichtungen 104, 200
Homogenitätsprinzip 291
Hundehalter 273
hypothetische Primärmaßnahme 211, 252
hypothetische sicherheitsrechtliche Anordnung 276

Identitätsfeststellung 141, 144
immanente Duldungsverfügung 14
immaterielle Schäden 245
Individualrechtsgüter 47, 61
Ingewahrsamnahme 161
Inkrafttreten 281, 290
Inzidentkontrolle 302

juristische Personen 309
Justizhilfe 68
Justizverwaltungsakt 125

Kampfhunde 267, 273
Karte 288
Klagebefugnis 130
Klagefrist 132
Kollateralschäden 235
kommunaler Parküberwacher 254, 256
konkrete Gefahr 34
konkrete polizeiliche Verantwortlichkeit 104
konkrete Wiederholungsgefahr 134
Konnexität 191, 213
Kontrollstelle 142
Kooperationsbereitschaft 326
Kooperationsprinzip 326
Kosten 334
Kostenerhebung 222
Kostenhöhe 227, 257
Kostenpflicht nicht geschäftsfähiger Personen 230
Kostenpflicht schuldunfähiger Personen 230
Kostenschuldner 228, 257
kriminalistische Erfahrung 142

latente Gefahr 45, 88
Legalität 288
Liegefahrradentscheidung 108, 179, 181, 220

Maßnahmerichtung 85
Mehrheit von Kostenschuldnern 231
mittelbarer Verursacher 87
modifizierte Subjektstheorie 124
Müllbeseitigung 334
Münchner Modell 254, 257

nacktes Umherlaufen in der Öffentlichkeit 59
Naturereignisse 278
Naturgewalten 95
Naturschutzgesetz 280
nicht verbale Ausdrucksformen 311
nicht versammlungsspezifische Gefahren 319
nichtöffentliche Versammlung 312
nichtrechtsfähige Personenvereinigungen 309
Nichtstörer 235; *siehe auch* Nichtverantwortlicher
Nichtverantwortlicher 100, 230, 235, 327
Normenkontrollantrag 293, 299
Normsetzungsermessen 294

Notstand 203
Notverordnung 284
Notwehr 203
notwendige Maßnahmen 83

Obdachlose 267
objektive Rechtsordnung 47
öffentlich-rechtliche Verwahrung 247
öffentlich-rechtliches Verwahrungsverhältnis 178
öffentliche Ordnung 59, 324
öffentliche Sicherheit 47
öffentliche Versammlung 312
Opferlage 278
Opportunitätsprinzip 113
ordnungsgemäße Beschlussfassung 287
ordnungsgemäße Störerauswahl 105
ordnungsgemäßer Gemeinderatsbeschluss 281
Ordnungsvorschrift 84, 178, 287, 289
Ordnungswidrigkeiten 19
Organkompetenz 264, 281, 283
örtlich begrenzte Gefahr 267
örtliche Zuständigkeit 71, 265, 281, 286

Parteienprivileg 328
Platzverweis 152, 319
Polizei im eingeschränkt institutionellen Sinn 254
Polizeifestigkeit der Versammlung 318
polizeilicher Notstand 327
Polizeipflichtigkeit von Hoheitsträgern 101
Popularklage 301
Primärmaßnahme 12
Prinzip der örtlichen Allzuständigkeit 71
private Rechte 60
privater Abschleppunternehmer 227, 254
Prüfungsmaßstab 300
Putativgefahr 37
Putativstörer 91, 230, 239

Radarwarngerät 175
Razzia 142
Realisierungsfunktion 185
Recht auf Selbstgefährdung 56, 297
Recht zur Selbstverwaltung 269
Rechtmäßigkeit der Amtshandlung 226
Rechtmäßigkeit der Primärmaßnahme 15
Rechtsaufsicht 269, 292
Rechtsnachfolge 103
Rechtsschutz 116, 298, 333

Rechtsverordnung 259, 279, 298
Rechtsweg 244, 247
Rehabilitationsinteresse 134
repressive Tätigkeit der Polizei 19
richterliche Entscheidung 163

sachliche Zuständigkeit 24, 264, 281 f.
Schadensersatz 245, 247
Schleierfahndung 143, 172
Schutz der Privatsphäre 274
Schutzgewahrsam 161
Sekundärmaßnahme 12, 182
Selbstgefährdung 56; *siehe auch* Recht auf Selbstgefährdung
selbstständige Vollstreckungshilfe 64
Sicherstellung 174, 179, 247
Sicherungsgewahrsam 161
Sofortvollzug 207, 252, 257
Sonderrechtstheorie 124
Spaßveranstaltung 311
Spezialbefugnisse 272
spezialgesetzliche Aufgabenzuweisungen 80
spezielle Befugnisse 273
Spontanversammlung 314
Staatsempfänge 58
Staatshaftung 245, 262
Staatshaftungsanspruch 164, 225, 234
Standardbefugnisse 78, 82
Standardmaßnahmen 136
Strafmündigkeit 148
Strafverfahren 134
Streifenfahrt 76
Subsidiaritätsprinzip 24, 263, 270, 284

Tatmaßnahme 276
Teilwirksamkeit der Verordnung 299
Tertiärebene 221
Tertiärmaßnahme 12
Theorie der unmittelbaren Verursachung 86
tiefgreifender Grundrechtseingriff 134
Tierhalter 246
Tötung eines Hundes 273; *siehe auch* Abgabe eines Hundes
Tötungsspiele 59
Treu und Glauben 225

überörtliche Versammlungen 315
übertragener Wirkungskreis 266, 285

ultima ratio 321, 325
Umsetzen 257; *siehe auch* Versetzen
Unanfechtbarkeit 226
Unbilligkeit der Kostenerhebung 255
uneingeschränkt institutioneller Polizeibegriff 2
unfriedliche Teilnehmer 319
unmittelbar bevorstehende Gefahr 44
unmittelbare Ausführung 174, 206, 211, 252, 257
unmittelbarer Zwang 65, 202, 220
Unmöglichkeit der polizeilichen Primärmaßnahme 109
unselbstständige Vollstreckungshilfe 64
Unterbringung 127
Unterrichtung 211

Veranlasserprinzip 231
Verantwortlichkeit 85, 275
Verbandskompetenz 281 f.
Verbot der Versammlung 316, 323, 329
Verbringungsgewahrsam 165
Verdachtsstörer 92
verfassungsfeindlich 328
verfassungsfeindliche Handlung 274
Verfolgung von Straftaten 319
Verhaltensverantwortlicher 86, 104, 278
Verhältnismäßigkeit 108, 193, 216, 220, 255, 295, 297
Verkehrsampeln 190
Verkehrszeichen 190, 232
Verlegung der Versammlung 321
Vermögensschäden 241
Versammlung 310
– in geschlossenen Räumen 313, 320
– unter freiem Himmel 313, 322
Versammlungsfreiheit 306, 319
Versammlungsgesetz 80
Versammlungsleiter 319
Versammlungsrecht 59, 160, 305
Verschuldenshaftung 246
Versetzen 253, 257
Versicherungsleistungen 236
vertretbare Handlung 200, 276
Verwahrparkplatz 253
Verwahrstelle 253
Verwahrung 247; *siehe auch* öffentlich-rechtliche Verwahrung
Verwaltungsakt 13, 184, 211, 224, 276
verwaltungsrechtliches Schuldverhältnis 234
Verwaltungsrechtsweg 124

Völkerrecht 51
Vollstreckung 68, 182
Vollzugsfolgenbeseitigungsanspruch 256
Vollzugsfolgenformel 299
Vollzugshilfe 64
Vorfeldmaßnahmen 319
Vorladung 151
Vorverfahren 131

Weisung 7, 27, 64, 274
Weisungsverhältnis 7
Wohnung 155, 158, 173, 274
Wohnungseinweisung 100

Zitiergebot 281, 291, 297
Zuständigkeit 128, 317
Zustandsstörer 93
Zustandsverantwortlicher 93, 104, 278
Zwangsgeld 201
Zwangsmittel 195
Zweckveranlasser 87
zweistufige Vollstreckung 182